Petra Klimaszyk
Isabel Krämer-Kienle

Deutsch als Fremdsprache

Schritte 1

Lehrerhandbuch

Hueber Verlag

Symbole / Piktogramme

 Binnendifferenzierung

❗ Achtung / Hinweis

TIPP Methodisch-didaktischer Tipp

Das Werk und seine Teile sind urheberrechtlich geschützt.
Jede Verwertung in anderen als den gesetzlich zugelassenen
Fällen bedarf deshalb der vorherigen schriftlichen
Einwilligung des Verlags.

Hinweis zu § 52a UrhG: Weder das Werk noch seine Teile dürfen ohne
eine solche Einwilligung überspielt, gespeichert und in ein Netzwerk
eingespielt werden. Dies gilt auch für Intranets von Firmen und von Schulen
und sonstigen Bildungseinrichtungen.

5. 4. 3. | Die letzten Ziffern
2013 12 11 10 09 | bezeichnen Zahl und Jahr des Druckes.
Alle Drucke dieser Auflage können, da unverändert,
nebeneinander benutzt werden.
1. Auflage
© 2004 Hueber Verlag, 85737 Ismaning, Deutschland
Zeichnungen: Jörg Saupe, Düsseldorf
Layout und Satz: Schack, Ismaning
Verlagsredaktion: Daniela Niebisch, Penzberg; Dörte Weers, Weßling
Druck: druckhaus Köppl und Schönfelder oHG, Stadtbergen
ISBN 978-3-19-021704-5

Inhalt

Das Lehrerhandbuch – Überblick   5

Konzeption des Lehrwerks   6

Praktische Tipps für den Unterricht   12

Methodisch-didaktische Hinweise   17

Die erste Stunde im Kurs   17
Hinweise zu Lektion 1   18
Hinweise zu Lektion 2   26
Hinweise zu Lektion 3   32
Hinweise zu Lektion 4   40
Hinweise zu Lektion 5   48
Hinweise zu Lektion 6   56
Hinweise zu Lektion 7   62

Kopiervorlagen   68

Zusatzübungen und Spiele zu Lektion 1   68
Zusatzübungen und Spiele zu Lektion 2   73
Zusatzübungen und Spiele zu Lektion 3   79
Zusatzübungen und Spiele zu Lektion 4   84
Zusatzübungen und Spiele zu Lektion 5   88
Zusatzübungen und Spiele zu Lektion 6   94
Zusatzübungen und Spiele zu Lektion 7   98

Selbstevaluation   100

Zwischenschritt: Wiederholung zu Lektion 1 und Lektion 2   102
Zwischenschritt: Wiederholung zu Lektion 3 und Lektion 4   104
Zwischenschritt: Wiederholung zu Lektion 5 und Lektion 6   106
Wiederholungsspiel zu *Schritte 1*   109

Tests zu jeder Lektion   112

Anhang

Transkriptionen der Hörtexte im Kursbuch   126
Transkriptionen der Hörtexte im Arbeitsbuch   133
Lösungen zu den Übungen im Arbeitsbuch   136
Lösungen zu den Tests   143

Das Lehrerhandbuch – Überblick

Konzeption
Schritte basiert auf den Grundsätzen des Gemeinsamen Europäischen Referenzrahmens. Dieser sowie die daraus hervorgegangene neue Grundstufenprüfung *Start Deutsch 2* werden zunächst kurz erläutert. Anschließend werden der Aufbau des Lehrwerks sowie die methodisch-didaktischen Grundlagen vorgestellt und beschrieben.

Methodisch-didaktische Hinweise
Hier werden einleitend praktische Tipps zum Umgang mit wiederkehrenden Rubriken des Lehrwerks gegeben. Die Hinweise zu den einzelnen Lektionen sind klar strukturiert: Zu jeder Episode der Foto-Hörgeschichte und jeder Modulseite A bis E finden Sie ab Seite 17 konkrete Hinweise zum Vorgehen im Unterricht sowie methodische Tipps, Vorschläge zur Binnendifferenzierung und Verweise auf die Übungen im Arbeitsbuch.

Kopiervorlagen
Kurse im Inland sind meist sehr heterogen. Dieses Lehrerhandbuch bietet deshalb durch ein differenziertes Übungsangebot die Möglichkeit, den Unterricht auf die jeweiligen Bedürfnisse eines Kurses und die jeweilige Kursdauer abzustimmen:

- Zahlreiche Zusatzübungen und Spiele zu jeder Lektion erweitern das Angebot des Arbeitsbuchs (siehe S. 68 ff.).

- Selbstevaluation: Mithilfe eines Selbstevaluationsbogen können Ihre TN ihren Kenntnisstand nach *Schritte 1* überprüfen und beurteilen (siehe S. 100 ff.).

- Wiederholungsübungen und -spiele: Regelmäßige Wiederholungssequenzen sind besonders im Anfängerunterricht und mit TN ohne Lernerfahrung wichtig (siehe S. 102 ff.).

- Testvorlagen zu jeder Lektion: So können Sie und Ihre TN die erworbenen Kenntnisse überprüfen (siehe S. 112 ff.).

Anhang
Hier finden Sie die Transkriptionen aller Hörtexte des Kursbuchs und des Arbeitsbuchs sowie die Lösungen zu den Übungen im Arbeitsbuch und den Tests. Diese Lösungsschlüssel können Sie bei Bedarf auch für Ihre TN kopieren und zur Selbstkontrolle bereitstellen.

Konzeption – Rahmenbedingungen

1. Rahmenbedingungen

Schritte ist ein Grundstufenlehrwerk für Lernende ohne Vorkenntnisse, die in einem deutschsprachigen Land leben oder leben möchten. Ziel ist, den TN im Kurs die Integration in den deutschen Alltag zu erleichtern. Die Themen sind handlungsorientiert und sollen die TN befähigen, alltägliche Situationen wie z.B. Einkäufe, Arzt- und Amtsbesuche, Wohnungs- und Stellensuche sprachlich zu bewältigen. Durch die flache Progression ist *Schritte* besonders gut geeignet für TN, die noch keine Fremdsprache gelernt haben.

Die Komponenten von *Schritte*

Schritte führt in sechs Bänden zur Niveaustufe B1 des Gemeinsamen Europäischen Referenzrahmens:

Schritte 1 und *Schritte 2* → Niveaustufe A1
Schritte 3 und *Schritte 4* → Niveaustufe A2
Schritte 5 und *Schritte 6* → Niveaustufe B1

Jeder Band enthält das Kursbuch und das Arbeitsbuch. Zusätzlich gibt es zu jedem Band Hörmaterialien auf CD/Kassette sowie Glossare für verschiedene Ausgangssprachen. Im Internetservice unter www.hueber.de/schritte finden Sie außerdem weiteres Material und methodische Tipps für Ihre Unterrichtsvorbereitung sowie Online-Übungen für die TN.

Schritte und der Gemeinsame Europäische Referenzrahmen

Schritte orientiert sich am Gemeinsamen Europäischen Referenzrahmen. Der Referenzrahmen richtet sich wiederum an den sprachpolitischen Zielen des Europarats aus. Dieser empfiehlt die Kenntnis mehrerer Sprachen, um die Kommunikation und Interaktion zwischen Menschen unterschiedlicher Herkunft zu erleichtern, gegenseitiges Verstehen zu fördern und Vorurteile zu überwinden.

Bisher existierten jedoch keine einheitlichen Leitlinien, die beschreiben, welche Kenntnisse und Fertigkeiten erforderlich sind, um in einer europäischen Sprache erfolgreich zu kommunizieren und sprachlich zu handeln. Mit dem Referenzrahmen wurde nun erstmals der Versuch unternommen, ein Instrument zu schaffen, das die länderübergreifende Vergleichbarkeit sprachlicher Qualifikation ermöglicht und die gegenseitige Anerkennung von Zertifikaten etc. erleichtert. Der Referenzrahmen definiert mehrere Kompetenzniveaus, die den Sprachstand der Lernenden zeigen und Lernfortschritte messbar machen:

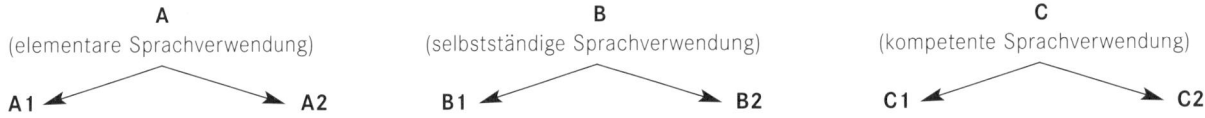

A	B	C
(elementare Sprachverwendung)	(selbstständige Sprachverwendung)	(kompetente Sprachverwendung)
A1 ←→ A2	B1 ←→ B2	C1 ←→ C2

Der Sprachstand wird mit Hilfe von Skalen – den sogenannten Kann-Bestimmungen – beschrieben.

Wie berücksichtigt *Schritte* den Referenzrahmen?

- Der Referenzrahmen vertritt einen handlungsorientierten Ansatz: Er betrachtet Sprachlernende und Sprachverwendende als sozial Handelnde, die kommunikative Aufgaben bewältigen müssen. *Schritte* trägt dem durch die alltagsrelevanten Themen und die Auswahl der Texte (z.B. Postkarten, Anzeigentexte, Schilder, Lautsprecherdurchsagen, Radiomeldungen etc.) Rechnung und richtet sich in seinen Lernzielen an den Kann-Bestimmungen des Referenzrahmens aus. Welches Lernziel Ihre TN auf einer Kursbuchseite erreichen können, ist bei den methodisch-didaktischen Hinweisen in diesem Lehrerhandbuch jeweils explizit ausgewiesen.
- Im Referenzrahmen werden Lernerautonomie und Selbstbeurteilung großgeschrieben: Mithilfe des Lerntagebuchs (siehe Seite 10 und 16) lernen die TN verschiedene Lerntechniken kennen und werden befähigt, ihr Lernen individuell und selbstständig zu gestalten. Auf Seite 100 finden Sie eine Kopiervorlage, mit der die TN ihren Sprachstand nach Abschluss des Kurses selbst evaluieren können.

Schritte und die Prüfung *Start Deutsch*

Auf der Grundlage der Kompetenzbeschreibungen der Niveaustufen A1 und A2 wurden zwei Prüfungen für Deutsch als Fremdsprache entwickelt: *Start Deutsch 1* und *Start Deutsch 2*. Diese Prüfungen bieten die Möglichkeit, Deutschkenntnisse auch unterhalb des *Zertifikats Deutsch* (= Niveaustufe B1) zu dokumentieren. Sie basieren wie der Referenzrahmen auf einem praxis- und anwendungsorientierten Ansatz, der das sprachliche Handeln im Alltag in den Vordergrund stellt.

Konzeption – Aufbau

Wie berücksichtigt *Schritte* die Prüfung *Start Deutsch*?
Schritte 1-4 richten sich in Themen, Sprachhandlungen, Wortschatz und Grammatik nach den Lernzielbeschreibungen von *Start Deutsch* und bereiten gezielt auf die Prüfungen vor:

- Prüfungsaufgaben zu allen Prüfungsteilen im Arbeitsbuch
- Modelltest und Prüfungstipps zu *Start Deutsch 1* in *Schritte 2* und zu *Start Deutsch 2* in *Schritte 4*

Die Bände *Schritte 5* und *Schritte 6* führen zur Niveaustufe B1. Nach Abschluss von B1 kann das *Zertifikat Deutsch* abgelegt werden.

2. Aufbau

Jeder Band von *Schritte* enthält sieben Lektionen mit je acht Seiten sowie ein integriertes Arbeitsbuch. Die Lektionen haben einen klar strukturierten Aufbau, der für jede Lektion gleich ist:
- eine Foto-Hörgeschichte
- in sich abgeschlossene Seiten A, B, C zur Einführung und Anwendung des neuen Lernstoffs
- in sich abgeschlossene Seiten D und E zum Training der rezeptiven und produktiven Fertigkeiten
- eine Übersichtsseite zu Grammatik und Lernwortschatz der Lektion

2.1 Aufbau einer Kursbuchlektion

Die Foto-Hörgeschichte
Ausgehend von der Erfahrung vieler TN mit Fotoromanen und Soaps im Fernsehen und der Tatsache, dass wir in einer visuellen Welt leben, beginnt jede Lektion mit einer Foto-Hörgeschichte. In kurzen, zusammenhängenden Episoden wird hier die Geschichte von Niko erzählt, einem jungen Ausländer aus der Ukraine, der in Deutschland Fuß fassen möchte. Niko lernt Familie Schneider kennen, mit deren Hilfe er verschiedene Alltagssituationen meistert. Die Foto-Hörgeschichte hat folgende Funktionen:

- Sie bietet einen unterhaltsamen, an der Erfahrung vieler TN ausgerichteten Einstieg in die Lektion: Das Interesse der TN wird geweckt und eine positive Einstellung zum Unterricht erzeugt.
- Sie bildet den sprachlichen und thematischen Rahmen der Lektion: Die Foto-Hörgeschichte führt das Sprachmaterial und den grammatischen Stoff der Lektion ein und entlastet damit den Lektionsstoff vor.
- Sie ist motivierend: Die Fotos erleichtern eine situative und lokale Einordnung der Geschichte und aktivieren das Vorwissen. Durch die Kombination von Fotos und Hörtext/Geräuschen verstehen die TN eine zusammenhängende Episode. Sie erkennen, dass sie nach der Durchnahme der Lektion in der Lage sein werden, eine ähnliche Situation sprachlich zu meistern.
- Sie bietet anhand der Personen und Situationen Identifikationsmöglichkeiten. Im Vordergrund stehen die gemeinsamen Erfahrungen von Ausländern, die in einem deutschsprachigen Land leben oder leben wollen und mit der deutschsprachigen Lebenswelt in Berührung kommen. Unwichtig ist dagegen die Nationalität des Ausländers Niko.
- Sie trainiert das so wichtige globale Hörverstehen: In ihrer deutschsprachigen Umgebung sind die TN ständig damit konfrontiert, Situationen erfassen und adäquat handeln zu müssen.
- Sie vermittelt implizit und auf amüsante Art und Weise landeskundliches Wissen, z.B. wie Feste im deutschsprachigen Raum gefeiert werden oder wie sich der Umgang unter den Familienmitgliedern gestaltet.

Die Seiten A, B, C
Die Seiten A bis C dienen der Einführung, Bewusstmachung, Übung und dem Transfer neuer Wörter und Wendungen und neuer grammatischer Strukturen. Jede Seite bildet eine sich abgeschlossene Einheit. Dadurch haben Sie und die TN immer ein eindeutiges und erreichbares Ziel vor Augen. Eine schnelle Orientierung und der Wiedereinstieg werden nach der Abwesenheit eines TN vom Unterricht erleichtert. Die Seiten folgen alle demselben transparenten Aufbau:

- Die Kopfzeile enthält ein Zitat aus der Foto-Hörgeschichte, das den neuen Lernstoff durch Fettmarkierung hervorhebt. Dieses Zitat ermöglicht Ihnen und Ihren TN eine rasche Orientierung über den Lernstoff bzw. das Thema der Seite. Zusätzlich stellt ein Foto den situativen Bezug zur Foto-Hörgeschichte her: Sie und die TN wissen dadurch, an welcher Stelle in der Foto-Hörgeschichte der Lernstoff bereits vorgekommen ist.
- Die erste Aufgabe dient der Einführung des Lernstoffs. Sie bezieht sich ebenfalls in weiterem Sinne auf die Foto-Hörgeschichte und das Zitat in der Kopfzeile. Die TN wenden den Lernstoff hier bereits aktiv an, obwohl ihnen die Strukturen im Allgemeinen noch nicht bewusst sind. Das stärkt das Vertrauen in die Erlernbarkeit des Neuen und motiviert die TN.
- Der Grammatikspot macht den Lernstoff bewusst und fasst ihn knapp und übersichtlich zusammen.
- In den an die Einführungsaufgabe anschließenden Aufgaben wenden die TN den Lernstoff zunächst meist in gelenkter, dann in freierer Form an.

Konzeption – Aufbau

- Die Abschlussaufgabe dient dem Transfer des Gelernten. Häufig wird hier eine spielerische Aktivität angeboten, bei der die TN den Lernstoff aktiv und selbstständig anwenden und miteinander in Kontakt treten. Das folgt der Maxime des „Miteinander und voneinander lernen" und schafft eine Beziehung unter den TN. Oft bietet die Aufgabe Anregungen, wie die neuen Strukturen im alltäglichen Gebrauch verwendet werden können. Dadurch gelingt der Transfer in den persönlichen Anwendungsbereich.

Hinweis: Zur Vereinfachung und Unterstützung Ihrer Unterrichtsvorbereitung finden Sie Kopiervorlagen zu vielen Abschlussaufgaben im Internet unter www.hueber.de/schritte.

Die Seiten D und E
Diese Seiten dienen der Vertiefung und Erweiterung der rezeptiven (Lesen und Hören) und produktiven (Sprechen und Schreiben) Fertigkeiten. Die TN erarbeiten anhand von sogenannten Realien alltags- und handlungsorientierte Themen.

Lesen
Die TN üben das Lesen authentischer Textsorten, wie sie im Referenzrahmen und der Prüfung *Start Deutsch z* für die Niveaustufe A1 festgelegt sind. Dazu gehören Visitenkarten, Schilder, Prospekte und Kataloge, Kleinanzeigen, einfache Einladungen und kurze Notizen, einfache Anleitungen und Gebrauchsanweisungen, Fahrpläne, etc.

Hören
Die TN lernen, Kernaussagen und wichtige Informationen aus alltagsrelevanten Textsorten zu entnehmen. Dazu gehören z.B. Lautsprecherdurchsagen am Bahnhof oder im Supermarkt, automatische Telefonansagen, Meldungen im Rundfunk (z.B. zum Wetter), etc.

Sprechen
Die TN üben die verbale Bewältigung einfacher Alltagssituationen, wie z.B. sich oder das Kind telefonisch zu entschuldigen, Auskünfte zur eigenen Person zu geben (Name, Wohnort, Herkunft …), nach Preisen, Mengen und Uhrzeiten zu fragen und Auskunft darüber zu geben, etc. Auf der Niveaustufe A1 geht es gemäß Referenzrahmen um das konkrete Einholen und Geben von Auskünften. Sprechen heißt: Fragen stellen und Antworten geben. In *Schritte* üben die TN daher häufig kurze Frage-Antwort-Dialoge.

Schreiben
Das Schreiben spielt auf der Stufe A1 im Referenzrahmen und in der Prüfung *Start Deutsch* noch eine untergeordnete Rolle. Die TN lernen, Formulare wie z.B. Anmeldezettel mit ihren persönlichen Daten auszufüllen und kurze einfache Notizen und Mitteilungen zu schreiben.

Die Übersichtsseite
Die letzte Seite jeder Lektion gibt einen Überblick über die neue Grammatik und den Lernwortschatz der Lektion. Hier wird die im Lektionsteil ausgesparte grammatische Terminologie aufgegriffen. Der Lernwortschatz wird systematisch nach Oberbegriffen geordnet dargestellt. Mit Hilfe der Übersicht kann der Stoff der Lektion wiederholt und nachgeschlagen werden.

2.2 Aufbau des Arbeitsbuchs
Im Arbeitsbuch finden Sie vielfältige Übungen zu den Lernschritten A bis E für die Still- und Partnerarbeit im Kurs oder als Hausaufgabe. Auch hier erscheinen – wie auf der entsprechenden Kursbuchseite – in der Kopfzeile ein Zitat und ein Foto aus der Foto-Hörgeschichte als Strukturierungs- und Memorierungshilfe. Die Übungen unterteilen sich in Basisübungen (optisch markiert durch die schwarze Arbeitsanweisung), Vertiefungsübungen (optisch markiert durch die graublaue Arbeitsanweisung) und Erweiterungsübungen (optisch markiert durch die tiefblaue Arbeitsanweisung). Dadurch werden Möglichkeiten zur Binnendifferenzierung geschaffen (weitere Erklärungen dazu siehe S. 10 und 15 ff.). Das Arbeitsbuch enthält außerdem folgende weiteren Rubriken:

Phonetik
Die Übungen zur Phonetik trainieren die Intonation und die Lautartikulation und sind durch eine blau gerasterte „Schallwellen-Unterlegung" gekennzeichnet (siehe auch S. 10).

Lerntagebuch
Das Lerntagebuch führt die TN an verschiedene Lerntechniken heran und leitet sie an, diese selbstständig anzuwenden. Der Schwerpunkt in *Schritte 1* liegt auf verschiedenen Notierungsmöglichkeiten von Strukturen und Wortschatz, da vielen TN die notwendigen Voraussetzungen für ein ökonomisches und strukturiertes Zusammenstellen von Unterrichtsmitschriften fehlen.

Konzeption – Methodisch-didaktische Grundlagen

Projekte
Hier finden Sie Anregungen und Vorschläge zu Projekten, die das Lernen außerhalb des Kursraums fördern und den TN wichtige Hinweise zur Informationsbeschaffung in ihrer deutschsprachigen Umgebung geben.

Prüfungsaufgaben
Ab Lektion 5 in *Schritte 1* werden die TN an die Prüfung *Start Deutsch 1* behutsam herangeführt und mit den Prüfungsaufgaben vertraut gemacht.

3. Methodisch-didaktische Grundlagen

3.1 Grammatik

Die Grammatikprogression in *Schritte* folgt den Vorgaben des Referenzrahmens und der Prüfungen *Start Deutsch* und ist betont flach angelegt. Dadurch werden insbesondere TN mit geringer Lernerfahrung berücksichtigt.

Lexikalische Einführung von Strukturen
Neue grammatische Strukturen werden zunächst lexikalisch eingeführt. Die TN lernen alltagsrelevante Satzmuster kennen, in denen schon bekannter Wortschatz mit neuen grammatischen Strukturen verknüpft ist. In der Regel benutzen die TN diese Satzmodelle auch schon aktiv, memorieren und variieren sie. *Schritte* bindet damit die neueren Erkenntnisse der Spracherwerbsforschung ein. Hier gilt es als erwiesen, dass das Lernen einer Fremdsprache besonders am Anfang über das Memorieren von Formeln erfolgt. In einem einsprachigen Unterricht mit lernunerfahrenen TN, denen die Mittel der sprachlichen Analyse nicht zur Verfügung stehen, bietet das Lernen von Formeln zum einen den ersten Einstieg in die Sprache überhaupt und zum anderen die Möglichkeit, an diesen Formeln auch die dahinter stehende Struktur aufzuzeigen. Die TN haben das Gefühl, sich in der fremden Sprache schon ausdrücken zu können. So wird ihnen die Angst vor Neuem und vor möglichen Schwierigkeiten genommen. Im folgenden Schritt – der bewussten Vermittlung der Grammatik – können sie sich dann mit der Struktur selbst auseinandersetzen.

Der Grammatikspot
Die Bewusstmachung der neuen Grammatik erfolgt durch den sogenannten Grammatikspot – gestaltet als blauer Kreis: Die neuen Strukturen, die zuvor lexikalisch eingeführt wurden, werden farbig hervorgehoben. Visuelle Impulse ersetzen die grammatische Terminologie. Gerade TN mit wenig Sprachlernerfahrung werden durch grammatische Termini, die sie u. U. auch aus ihrer Muttersprache nicht kennen, schnell überfordert und demotiviert. Aus diesem Grund wird auch auf Regelerklärungen verzichtet, die die TN besonders im einsprachigen Anfängerunterricht weder sprachlich noch inhaltlich verstehen können. *Schritte* setzt auf eine Beispiel- und Signalgrammatik.

Der Infospot
Der sogenannte Infospot – erkennbar an dem orangefarbenen Dreieck – hebt Redemittel hervor, die zum Teil in ihrer grammatischen Struktur noch unbekannt sind, aber den TN als Ausdrucksmöglichkeit zur Verfügung stehen sollten. Die Struktur, die diesen Redemitteln zugrunde liegt, wird in der Regel erst später aufgegriffen und bewusst gemacht. Bis dahin sollen die TN die Wendungen formelhaft lernen und anwenden. In Lektion 2 werden beispielsweise die Wendungen „Wie geht es Ihnen?/ Wie geht es dir?" eingeführt, die Dativpronomen aber nicht thematisiert. Diese werden erst in *Schritte 2* erklärt und geübt. Auch hier greift *Schritte* auf die Erkenntnisse der Spracherwerbsforschung zurück: Auf eine Überfrachtung des Unterrichts mit Grammatik wird verzichtet, stattdessen werden den TN wichtige Redemittel und Formen als Formeln an die Hand gegeben.

Grammatische Terminologie
Sprachlernerfahrene und/oder kognitive TN haben dennoch Gelegenheit, sich mit den grammatischen Termini vertraut zu machen: Auf der Übersichtsseite am Ende jeder Lektion, die die neue Grammatik noch einmal systematisch zusammenfasst, finden die TN zu jedem grammatischen Phänomen den Fachterminus. Sie und Ihre TN können dadurch frei entscheiden, ob und wie weit Sie Metasprache im Unterricht einführen möchten.

Selbstentdeckendes Lernen
Übungen, die die TN zu einem gelenkten Entdecken grammatikalischer Regelmäßigkeiten führen, finden Sie im Arbeitsbuch (z.B. Lektion 3, Übung 4, Seite 85). Die TN ordnen neues Sprachmaterial in vorgegebene, optisch markierte Schemata, die die zugrunde liegende Systematik einer Struktur erkennbar machen. Diese Übungen helfen den TN, die Strukturen besser zu verstehen und zu behalten.

Konzeption – Methodisch-didaktische Grundlagen

3.2 Wortschatz

Die Wortschatzprogression orientiert sich ebenfalls an den Vorgaben des Referenzrahmens und der Prüfung *Start Deutsch* und ist betont flach angelegt. Der Umfang des Wortschatzes orientiert sich am von der Prüfung vorgegebenen Korpus.

Neuer Wortschatz wird prinzipiell mit bereits bekannten grammatischen Strukturen eingeführt, um eine Überforderung der TN zu vermeiden. Nach Möglichkeit werden Wortfelder eingeführt (z.B. Lektion 3, Wortfeld „Lebensmittel"). Auf der Übersichtsseite können sich die TN über den Lernwortschatz der Lektion informieren, Wörter noch einmal nachschlagen oder wiederholen. Der Lernwortschatz ist nach Oberbegriffen geordnet oder in kurzen Frage-Antwort-Sequenzen beispielhaft dargestellt. Dadurch wird einerseits das Behalten der Wörter erleichtert und andererseits das Wort in seinem Verwendungskontext aufgezeigt.

Am Ende eines jeden Bands von *Schritte* finden Sie außerdem eine alphabetische Wortliste.

3.3 Binnendifferenzierung

In Inlandskursen sitzen TN unterschiedlichster Herkunft, Sprachen, Lernerfahrungen, Aufenthaltsdauer etc. zusammen. Binnendifferenzierung ist eine Möglichkeit, den Unterricht für alle TN interessant zu gestalten, auf die unterschiedlichen Bedürfnisse der TN einzugehen und jeden möglichst optimal zu fördern. Binnendifferenzierung bedeutet Gruppenarbeit: Innerhalb des Kurses werden (zeitweise) mehrere Gruppen gebildet, die unterschiedliche Lerninhalte bearbeiten. Das kann beispielsweise heißen, dass leistungsstärkere Gruppen mehr oder schwierigere oder freiere Aufgaben erhalten oder dass für einzelne Gruppen verschiedene Lernziele gesetzt werden, die sich an den Bedürfnissen der TN ausrichten: Eine Gruppe übt z.B. Grammatik, eine andere wiederholt Wortschatz und eine dritte macht Phonetikübungen.

Schritte bietet Unterstützung für einen binnendifferenzierten Unterricht:

- Im Arbeitsbuch durch farblich gekennzeichnete Übungstypen in verschiedenen Schwierigkeitsstufen: Basisübungen mit schwarzen Arbeitsanweisungen, die von allen TN gelöst werden sollten, Vertiefungsübungen mit blaugrauen Arbeitsanweisungen für alle TN, die die Basisübungen noch nicht problemlos gelöst haben oder eine Vertiefung wünschen, und meist freiere Erweiterungsübungen mit blauen Arbeitsanweisungen, die als Ergänzung und Zusatzmaterial für schnelle TN gedacht sind. Natürlich können schnellere TN auch alle Übungen machen, während andere TN weniger Aufgaben lösen.
- In diesem Lehrerhandbuch durch praktische Vorschläge zur binnendifferenzierenden Arbeit mit *Schritte* ab Seite 15 sowie in den methodisch-didaktischen Hinweisen zu jeder Lektion ab Seite 17.

3.4 Phonetik

Häufig erwerben Lernende gute Kenntnisse in Wortschatz und Grammatik und haben damit bereits einen wichtigen Schritt für die Kommunikation mit Muttersprachlern der Zielsprache getan. Aber selbst wenn die Wörter von ihrer Semantik her richtig verwendet werden, kann es durch eine falsche Aussprache und Betonung zu Missverständnissen bis hin zum völligen Scheitern der Kommunikation kommen. Deshalb wird in *Schritte* von Anfang an Wert auf eine gründliche Ausspracheschulung gelegt: In den ersten Lektionen steht dabei die Schulung der korrekten Intonation durch Erkennen und Nachahmen im Vordergrund, denn der Intonation wird für die Verständlichkeit eine größere Rolle zugeschrieben als der korrekten Aussprache von Einzellauten. In wissenschaftlichen Untersuchungen wurde außerdem festgestellt, dass eine korrekte Intonation auch die Aussprache einzelner Laute positiv beeinflusst. Bei der Lautartikulation wird in *Schritte* der Schwerpunkt auf die Vokale gelegt, die als Akzentträger des Wortes für die Verständlichkeit einer Aussage von Bedeutung sind. Daran schließen sich Übungen zu weiteren Einzellauten auch im konsonantischen Bereich. Die Ausspracheschulung in *Schritte* hält sich an folgende Prinzipien:

- Sie erfolgt in einem Wechselspiel aus imitativem und kognitivem Lernen, z.B. durch Hören, Erkennen und Nachsprechen oder Hören, Erkennen und Markieren oder Hören und Nachsprechen.
- Die Laute werden zunächst im Wort und darauf aufbauend im ganzen Satz geübt.
- Die Beispiele ergeben sich aus der Lektion. Dadurch steht die Phonetik in einem für die TN relevanten und nachvollziehbaren Kontext. Zudem macht es wenig Sinn, Wörter nachzusprechen, die man nicht versteht.

3.5 Lerntechniken

Der Referenzrahmen misst der Lernerautonomie großes Gewicht bei. Insbesondere Lernende mit wenig Lernerfahrung haben jedoch kaum Kenntnisse über systematisches Lernen und Lernorganisation. Mithilfe des Lerntagebuchs im Arbeitsbuch lernen die TN verschiedene Lerntechniken kennen, um ihr Lernen individuell gestalten zu können. Je nach Lerntyp können sie die für sich geeignetste und effektivste Form des Lernens herausfinden. In *Schritte 1* geht es dabei zunächst um die Einführung verschiedener Möglichkeiten des Notierens und Systematisierens von Strukturen und Wortschatz. Die TN lernen z.B., Redemittel nach Situationen zu gruppieren und muttersprachliche Entsprechungen zu notieren, Wortschatz nach Oberbegriffen zusammenzufassen, grammatische Formen zu ordnen und den Lernstoff durch grafische Elemente verständlicher und übersichtlicher zu gestalten.

Konzeption – Methodisch-didaktische Grundlagen

Der Gedanke des Lerntagebuchs sieht vor, dass sich alle TN ein Lerntagebuch in Form eines Ringbuchordners, Format DIN A4, anschaffen, das sie in den Unterricht mitbringen. Ein Ringbuchordner ist besonders deshalb geeignet, weil die TN hier im Lauf der Zeit verschiedene Kategorien anlegen und individuell erweitern können sowie jederzeit neue Blätter einfügen können.

Das Lerntagebuch ist der Ort, wo die TN ihre Lernfortschritte dokumentieren können. Es hat daher auch die Funktion eines Sprachenportfolios, das die individuellen Lernfortschritte der TN nachweislich sichtbar macht. Hier können die TN alles, was im Unterricht oder als Hausaufgabe erarbeitet wurde, abheften. Auch Ergebnisse der Projekte (s.u.) haben hier ihren Platz sowie alle Wörter und Redemittel, die die TN außerhalb des Unterrichts lernen und sich einprägen möchten. Zu Hause können die TN in ihrem Lerntagebuch den Lernstoff nachschlagen, Lerntechniken selbstständig ausprobieren oder ihre Hausaufgaben darin notieren.

3.6 Projekte

Projektarbeit dient dem Transfer des Gelernten heraus aus dem Schutzraum „Kurs". Sie fördert das Lernen außerhalb des Kurses, indem die TN nun im Gespräch mit Muttersprachlern ihre erworbenen Kenntnisse anwenden und individuell erweitern können. Außerdem lernen die TN, sich wichtige Informationen über ihre deutschsprachige Umgebung zu beschaffen (z.B.: Was kosten die Lebensmittel hier? Welche verschiedenen öffentlichen Verkehrsmittel und Fahrkarten gibt es?, etc). Der Unterricht beschränkt sich also nicht auf eine reine Sprachvermittlung, sondern zeigt den TN Wege auf, sich in ihrer neuen Umgebung zurechtzufinden.

Die TN üben im Rahmen der Projektarbeit außerdem wichtige allgemeine und soziale Kompetenzen wie selbstständige Orientierung und selbstständiges Handeln, Teamfähigkeit und den Umgang mit Informationsmedien.

Praktische Tipps für den Unterricht mit Schritte – Die Foto-Hörgeschichte

1. Die Foto-Hörgeschichte

Beginnen Sie den Unterricht nicht direkt mit dem Hören der Geschichte. Die TN lösen zu jeder Episode Aufgaben vor dem Hören, während des Hörens und nach dem Hören. Generell sollten Sie die Geschichte so oft wie nötig vorspielen und ggf. an entscheidenden Passagen stoppen. Achten Sie darauf, jede Episode mindestens einmal durchgehend vorzuspielen.

Hören Sie am Ende jeder Lektion die Geschichte mit den TN noch einmal. Das ermutigt sie, denn sie können erleben, wie viel sie im Vergleich zum allerersten Hören nun schon verstehen, und das fördert die Motivation zum Weiterlernen.

1.1 Aufgaben vor dem Hören

Die Aufgaben vor dem Hören machen eine situative Einordnung der Geschichte möglich. Sie führen neue, für das Verständnis wichtige Wörter der Geschichte ein und lenken die Aufmerksamkeit auf die im Text wichtigen Passagen und Schlüsselwörter. Für die Vorentlastung bieten sich außerdem viele weitere Möglichkeiten:

Assoziogramm/Wortigel
Schreiben Sie ein Stichwort (z.B. „Einkaufen") an die Tafel und bitten Sie die TN, alle Begriffe zu nennen, die ihnen dazu einfallen. Damit wird das Thema eingeführt, das schon vorhandene Wissen aktiviert und wiederholt und die TN werden zugleich auf den Hörtext vorbereitet. Diese Übungsform bietet sich besonders für Kurse im Inland an, da die TN ja in einer deutschsprachigen Umgebung leben und die Sprache deshalb auch ungesteuert außerhalb des Kurses erwerben. Das Wissen der einzelnen TN kann nun in den Kurs eingebracht werden, so dass alle voneinander lernen können.

Fotosalat und Satzsalat
Kopieren Sie die Fotos und schneiden Sie die einzelnen Fotos aus. Achten Sie darauf, die Nummerierung auf den Fotos wegzuschneiden. Die Bücher bleiben geschlossen. Verteilen Sie je ein Fotoset an Kleingruppen mit 3–4 Personen. Die TN legen die Fotos in eine mögliche Reihenfolge, hören die Geschichte mit geschlossenen Büchern und vergleichen die Foto-Hörgeschichte mit ihrer Reihenfolge. Sie korrigieren ggf. ihre Reihenfolge.
Diese Übung kann um Satzkarten erweitert werden: Schreiben Sie zu den Fotos einfache Sätze oder Zitate aus der Geschichte auf Kärtchen, die die TN dann den Fotos zuordnen. Sie können hier auch zwischen geübteren und ungeübteren TN differenzieren, indem Sie geübteren TN weniger Vorgaben und Hilfen an die Hand geben als den ungeübteren.
Auf etwas fortgeschrittenerem Niveau können sich die TN zu ihrer Reihenfolge der Fotos eine kleine Geschichte ausdenken oder Minidialoge schreiben. Ihre Geschichte können sie dann beim Hören mit dem Hörtext vergleichen.

Poster
Jede Foto-Hörgeschichte gibt es auch als großes Poster, das Sie im Kursraum aufhängen können oder ebenfalls für einen Fotosalat verwenden können. Wenn Sie nur ein Poster haben, geben Sie je ein aus dem Poster ausgeschnittenes Foto an eine Kleingruppe. Die Gruppen versuchen dann gemeinsam, den richtigen Platz in der Geschichte für ihr Foto zu finden, und entwickeln eine gemeinsame Reihenfolge. So müssen sich alle beteiligen und mitreden. Alternativ können die TN aus ihrer Gruppe auch je einen TN bestimmen, der sich mit den anderen gewählten TN vor dem Kurs in der richtigen Reihenfolge aufstellen muss, sodass diese acht TN die Reihenfolge der Geschichte bilden und das Foto vor sich halten. Das macht Spaß, weil die TN sich bewegen müssen und womöglich mehrmals umgestellt werden, bis alle mit der Reihenfolge einverstanden sind.

Hypothesen bilden
Verraten Sie den TN nur die Überschrift der Lektion und zeigen Sie ggf. noch eines der Fotos auf Folie. Die TN spekulieren, worum es in der Geschichte gehen könnte (Wo?, Wer?, Was?, Wie viele?, Wie?, Warum?). Oder sie sehen sich die Fotos im Buch an und stellen Vermutungen über den Verlauf der Handlung an. Das motiviert und macht auf die Geschichte neugierig. Fortgeschrittenere Anfänger können sich im Vorfeld Minidialoge zu den Fotos überlegen und ein kleines Rollenspiel machen. Nach dem Hören vergleichen sie dann ihren Text mit dem Hörtext.

Situationsverwandte Bilder/Texte
Vielleicht finden Sie einen passenden Text oder ein Bild / einen Comic, den Sie verwenden können, um in das Thema einzuführen und unbekannten Wortschatz zu klären. Diese Übungsform eignet sich, wenn Sie erst ganz allgemein auf ein Thema hinführen wollen, ohne die Fotos aus der Foto-Hörgeschichte schon zu zeigen. So können Sie z.B. beim Thema „Einkauf" das Bild eines gefüllten Einkaufskorbs zeigen. Die TN nennen die ihnen bekannten Lebensmittel. Dadurch wird das Vorwissen der TN aktiviert.

1.2 Aufgaben während des Hörens

Die TN sollten die Geschichte mindestens einmal durchgehend hören, damit der vollständige Zusammenhang gegeben ist. Dabei ist es nicht wichtig, dass die TN sofort alles erfassen. Sie haben verschiedene Möglichkeiten, den TN das Verstehen zu erleichtern:

Praktische Tipps für den Unterricht mit Schritte – Die Foto-Hörgeschichte

Mitzeigen
Beim Wechsel von einem Foto zum nächsten ist ein „Klick" zu hören, der es den TN erleichtert, dem Hörtext zu folgen. Bei jedem Klick können die TN wieder in die Geschichte einsteigen und mithören, falls sie den Faden einmal verloren haben sollten. Als weitere Hilfestellung können Sie zumindest in den ersten Stunden die Foto-Hörgeschichte auch auf eine Folie kopieren und einen (geübten) TN bitten, am OHP mitzuzeigen. Die übrigen TN zeigen in ihrem Buch mit, sodass Sie kontrollieren können, ob alle der Geschichte folgen können.

Wort-/Bildkärtchen
Stellen Sie im Vorfeld Kärtchen mit Informationen aus der Foto-Hörgeschichte her (z.B. Lektion 5: Bild- oder Verbkärtchen mit den Tätigkeiten der Eltern). Die TN hören die Geschichte mit geschlossenen Büchern und legen die Kärtchen während des Hörens in die Reihenfolge, in der die Informationen in der Geschichte vorkommen.

Antizipation
Wenn die TN allgemein wenig Verständnisschwierigkeiten beim Hören haben bzw. wenn die TN schon geübter sind, können Sie die Foto-Geschichte natürlich auch während des Hörens immer wieder stoppen und die TN ermuntern, über den Fort- und Ausgang der Geschichte zu spekulieren. Allerdings sollten Sie die Geschichte im Anschluss auch einmal durchgehend vorspielen.

1.3 Aufgaben nach dem Hören
Die Aufgaben nach dem Hören dienen dem Heraushören von Kernaussagen; sie überprüfen, ob die Handlung global verstanden wurde. Lesen Sie die Aufgaben gemeinsam mit den TN, klären Sie ggf. unbekannten Wortschatz und spielen Sie die Geschichte noch weitere Male vor, um den TN das Lösen der Aufgaben zu erleichtern. Stoppen Sie die Geschichte ggf. an den entscheidenden Passagen, um den TN Zeit für die Eintragung ihrer Lösung zu geben. Darüber hinaus können Sie die Foto-Hörgeschichte für weitere spielerische Aktivitäten im Unterricht nutzen und so den Wortschatz festigen und erweitern:

Rollenspiele
Vor allem schon geübtere TN können kleine Dialoge zu einem oder mehreren Fotos schreiben. Diese Dialoge werden dann vor dem Plenum als kleine Rollenspiele nachgespielt. Regen Sie die TN auch dazu an, die Geschichte weiterzuentwickeln und eine Fortsetzung zu erfinden.

Pantomime
Stoppen Sie die CD/Kassette beim zweiten oder wiederholten Hören jeweils nach der Rede einer Person. Bitten Sie die TN, in die jeweilige Rolle zu schlüpfen. Lassen Sie die TN pantomimisch darstellen, was sie soeben gehört haben. Fahren Sie dann mit der Foto-Hörgeschichte fort.

Kursteilnehmerdiktat
Die (fortgeschritteneren) TN betrachten die Fotos. Ermuntern Sie einen TN, einen beliebigen Satz zu einem der Fotos zu sagen, z.B. „Heute ist das Wetter gut." Alle TN schreiben diesen Satz auf. Ein anderer TN setzt die Aktivität fort, z.B. „Wir machen heute ein Picknick." usw. So entsteht eine kleine Geschichte oder ein Dialog. Die TN sollten auch eine Überschrift für ihren gemeinsam erarbeiteten Text finden. Schreiben Sie oder einer der TN auf der Rückseite der Tafel oder auf Folie mit, damit die TN abschließend eine Möglichkeit zur Korrektur ihrer Sätze haben. Diese Übung trainiert nicht nur eine korrekte Orthographie, sondern dient auch der Wiederholung und Festigung von Wortschatz und Redemitteln.

Situationsverwandte Bilder/Texte
Auch nach dem Hören können Sie situationsverwandte Bilder oder Texte zur Vertiefung des Themas der Foto-Hörgeschichte nutzen. Die TN können die Unterschiede zwischen der Foto-Hörgeschichte und dem Text oder der Situation herausarbeiten. So könnte z.B. mithilfe einer Statistik über das Freizeitverhalten der Deutschen bei Lektion 6 dargestellt werden, inwiefern das Picknick typisch ist und welchen anderen Freizeitaktivitäten die Deutschen nachgehen.

Texte oder Bilder können auch in eine andere Situation überleiten und nach dem Hören der Foto-Hörgeschichte zur Erweiterung eingesetzt werden (z.B. Lektion 3: Einkaufen im Supermarkt; weiterführend: Einkäufe in der Bäckerei, in der Metzgerei, im Schreibwarengeschäft, etc.). Damit werden Wörter und Redemittel in einen anderen Zusammenhang transferiert und erweitert. Sie können so individuell auf die Interessen Ihres Kurses eingehen.

Phonetik
Die Foto-Hörgeschichte bietet sich sehr gut für das Aussprachetraining an, denn sie enthält viele für den Alltag wichtige Redemittel, die sich gut als Formeln merken lassen. Greifen Sie wesentliche Zitate/Passagen aus der Geschichte heraus, spielen Sie diese isoliert vor und lassen Sie die TN diese Sätze nachsprechen. Der Hörspielcharakter und der situative Bezug innerhalb der Foto-Hörgeschichte erleichtern den TN das Memorieren solcher Redemittel. Außerdem lernen die TN, auch emotionale Aspekte (Empörung, Freude, Trauer, Wut, Mitgefühl ...) auszudrücken. Schließlich kommt es nicht nur darauf an, was man sagt,

Praktische Tipps für den Unterricht mit Schritte – Variationsaufgaben/Grammatikspot/Aktivität im Kurs

sondern vor allem darauf, wie man es sagt. In jeder Sprache werden ganz unterschiedliche Mittel benutzt, um solche emotionalen Aspekte auszudrücken.

Nicht zuletzt können auch Modalpartikeln wie *doch, aber, eben* etc. unbewusst eingeschleift werden. Die Bedeutung von Modalpartikeln zu erklären ist im Anfängerunterricht schwierig und daher oft wenig sinnvoll. Mithilfe der Zitate aus der Foto-Hörgeschichte können die TN diese aber internalisieren und automatisch anwenden, ohne dass Erklärungen erforderlich werden.

2. Variationsaufgaben

Sie finden wiederholt kurze, alltagsbezogene Modelldialoge, die die TN mit vorgegebenen, meist noch unbekannten, grammatischen Strukturen variieren. Diese Modelldialoge sind durch eine orangefarbene geringelte Linie links neben der Aufgabe für Sie und Ihre TN sofort erkennbar. Durch das Variieren der Modelldialoge bekommen die TN ein erstes Gespür für die neuen Strukturen. Durch das aktive Verwenden und Memorieren werden diese – und mit ihnen auch schon die neuen Strukturen – zu beherrschbarem Sprachmaterial. Die TN gewinnen Vertrauen in die Erlernbarkeit des Neuen. Erklären Sie neue Strukturen also erst im Anschluss an die Variationsaufgabe. Für die Variationsaufgaben bietet sich folgendes Vorgehen an:

- Die TN decken den Modelldialog zu und hören ihn zunächst nur. Falls vorhanden, sehen sie dabei zugehörige Bilder/Fotos an. Wenn Sie die Fotos/Bilder auf Folie kopieren, können die TN die Bücher geschlossen lassen und sich auf die Situation konzentrieren.
- Stoppen Sie den Modelldialog beim zweiten Hören nach jedem einzelnen Sprechpart. Die TN sprechen – immer noch ohne mitzulesen – im Chor nach.
- Die TN hören den ganzen Dialog und lesen mit.
- Die TN lesen und sprechen den Dialog in Partnerarbeit in verteilten Rollen.
- Die TN lesen die Varianten und markieren im Modelldialog die Satzteile, die variiert werden sollen.
- Die TN sprechen den Dialog in Partnerarbeit mit Varianten. Achten Sie darauf, dass die TN den Dialog erst dann mit Varianten sprechen, wenn sie Sprechsicherheit beim Modelldialog erreicht haben. Wichtig ist auch, dass die Partner ihre Sprech(er)rollen abwechseln, damit jeder TN auch einmal Varianten bilden muss.
- Abschließend können einige TN ihre Dialoge im Plenum präsentieren. Hier reichen ein bis zwei Dialoge aus. Es ist nicht nötig, alle Varianten präsentieren zu lassen.

a) **Ungeübte TN** können den Modelldialog auch schriftlich festhalten, um durch Abschreiben ihre Orthografie zu verbessern und sich wichtige Redemittel besser einzuprägen. Bitten Sie die TN auch, den Dialog auswendig zu lernen und vorzuspielen.
b) Bitten Sie schnelle TN, die Dialoge mit den Varianten auf einer Folie oder an der Tafel zu notieren. Die anderen TN können dann kontrollieren, ob sie die Varianten richtig gebildet haben. **Geübte TN** können außerdem zusätzliche Varianten erfinden.

3. Grammatikspot

Schreiben Sie die Beispiele aus dem Grammatikspot an die Tafel und heben Sie die neuen Strukturen wie im Grammatikspot visuell hervor. Verweisen Sie auf die Einführungsaufgabe und zeigen Sie jetzt die dahinter stehende Struktur auf. Nach Möglichkeit sollten Sie dabei auf grammatische Terminologie verzichten, da viele TN keine lateinische Schulbildung haben und die grammatischen Termini für sie eher eine Erschwernis als eine Erleichterung für das Verstehen einer Struktur bedeuten.

Verweisen Sie auch später immer wieder auf den Grammatikspot. Er soll den TN auch bei den anschließenden Anwendungsaufgaben als Gedächtnisstütze und Orientierungshilfe dienen.

4. Aktivität im Kurs

In den Abschlussaufgaben auf Seite A-C wird der Lernstoff in den persönlichen Bereich der TN übertragen. Sie befragen sich gegenseitig nach ihrer Familie, ihren Hobbys, ihren Vorlieben und Abneigungen usw. oder üben den Lernstoff durch eine spielerische Aktivität in Kleingruppen. Bei dieser Art von Aufgaben geht es häufig darum, dass die TN selbst Kärtchen, Plakate oder Formulare herstellen, was nicht nur ein sehr gutes Schreibtraining, sondern auch sehr förderlich für das Kursklima ist (Gemeinsam etwas tun!). Die selbst hergestellten Kärtchen dienen wie in der Prüfung *Start Deutsch z* als Impuls für kurze Frage-Antwort-Dialoge. Wenn Sie nicht genug Zeit im Unterricht für Bastelarbeiten haben, können Sie zu diesen Aufgaben Kopiervorlagen aus dem Internet unter www.hueber.de/schritte herunterladen.

In den Abschlussaufgaben sollten die TN die Gelegenheit haben, frei zu sprechen und sich frei auszudrücken. Vermeiden Sie daher in dieser Phase Korrekturen.

Praktische Tipps für den Unterricht mit Schritte – Binnendifferenzierung

5. Binnendifferenzierung

5.1 Allgemeine Hinweise

Wichtig: Es ist nicht nötig, dass immer alle alles machen! Teilen Sie die Gruppen nach Kenntnisstand und/oder Neigung ein. Die einzelnen Gruppen können ihre Ergebnisse dem Plenum präsentieren: So lernen die TN miteinander und voneinander.

- Stellen Sie Mindestaufgaben, die von allen TN gelöst werden sollten. Geübte und schnelle TN bekommen zusätzliche Aufgaben. Entziehen Sie geübteren TN Hilfen, indem Sie z.B. Schüttelkästen wegschneiden. Dadurch werden diese TN mehr gefordert.
- Binden Sie geübtere TN als Co-Lehrer mit ein: Wenn diese – meist rascher als die übrigen TN – eine Aufgabe beendet haben, können sie die Lösung schon an die Tafel oder auf eine Folie schreiben oder auch ungeübteren TN beim Lösen der Aufgabe helfen (bitte nur bei einem guten Klima im Kurs!).
- Hin und wieder können Sie die Partnerarbeit steuern und einen ungeübteren mit einem geübteren TN zusammenarbeiten lassen. Der geübtere Partner sollte dem ungeübteren Partner nur dann Hilfestellung geben, wenn die Aufgabe nicht oder falsch gelöst wird.
- Versuchen Sie, auch ungeübte TN ihren Stärken entsprechend einzubinden. Haben Sie z.B. TN, die gut malen oder zeichnen können? Dann können diese bei Aktivitäten im Kurs die Gestaltung von Plakaten übernehmen. Ungeübte TN können auch bei der Projektarbeit die Zuständigkeit für die organisatorische und technische Seite übernehmen: Während ein schon geübterer TN bei Interviews auf der Straße die Fragen stellt, macht der schüchternere oder unsicherere TN Notizen oder eine Aufnahme mit dem Tongerät und stellt diese später im Kurs vor.
- Lassen Sie bei unterschiedlich schwierigen Aufgaben die TN selbst wählen, welche sie übernehmen möchten. Die TN entscheiden dadurch selbst, wie viel sie sich zumuten möchten. Damit vermeiden Sie eine feste Rollenzuweisung, denn ein TN kann sich einmal für die einfachere Aufgabe entscheiden, weil er sich selbst noch unsicher fühlt, ein anderes Mal aber für die schwierigere, weil er sich in diesem Fall schon sicher fühlt.

5.2 Binnendifferenzierung im Kursbuch

Lesen

Nicht alle TN müssen alle Texte lesen: Bei unterschiedlich langen/schwierigen Texten verteilen Sie gezielt die kürzeren/leichteren an ungeübte TN und die längeren/schwierigeren an geübtere TN bzw. geben Sie den TN die Möglichkeit, selbst zu entscheiden, welchen Text sie bearbeiten möchten.

Hören

Sie können die TN auch hier in Gruppen aufteilen: Jede Gruppe achtet beim Hören auf einen bestimmten Sprecher und beantwortet anschließend Fragen, die sich auf diesen Sprecher beziehen. Geübtere TN konzentrieren sich gleichzeitig auf alle Sprecher.

Sprechen

Ungeübtere TN können bei Sprechaufgaben auf die Redemittel auf den Kursbuchseiten und auf der Übersichtsseite als Orientierungs- und Nachschlagehilfe zurückgreifen. Geübtere TN sollten das Buch schließen.

Schreiben

Ungeübtere TN konzentrieren sich in erster Linie auf das reproduktive Schreiben, also das Abschreiben und Schreiben nach Diktat. Geübtere TN können auch schon das freie Schreiben üben, z.B. indem sie weitere Variationsdialoge erfinden oder die Episode einer Foto-Hörgeschichte fortsetzen.

5.3 Binnendifferenzierung im Arbeitsbuch

Die binnendifferenzierenden Übungen im Arbeitsbuch (siehe auch S. 10) können im Kurs oder als Hausaufgabe bearbeitet werden. Es empfiehlt sich folgendes Vorgehen:

- Die Basisübungen mit der schwarzen Arbeitsanweisung sollten von allen TN gelöst werden.
- Zusätzlich können die Vertiefungsübungen (blaugraue Arbeitsanweisung) und die Erweiterungsübungen (blaue Arbeitsanweisungen) gelöst werden. Lassen Sie nach Möglichkeit die TN selbst entscheiden, wie viele Aufgaben sie lösen möchten, oder geben Sie bei der Stillarbeit im Kurs einen bestimmten Zeitrahmen vor, in dem die TN die Übungen lösen sollten. So vermeiden Sie, dass ungeübtere TN sich unter Druck gesetzt fühlen oder immer nur die einfacheren Übungen machen müssen/dürfen.

Praktische Tipps für den Unterricht mit Schritte – Übersichtsseite/Lerntagebuch/Projekte

Die schwarzen und blaugrauen Übungen sollten Sie im Plenum kontrollieren – durch Vorlesen im Kurs oder durch Selbstkontrolle der TN mithilfe einer Folie, auf der Sie oder ein TN zuvor die Lösungen notiert haben. Erweiterungsübungen führen über den Basiskenntnisstand hinaus. Hier gibt es auch freiere Übungsformen, z.B. das Schreiben von Dialogen anhand von Vorgaben. Die TN können sich bei diesen Übungen selbstständig zu zweit kontrollieren oder Sie verteilen eine Kopie mit den Lösungen. Bei freien Schreibaufgaben sollten Sie die Texte einsammeln und in der folgenden Unterrichtsstunde korrigiert zurückgeben.

Auch die Phonetikübungen können Sie binnendifferenzierend aufbereiten: Üben Sie mit einem Teil der TN (z.B. nationale Gruppen) gezielt einen phonetischen Aspekt, der dieser Gruppe besondere Probleme bereitet. Die übrigen TN können andere Übungen im Arbeitsbuch oder auf Zusatzblättern (siehe Kopiervorlagen ab Seite 68) lösen oder sich Gedanken zu einer Lerntagebuch-Übung machen. Wenn Sie einen Computerraum zur Verfügung haben, nutzen Sie das kostenlose Online-Angebot von *Schritte* (www.hueber.de/schritte): TN, die z.B. eine Phonetikübung nicht mitzumachen brauchen, können Online-Übungen lösen.

6. Die Übersichtsseite

Grammatikübersicht

Inbesondere ungeübte TN können die Übersichtsseite beim Lösen von Grammatikübungen aufschlagen und die Tabellen als Orientierungshilfe nutzen. Wenn Sie auf grammatische Termini in Ihrem Unterricht Wert legen oder viele kognitiv ausgerichtete TN haben, können Sie diese Seite zur Einführung der grammatischen Terminologie heranziehen.

Wichtige Wörter und Wendungen

Diese Rubrik dient Ihnen und den TN als Anhaltspunkt, welche Wörter und Wendungen der Lektion aktiv beherrscht werden sollten. Wenn Sie Wortschatz- und/oder Grammatiktests erstellen möchten, können Sie sich hier orientieren.

Die TN können mit Hilfe dieser Rubrik die Wörter und Wendungen in die jeweilige Muttersprache übersetzen. Bilden Sie dazu Gruppen nach Nationalität. Oft zeigt es sich, dass so manche Wortbedeutung noch gar nicht genau verstanden wurde. Die TN werden feststellen, dass es nicht für jedes Wort eine 1:1-Entsprechung gibt: So hat das Türkische z.B. zwei Wörter für Tante (*teyze* und *hala*), je nachdem, ob es sich um die Schwester der Mutter oder die Schwester des Vaters handelt. Das Deutsche hat dagegen nur ein Wort.

7. Das Lerntagebuch

Am Anfang sollten Sie die Eintragungen im Kurs gemeinsam mit den TN machen, um die Arbeitstechnik zu verdeutlichen. Bald aber können und sollten die TN das Lerntagebuch zu Hause weiterführen und selbstständig erweitern. Aufgaben, die eine eindeutige Lösung haben, z.B. eine Tabelle mit Partizipformen erstellen, werden im Kurs kontrolliert, indem z.B. die Lösung auf einer Folie präsentiert wird und die TN vergleichen und korrigieren. Ziel ist, dass sich die TN mit der Zeit regelmäßig selbstständig Notizen machen zu dem, was sie im Unterricht gelernt haben. Dabei wählen sie optimalerweise selbstständig die Form, die ihrem Lerntyp am besten entspricht. Auf etwas fortgeschrittenerem Niveau kann im Unterricht auch über die verschiedenen Formen des Notierens gesprochen werden und die TN können ihre Tipps austauschen. Weisen Sie die TN immer wieder darauf hin, Dinge zu notieren, die sie außerhalb des Unterrichts gelernt und entdeckt haben und die sie in den Unterricht einbringen möchten.

Im Lerntagebuch können die TN auch Ergebnisse von Gruppenarbeiten und Projekten abheften und sich so ein individuelles Tagebuch zusammenstellen, in dem sie auch später zur Erinnerung gerne blättern.

8. Die Projekte

Gehen Sie bei der Projektarbeit folgendermaßen vor:

Vorbereitung

Bereiten Sie das Projekt immer sprachlich so weit wie nötig vor: Wiederholen bzw. erarbeiten Sie mit den TN notwendige Redemittel (z.B. für Lektion 1: „Guten Tag. Ich suche das Postleitzahlenbuch." oder „Wie ist die Postleitzahl von ...?" oder „Ich suche die Postleitzahl von ..."). Das gibt den TN Sicherheit und bereitet sie auf den Kontakt mit Muttersprachlern vor.

Durchführung

Sie können das Projekt als Hausaufgabe aufgeben, die einzeln oder im Team gelöst werden soll. Wenn Sie mehr Zeit zur Verfügung haben, bieten sich die Projekte auch für die selbstständige Gruppenarbeit während der Unterrichtszeit an.

Präsentation

Die TN präsentieren ihre Ergebnisse im Kurs. Damit die Präsentation anschaulich wird, sollten die TN alle Materialien, die sie bei der Projektarbeit benutzt haben, mit in den Unterricht bringen oder eine Collage erstellen, die dann im Kursraum aufgehängt wird. Bei geeigneten Projekten können die TN auch Tonband- oder Videoaufnahmen machen und diese mit in den Unterricht bringen. Solche Präsentationen bereichern den Unterricht und erhöhen die Motivation der TN.

Materialien
ein Ball

Die erste Stunde im Kurs

1. Bevor Sie in die Arbeit mit *Schritte* einsteigen, sollten die TN sich gegenseitig vorstellen.
2. Begrüßen Sie die TN und stellen Sie sich zunächst selbst vor, auch um den TN die notwendigen Redemittel für die eigene Vorstellung an die Hand zu geben. Schreiben Sie Ihren Namen an die Tafel und sagen Sie: „Guten Tag. Mein Name ist … ."

> *Mein Name ist …*
> *Ich heiße …*

3. Sagen Sie noch einmal: „Mein Name ist … ." und fragen Sie dann einen TN nach seinem Namen: „Und wie heißen Sie?". Fragen Sie exemplarisch noch ein paar weitere TN und schreiben Sie die neue Wendung ebenfalls an die Tafel.
4. Die TN stellen sich zunächst in Kleingruppen ihren direkten Sitznachbarn vor. Gehen Sie herum und helfen Sie bei Unklarheiten.
5. Werfen Sie den Ball einem TN zu und fragen Sie: „Hallo. Mein Name ist … . Und wie heißen Sie?". Der TN stellt sich vor. Deuten Sie dem TN an, dass er den Ball zu einer Person seiner Wahl werfen und diese Person ebenfalls nach dem Namen fragen soll. Die TN werfen sich so lange den Ball zu, bis alle einmal ihren Namen genannt haben.

TIPP

Im Kurs wird von Anfang an ein Gemeinschaftsgefühl entwickelt, wenn alle sich mit Namen kennen. Damit sich die TN die Namen der anderen TN leichter einprägen, bietet sich im Anschluss ein Kennenlernspiel an, z.B. *Zipp Zapp*. Durch eine solche spielerische Aktivität kommen die TN nicht nur in (Augen-)Kontakt miteinander und somit weg von einer auf die Kursleiterin / den Kursleiter gerichteten, zentralisierten Aufmerksamkeit, sondern die TN haben bereits die erste Hürde des Kennenlernens und „Sich-Äußern-Trauens" geschafft.
Spielanweisung:

1. Die TN setzen sich in einen Kreis, Sie als Kursleiterin / als Kursleiter stehen in der Kreismitte. Achtung: Es gibt nur so viele Stühle wie TN im Kreis sitzen, d.h. bei 20 TN und Ihnen als Mitspieler gibt es 20 Stühle.
2. Sagen Sie „Zipp" zu einem TN. Dieser muss dann den Namen des TN sagen, der links von ihr/ihm sitzt; sagen Sie „Zapp", muss der TN den Namen des TN nennen, der rechts von ihr/ihm sitzt. Wenn ein TN dabei einen Fehler macht, muss sie/er in die Mitte und Sie können sich auf den Stuhl setzen. Bei dem Ausruf „Zipp Zapp" wechseln alle TN ihre Plätze. Wer in der Mitte steht, versucht dabei, einen Platz im Stuhlkreis zu erhaschen. Nun muss der übrig gebliebene TN ohne Stuhl weiterfragen.

1 GUTEN TAG. MEIN NAME IST ...

Folge 1: *Nikolaj Miron*
Einstieg in das Thema: Grußformen; sich und andere vorstellen; das Herkunftsland nennen

Materialien
1 Folien von Foto 1–4[1]
3 auf Folie

1 Das erste Hören
1. Da es für Ihre TN vielleicht etwas ganz Neues ist, sich auf einen Hörtext zu konzentrieren, sollte erst der Ablauf der Foto-Hörgeschichte trainiert werden. Ziehen Sie dafür Folien von Foto 1–4.
2. Legen Sie die Folie von Foto 1 auf, spielen Sie den Text von Foto 1 einmal vor und stoppen Sie nach dem „Klick". Legen Sie die Folie von Foto 2 nach Möglichkeit neben Foto 1 und zeigen Sie, dass durch den „Klick" zum nächsten Foto gewechselt wird. Verfahren Sie bis Foto 4 weiter so.
3. Die TN hören nun die ganze Geschichte einmal von Beginn an und zeigen in ihrem Buch mit.

2 Nach dem ersten Hören: Wer ist das?
1. Zeigen Sie auf Nikos Foto und fragen Sie: „Wer ist das?" Zeigen Sie im Buch: „Nikolaj."
2. Fragen Sie, während Sie auf Sara und Bruno zeigen: „Wer ist das?"
3. Deuten Sie an, dass die TN die Geschichte noch einmal hören, indem Sie z.B. einen Finger an das Ohr legen und sagen: „Wir hören noch einmal." und mit dem Finger einen Kreis beschreiben; spielen Sie die Foto-Hörgeschichte noch einmal vor. Die TN nennen mündlich die *Lösung*: Sara; Bruno.
4. Schreiben Sie beide Namen an die Tafel, damit die TN die Orthografie richtig in ihr Buch übernehmen können.

3 Nach dem ersten Hören: Wer sagt das?
! Es geht hier noch nicht darum, dass die TN die grammatikalischen Strukturen verstehen. Diese werden auf den Modulseiten A–C Schritt für Schritt erklärt. Verzichten Sie hier auf Erklärungen.
1. Ziehen Sie eine Folie von Aufgabe 3.
2. Deuten Sie den TN an, dass sie die Geschichte noch einmal hören.
3. a) Sollte der Kurs ausschließlich aus Nullanfängern bestehen, dann lesen Sie die Aufgabe vor.
   b) Ein TN, der schon Deutschkenntnisse hat, liest die möglichen Antworten vor.
4. Spielen Sie die Foto-Hörgeschichte ab Foto 5 bis zu dem Zitat „Mein Name ist Nikolaj Miron." (Foto 6) vor, legen Sie die Folie auf und deuten Sie auf die Verbindungslinie von Nikolaj zum Zitat.
5. Die TN hören die Foto-Hörgeschichte noch einmal von Beginn an. Stoppen Sie an den Schlüsselstellen, sodass die TN Zeit haben, Personen und Zitate zu verbinden.
Lösung: **Foto 3:** Nikolaj: „Hans Müller?"; Sara: „Papa! Papa!"; **Foto 5:** Sara: „Wie heißen Sie?"; **Foto 6:** Sara: „Das ist Nikolaj"; Nikolaj: „Mein Name ist Nikolaj Miron"; „Ich komme aus der Ukraine."; **Foto 7:** Bruno: „Nein, ich bin nicht Herr Müller. Ich heiße Schneider. Bruno Schneider."; **Foto 8:** Nikolaj: „Danke! Vielen Dank!"
6. *fakultativ:* Die TN hören abschließend die Foto-Hörgeschichte noch einmal ganz. Sicherlich werden Ihre TN merken, wie viel sie im Vergleich zum ersten Hören jetzt schon verstehen können. Das fördert die Motivation und die Lernfreude.

TIPP Bei der Arbeit in deutschsprachigen Ländern können Sie darauf zurückgreifen, dass manche TN schon einige Zeit im deutschsprachigen Raum leben und bereits erworbenes Wissen mitbringen. Versuchen Sie so oft wie möglich, dieses Vorwissen zu aktivieren. Die TN können sich so gegenseitig etwas beibringen und helfen. Ziehen Sie Nutzen aus dem schon vorhandenen Wissen der TN. Antworten Sie z.B. bei der Frage nach einer Wortbedeutung nicht sofort selbst, sondern geben Sie die Frage an das Plenum weiter. Vielleicht kann ein TN das Wort erklären. Verfahren Sie ebenso mit Fehlern: Geben Sie erst anderen TN die Möglichkeit, einen Fehler zu korrigieren, bevor Sie selbst korrigieren.

---

[1] Auf einer Folie lassen sich einzelne Aspekte zu einer Aufgabe, einem Foto oder einem Bild aus dem Buch häufig besser veranschaulichen. Ob Sie aber Folien ziehen oder lieber im Buch auf die entsprechende Abbildung oder Aufgabe deuten, bleibt Ihnen überlassen.

Materialien
A3 Kopiervorlage zu A3 (im Internet)

Guten Tag. – Hallo!
Begrüßungs- und Abschiedsformen
Lernziel: Die TN können eine Person begrüßen und sich verabschieden.

A **1**

A1 Präsentation von Grußformen
1. Die TN haben die Grußform „Guten Tag" schon kennengelernt (Seite 17). Führen Sie nun weitere Grußformen ein, indem Sie einige TN mit Handschlag begrüßen: „Guten Tag." Geben Sie den TN Gelegenheit zu antworten und Sie ebenfalls zu begrüßen.
2. Zeigen Sie auf das Foto von Nikolaj und den Pfeil zu „Guten Tag."
3. Lesen Sie die anderen Grußformen vor und fragen Sie jeweils: „Sara? Niko?" Zucken Sie dabei mit den Schultern, um Ihr Nichtwissen zu signalisieren.
4. Die TN hören die CD/Kassette und ziehen Pfeile von den Grußformen zu den passenden Fotos.
Lösung: Guten Tag: Nikolaj; Hallo: Sara; Auf Wiedersehen: Nikolaj; Tschüs: Sara

A2 Erweiterung der Begrüßungs- und Abschiedsformen
1. Die TN hören den ersten Dialog. Zeigen Sie im Buch, dass zum ersten Dialog Bild 3 gehört. Die TN hören den Dialog ggf. noch einmal.
2. Die TN betrachten die Bilder und hören Dialog für Dialog so oft wie nötig. Geben Sie ausreichend Zeit für die Eintragungen.
Lösung: 3, 2, 1, 4
3. Betrachten Sie mit den TN den Infospot und zeigen Sie durch Gestik (Handschlag/Winken) den Unterschied von Begrüßung und Abschied.
4. Die TN lesen die Dialoge in Partnerarbeit.
5. *fakultativ:* Die TN gehen im Kursraum herum und begrüßen und verabschieden sich gegenseitig.

Arbeitsbuch 1–2: im Kurs; **3–4:** als Hausaufgabe

A3 Aktivität im Kurs: Grußformen
1. Schreiben Sie vor der Kursaktivität ein paar Uhrzeiten an die Tafel (6 Uhr, 11 Uhr, 18 Uhr, 22 Uhr) und malen Sie jeweils eine Uhr dazu.

2. Die TN sammeln aus den Dialogen von A2, welcher Gruß zu welcher Uhrzeit passen könnte. Deuten Sie z.B. auf 6 Uhr und fragen Sie: „Guten Abend? Guten Morgen? Gute Nacht?" und zucken Sie mit den Schultern. Verweisen Sie auch auf den Infospot, um deutlich zu machen, dass man am Vormittag normalerweise mit „Guten Morgen", tagsüber mit „Guten Tag" und am Abend mit „Guten Abend" grüßt.
   ! *Hinweis:* Viele Sprachen (z.B. Italienisch, Französisch) kennen keinen Unterschied zwischen „Guten Morgen" und „Guten Tag". Deshalb ist es wichtig, diesen Unterschied in der deutschen Sprache deutlich zu machen.
   Die TN müssen die Uhrzeiten hier nicht lernen oder anwenden können. Sie sind als zeitliche Hilfsstrukturen gedacht. Lesen Sie sie laut vor, wenn nötig.
3. Weisen Sie darauf hin, dass „Hallo" und „Tschüs" / „Auf Wiedersehen" an keine Uhrzeit gebunden sind.
4. Die TN finden sich paarweise zusammen und schreiben beliebige Uhrzeiten auf Kärtchen. Wenn Sie wenig Zeit im Kurs haben, verteilen Sie die aus der Kopiervorlage zu A3 (im Internet) ausgeschnittenen Kärtchen, sodass jedes Paar ein Set erhält.
5. Machen Sie ein Beispiel vor, indem Sie ein Kärtchen hochhalten und die TN nach dem passenden Gruß fragen.
6. Die Paare halten nun abwechselnd eines ihrer Kärtchen hoch und grüßen entsprechend der Tageszeit auf dem Kärtchen. Die Partnerin / der Partner antwortet entsprechend.
7. Gehen Sie herum und helfen Sie bei Unklarheiten.

TIPP Lassen Sie die TN doch zwischendurch einmal „Stille Post" spielen: Ein TN flüstert dem nächsten TN ein Wort / einen Satz / eine Wendung, z.B. *Guten Tag,* ins Ohr, der nächste gibt es weiter etc., bis der letzte TN erreicht wurde. Dieser sagt das Wort laut. Dieses Spiel übt die sorgfältige Aussprache und steigert die Konzentration.

1 A 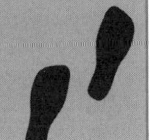 Guten Tag. – Hallo!

Begrüßungs- und Abschiedsformen
Lernziel: Die TN können eine Person begrüßen und sich verabschieden.

TIPP

Achten Sie darauf, dass Sie so häufig wie möglich die Sozialform wechseln, d.h. abwechselnd in Stillarbeit, Partnerarbeit und Kleingruppen arbeiten lassen, sodass die TN möglichst oft mit verschiedenen Partnern zusammenarbeiten. Es gibt viele Möglichkeiten, Gruppen zu bilden:

1. Paare:
   - Verteilen Sie Kärtchen wie bei Memory, auf denen z.B. Frage und Antwort stehen. TN mit einer Frage suchen den TN mit der passenden Antwort. Dies können Sie später auch mit Verbformen (Infinitiv und Partizip), Gegensatzpaaren, Komposita oder mehrsilbigen Wörtern etc. durchführen.
   - Kleben Sie vor dem Unterricht unter oder hinter die Stühle der TN Zettelchen, von denen je zwei die gleiche Farbe haben. Das geht auch mit Bonbons. So können Sie ggf. die Partnerfindung steuern.
   - Nehmen Sie ein Bündel Schnüre, Anzahl: die Hälfte Ihrer TN. Die TN fassen je ein Ende einer Schnur, am anderen Ende der Schnur finden sie ihre Partnerin / ihren Partner.
   - Das „Atomspiel": die TN stehen auf und bewegen sich frei im Raum, evtl. können Sie Musik dazu vorspielen; als Stoppzeichen rufen Sie „Atom 2" (alternativ: 3/4/5/...). Die TN finden sich paarweise (bzw. zu Dreier-, Vierer-, Fünfergruppen ...) zusammen.

2. Gruppen:
   - Zerschneiden Sie einen Satz in seine Bestandteile: Die TN müssen den Satz zusammenfügen (z.B. „Und wie heißen Sie?") und bilden eine Gruppe.
   - Lassen Sie die TN abzählen (bei einer Gruppe von 21 TN von 1-7, alle Einser gehen zusammen, alle Zweier, etc. = sieben Gruppen à drei Personen)
   - Zerschneiden Sie eine Postkarte (Bilderpuzzle) oder nehmen Sie Spielkarten und verteilen Sie sie; die TN suchen die fehlenden Puzzleteile und finden so gleichzeitig ihre Partner.
   - Definieren Sie bestimmte Merkmale, z.B. alle mit Brille, alle mit blauen Augen, ... bilden eine Gruppe.

Materialien
B1 Folie von Foto 1–4; Ball
B2 Folie der Bilder
B3 Ball; Kopiervorlage L1/B3
B4 auf Folie; Fotos; Zeitschriften; Scheren

Das ist Schnuffi. Ich bin Sara.

W-Frage und Aussage
Lernziel: Die TN können eine andere Person nach dem Namen fragen und sich selbst mit Namen vorstellen.

B **1**

B1 Präsentation: W-Frage und Aussagesatz

1. Die TN betrachten die Fotos im Buch. Je ein TN liest ein Beispiel unter den Fotos vor und versucht, es einem Foto zuzuordnen, indem sie/er auf das Foto deutet. Legen Sie die Folie auf den OHP und notieren Sie die Lösungen.
   Lösung: Foto 1 – Das ist Schnuffi; Foto 2 – Ich bin Sara; Foto 3 – Ich heiße Nikolaj; Foto 4 – Und wie heißen Sie?
2. Deuten Sie auf der Folie auf Foto 2, schreiben und sagen Sie: „Ich <u>bin</u> Sara. = Ich <u>heiße</u> Sara." Warten Sie, ob die TN auch die Wendung „Mein Name ist Sara." nennen. Diese Wendung haben sie in der ersten Kursstunde bereits kennengelernt. Schreiben Sie diese Variante dazu.
3. Deuten Sie auf sich und sagen Sie: „Ich bin Frau/Herr …", je nachdem, ob die TN Ihren Vornamen oder Nachnamen benutzen. Schreiben Sie die verschiedenen Möglichkeiten sich vorzustellen an die Tafel.

> *Ich bin Sara. = Ich heiße Sara.*
> *Ich bin Frau/Herr …. = Ich heiße … = Mein Name ist …*

4. *fakultativ:* Fragen Sie einen der TN: „Wie heißen Sie?" a) **Ungeübte TN** nennen mindestens eine Variante.
   b) **Geübte TN** sollten alle drei Varianten, den eigenen Namen zu sagen, nennen. Die TN werfen sich gegenseitig einen Ball zu und stellen sich vor.

B2 Anwendungsaufgabe: sich vorstellen; Präsentation: andere vorstellen

1. Die TN hören den linken Dialog einmal und lesen den Dialog dann in Partnerarbeit. Sie können den Dialog auch einige Male im Plenum vorlesen lassen.
2. Die TN sprechen den Dialog in Partnerarbeit mit ihren Namen im Wechsel. Spielfreudige TN können ihren Dialog vorspielen.
3. Die TN hören den rechten Dialog. Drei TN lesen den Dialog vor.
4. Gehen Sie weiter vor wie beim linken Dialog beschrieben.

Arbeitsbuch 5–6: im Kurs

B3 Anwendungsaufgabe: sich und andere vorstellen

1. Lesen Sie mit den TN das Beispiel im Buch und machen Sie ein Beispiel vor: Setzen Sie sich zu den TN auf einen freien Stuhl und sagen Sie: „Ich bin …". Deuten Sie auf die Person rechts neben sich und sagen Sie: „Das ist …". Nehmen Sie einen Ball, werfen Sie den Ball einem TN zu und fragen Sie: „Wie heißen Sie?". Der TN nennt seinen Namen. Bitten Sie ihn, auch seinen rechten Nachbarn vorzustellen, indem Sie auf den Nachbarn deuten und fragen: „Und wer ist das?".
2. Die TN werfen sich den Ball zu, stellen sich und ihren rechten Nachbarn vor und fragen den TN, dem sie den Ball zuwerfen, nach seinem Namen.
3. Verweisen Sie auf die nebenstehenden Grammatikspots und notieren Sie an der Tafel:

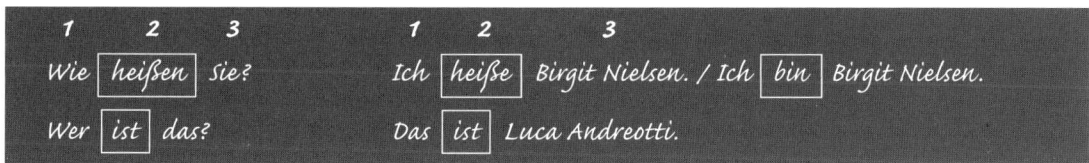

Zeigen Sie, dass bei Fragen (?) und Aussagen (.) das Verb auf Position 2 steht, indem Sie es unterstreichen. Die Ja-/Nein-Frage wird in Lektion 3 eingeführt.
4. *fakultativ:* Verteilen Sie die Kopiervorlage L1/B3 (Satzpuzzle)

Arbeitsbuch 7: in Stillarbeit oder als Hausaufgabe

B4 Aktivität im Kurs: Personenraten

1. *Hinweis:* Bitten Sie die TN vorab, Fotos von bekannten Persönlichkeiten mit in den Unterricht zu bringen.
   Ziehen Sie das Foto einer berühmten Persönlichkeit auf Folie und fragen Sie: „Wer ist das?" Zucken Sie mit den Schultern, sehen Sie betrübt aus und sagen Sie: „Ich weiß es nicht!"
2. Die TN raten. Je nach Antwort nicken Sie mit dem Kopf und sagen Sie: „Ja, stimmt!" oder schütteln Sie den Kopf und sagen Sie: „Nein!" Die TN lesen auch die Beispiele im Buch.
3. Die TN bilden Vierergruppen und spielen das Personenratespiel mit den Fotos, die sie mitgebracht haben.
4. Gehen Sie herum und helfen Sie bei Unklarheiten.
   Variante: Sie können die TN auch bitten, einfach nur Zeitungen/Zeitschriften mitzubringen. Die TN schneiden dann die Fotos im Unterricht aus.

Arbeitsbuch 8–10: in Stillarbeit oder als Hausaufgabe

1 C Ich komme aus der Ukraine.

Verbkonjugation *ich*, *Sie* und *du*
Lernziel: Die TN können ihr Herkunftsland nennen und nach dem Herkunftsland einer Person fragen. Sie können über ihre Sprachkenntnisse Auskunft geben.

Materialien
C1 Kopiervorlage L1/C1
C2 Folie: Tabelle mit Ländernamen der TN; Ball; Kopiervorlage L1/C2
C3 Wandplakat; Kopiervorlage L1/C3; Würfel; Spielfiguren

C1 Präsentation der Verbkonjugation: *ich, Sie, du*
1. Die TN betrachten die Fotos. Spielen Sie zunächst den linken Dialog vor, deuten Sie auf die Fotos und fragen Sie: „Sprechen die Personen hier oder hier?". Die TN deuten auf das passende Foto.
2. Verfahren Sie ebenso mit dem rechten Dialog. *Lösung:* Dialog 1 – Foto A; Dialog 2 – Foto B
3. Die TN hören noch einmal beide Dialoge. Schreiben Sie an die Tafel:

> *Frau Wagner: Woher kommen sie, Herr Miron?*   *Oliver: Woher kommst du, Nikolaj?*
> *Aus der Ukraine.*

4. Spielen Sie einen ähnlichen Dialog mit den TN: Wenden Sie sich etwas höflich distanziert an einen TN und sagen Sie: „Guten Tag. Mein Name ist .... Wie heißen Sie?". Geben Sie dem TN Gelegenheit zur Antwort und sagen Sie: „Freut mich. Woher kommen Sie?". Wenden Sie sich dann an zwei TN, die sich gut kennen und/oder per du sind und denen Sie zutrauen, dass sie den Dialog richtig vorsprechen. Deuten Sie an, dass die beiden TN den Dialog mit *du* sprechen sollen.
5. Zeigen Sie auch gestisch die Verwendung von *Sie* und *du*, indem Sie mit der Körperhaltung einen gewissen Abstand einnehmen, diesen mit den Händen abmessen und „Sie" sagen, während Sie durch geringeren Abstand Nähe ausdrücken und „Du" sagen. Verweisen Sie auch auf den Grammatikspot.
6. *fakultativ:* Verteilen Sie die Kopiervorlage L1/C1 (Arbeitsblatt). Alle TN lösen als Minimalanforderung Übung 1. Wer schnell fertig ist, kann Übung 2 machen. So können sich ungeübte TN in Ruhe auf den ersten Teil der Übung konzentrieren und schnelle TN langweilen sich nicht.

C2 Anwendungsaufgabe zur Verbkonjugation: *ich, Sie, du;* Ländernamen
1. Die TN lesen zunächst den ersten Minidialog und ergänzen diesen im Plenum.
2. Die TN bearbeiten die weiteren Dialoge in Stillarbeit und lesen sie dann in Partnerarbeit. *Lösung:* a) ... Sie? b) ... kommst ...; c) ... kommen Sie? d) ... kommst du?
3. Legen Sie die Folie auf und lesen Sie alle Ländernamen vor. Geben Sie zu einigen Ländern ein Beispiel aus der Gruppe: „Kroatien. ... kommt aus Kroatien."
4. Die TN fragen sich gegenseitig mithilfe des Balls, woher sie kommen. Lassen Sie dabei die Folie liegen, damit die TN bei den deutschen Bezeichnungen für ihr Land „spicken" können. Machen Sie das erste Beispiel, indem Sie einem TN den Ball zuwerfen und fragen: „...., woher kommen Sie?"

! Jeder TN sollte sein Herkunftsland und seine Muttersprache (siehe C3) nennen können. Es ist auf dieser Stufe nicht notwendig, dass sich die TN alle Länder und Sprachen merken.

5. *fakultativ:* Wenn Sie die Anredeformen *du/Sie* noch vertiefen möchten, verteilen Sie die Kopiervorlage L1/C2.

C3 Aktivität im Kurs: eine Wandzeitung erstellen
1. Hängen Sie auf die rechte Seite der Tafel ein großes Wandplakat und schreiben Sie als Vorbereitung auf die Aktivität Ihren eigenen Namen, Ihr Herkunftsland und Ihre Sprachkenntnisse auf das Plakat.
2. Fragen Sie die TN, wie die Fragen zu den Informationen auf dem Plakat heißen. Schreiben Sie diese auf die linke Tafelhälfte:

> *Wie heißen Sie? Woher kommen Sie?*   *Name   Land   Sprache*
> *Wie heißt du?   Woher kommst du?*   *Frau Huber Deutschland   Deutsch, Englisch*
> *Ich heiße ...   Ich komme aus ...*

3. Deuten Sie auf die Spalte „Sprache" auf dem Plakat und sagen Sie: „Ich spreche Deutsch und Englisch." Fragen Sie laut: „Was sprechen Sie? Was sprichst du?". Verweisen Sie auf den Grammatikspot und lassen Sie die Sprachenliste laut vorlesen. Fragen Sie gezielt einige TN nach ihren Sprachkenntnissen und ergänzen Sie ggf. Sprachen, die in der Liste fehlen.
4. Ergänzen Sie das Tafelschaubild:

> *Wie heißen Sie? Woher kommen Sie? Was sprechen Sie?*   *Name   Land   Sprache*
> *Wie heißt du?   Woher kommst du?   Was sprichst du?*   *Frau Huber Deutschland   Deutsch, Englisch*
> *Ich heiße ...   Ich komme aus ... Ich spreche ...*

5. Die TN befragen sich gegenseitig nach Name, Herkunft und Sprachkenntnissen und notieren die Antworten auf dem Wandplakat. Hängen Sie das Wandplakat im Kursraum auf.
6. *fakultativ:* Verteilen Sie die Kopiervorlage L1/C3 an Kleingruppen à 3-4 TN. Jede Gruppe braucht einen Würfel und jeder TN eine eigene Spielfigur. Demonstrieren Sie das Spiel: Die TN stellen ihre Figuren auf das Startfeld. Je nach Augenzahl gehen die TN nach vorne und bilden die Verbform je nach der gewürfelten Zahl (z.B. ein TN würfelt 1 => der TN geht ein Feld vor und konjugiert *Ich ...* .). Die TN korrigieren sich in der Gruppe gegenseitig so lange, bis die Form richtig ist.

Arbeitsbuch 11: im Kurs; **12-15:** in Stillarbeit oder als Hausaufgabe; **16:** im Kurs

LEKTION 1   22

Materialien
D1 Kärtchen mit den Buchstaben des Alphabets
D2 Kopiervorlage L1/D2
D5 leere Folie

Buchstaben

Alphabet

Lernziel: Die TN können die Buchstaben des lateinischen Alphabets und ihren Namen buchstabieren. Sie können sich am Telefon nach einer Person erkundigen.

D   **1**

D1 Präsentation des Alphabets
1. Die TN hören das Alphabet einmal ganz und sprechen beim zweiten Hören mit.
2. Zeigen Sie in willkürlicher Reihenfolge Buchstaben des Alphabets. Die TN nennen jeweils den Buchstaben auf dem Kärtchen. Besonders für TN, die nicht so gut lesen und schreiben können, ist es nicht einfach, die Buchstaben richtig zu erkennen und zu benennen.

D2 Erweiterung: unbekannte Buchstaben
1. Schreiben Sie an die Tafel:

2. Fragen Sie die TN: „Welche Buchstaben sind neu für Sie?". Schreiben Sie sie an die Tafel, z.B. *ß*.
3. Die TN markieren die Buchstaben, die sie nicht kennen. Gehen Sie herum und helfen Sie bei Unklarheiten.
   Hinweis: Bei dieser Aufgabe bietet es sich an, nach Nationalitäten getrennte Gruppen zu bilden. Schließlich sind nicht für jede Ausgangssprache dieselben Buchstaben unbekannt. Die TN vergleichen dann die Ergebnisse im Plenum und lernen so auch die Unterschiede der verschiedenen Sprachen kennen.
4. Schreiben Sie den TN unbekannte Buchstaben an die Tafel, z.B. *ö*; suchen Sie mit den TN ein Beispielwort zu *ö*, z.B. *hören*.

> ö → hören

5. Die TN suchen allein oder in Partnerarbeit andere Wörter aus der Lektion mit „neuen" Buchstaben, z.B. Französisch, ergänzen, Gespräch, Begrüßung, tschüs, Türkisch, heißen, zuordnen, zur, Ich weiß nicht, …
6. *fakultativ:* Spielen Sie mit den TN Alphabet-Bingo (Kopiervorlage L1/D2): Jeder TN trägt in sein Bingo-Blatt neun Buchstaben seiner Wahl ein. Kreuzen Sie verdeckt verschiedene Buchstaben auf dem Kontrollblatt (auf Folie) an und sagen Sie sie laut an. Die TN markieren die Buchstaben auf ihrem Bingoblatt, wenn sie genannt werden. Wer zuerst alle neun Buchstaben angekreuzt hat, ruft „Bingo!" und hat, wenn alles richtig ist, gewonnen. Zur Kontrolle liest der TN seine Buchstaben noch einmal laut vor. Kontrollieren Sie mithilfe des Kontrollblatts. Bei der nächsten Runde kann ein TN die Ansage / das Kontrollblatt übernehmen.

Arbeitsbuch 17: im Kurs

D3 Anwendungsaufgabe zum Alphabet
1. Bilden Sie Dreiergruppen.
2. Die TN buchstabieren sich gegenseitig ihre Namen. Die Partner schreiben den Namen auf. Die TN korrigieren einander. Gehen Sie herum und helfen Sie bei Unklarheiten.
3. *fakultativ:* Ein paar TN buchstabieren ihren Namen im Plenum.

D4 Anwendungsaufgabe: den Namen am Telefon buchstabieren
1. Die TN betrachten die Fotos und hören den Dialog ggf. mehrmals an.
2. Die TN lesen den Dialog in Partnerarbeit.
3. Schreiben Sie mithilfe der TN die Redemittel an die Tafel:

23 LEKTION 1

D Buchstaben

Alphabet

Lernziel: Die TN können die Buchstaben des lateinischen Alphabets und ihren Namen buchstabieren. Sie können sich am Telefon nach einer Person erkundigen.

Materialien
D5 leere Folie

4. Begleiten Sie neue Wendungen wie „Entschuldigung, tut mir leid" gestisch, indem Sie z.B. einen TN vorsichtig „anrempeln" und sich sofort erschrocken entschuldigen; legen Sie bei „Auf Wiederhören" die Betonung auf *hören* und deuten Sie auf das Ohr. Erinnern Sie auch an „Auf Wiedersehen" und deuten Sie dabei auf Ihre Augen.
5. Die TN finden sich paarweise zusammen. Sie sprechen den Dialog abwechselnd mit ihren Namen. Zum Abschluss können zwei oder drei Paare ihr Gespräch dem Plenum präsentieren.

Arbeitsbuch 18: in Partnerarbeit: Die TN ergänzen, lesen und spielen die Dialoge.

D5 Aktivität im Kurs: Namen suchen

1. Schreiben Sie Ihren Namen auf eine leere Folie.
2. Machen Sie wie im Buch mithilfe der TN ein Namenkreuz für Ihren Namen.
3. Jeder TN schreibt seinen Namen mit Großbuchstaben auf ein Blatt Papier.
4. Die TN versuchen, Namen der anderen TN zu finden, die in ihr Namenkreuz passen. Anschließend können sie ihre Papiere im Kursraum aufhängen.

Arbeitsbuch 19-22: in Stillarbeit oder als Hausaufgabe

LERNTAGEBUCH

Arbeitsbuch 23: Die TN lernen, wichtige Formeln und Redemittel nach einem Oberbegriff geordnet zu notieren. Diese Redemittel werden zunächst in die Muttersprache übersetzt (siehe auch S. 31). Das ist besonders am Anfang wichtig, weil TN ohne Lernerfahrung dazu neigen, Wort für Wort zu übersetzen. Dies ist aber oft nicht möglich, vgl. Deutsch „Wie geht es Ihnen?" und Englisch „How are you?". Die TN lernen auch, die Verbkonjugation der ersten, zweiten Person Singular und der dritten Person Plural tabellarisch zu ordnen. Den TN wird hier eine erste systematische Ordnung für grammatische Strukturen vermittelt. Die TN ergänzen die fehlenden Formen in der Tabelle. Später können sie weitere Verben in ihre Tabelle aufnehmen und konjugieren.

Materialien
E1 Folie von der Tabelle
E2 Wandplakat
E3 Anmeldeformular der Schule/Institution
Test zu Lektion 1

Adresse

Visitenkarten, Anmeldeformular
Lernziel: Die TN können Daten aus einer Visitenkarte entnehmen und ein Anmeldeformular mit ihren persönlichen Angaben ausfüllen.

E1 Leseverstehen: persönliche Daten
1. Schreiben Sie an die Tafel:
2. Füllen Sie mit den TN zusammen Ihre eigenen Daten aus.
3. Betrachten Sie mit den TN die Visitenkarten im Buch und machen Sie das erste Beispiel im Plenum. Erklären Sie auch, dass CH = Schweiz, A = Österreich und FL = Liechtenstein bedeutet, und zeigen Sie ggf. auf der Innenseite des Buchumschlags, wo sich diese Länder befinden.
4. Die TN suchen in Partnerarbeit die Informationen zu den Personen aus den Visitenkarten.
5. Abschlusskontrolle im Plenum. *Lösung:*

	Herr	Frau	Frau	Herr	Frau	Herr
Familienname	Seeber	Rienhoff	Babaçan	Schremser	Dupont	Amirseghi
Vorname	Wolfgang	Luise	Zarife	Jürgen	Nicole	Adil
Land	Deutschland	Österreich	Schweiz	Liechtenstein	Deutschland	Deutschland
Stadt	Frankfurt	Wien	Zürich	Schaan	Berlin	Köln
Straße	Siegener Straße	Silbergasse	Genfer Straße	Obergass	Kafkastraße	Adam-Karrillon-Straße

Frau/Herr — Frau
Familienname — Meier
Vorname — Lena
Land — Österreich
Stadt — Wien
Straße — Konradstraße

E2 Aktivität im Kurs: eine Kursteilnehmerliste erstellen
1. Schreiben Sie ein großes Wandplakat mit den Angaben im Buch.
2. Legen Sie das Wandplakat auf zwei Tische oder auf den Boden, sodass die TN es selbst beschriften können.
3. Beginnen Sie, die Daten eines TN in die Liste einzutragen. Fragen Sie dabei: „Wie heißen Sie? Buchstabieren Sie bitte! Und der Vorname? Wie heißt die Stadt, bitte? Und die Straße?"
4. Danach fragt der TN, dessen Name nun auf der Liste steht, weiter und trägt die Daten eines anderen TN in die Liste ein. Sollten die TN unsicher über die Fragen sein, schreiben Sie diese zur Unterstützung an die Tafel.
5. Hängen Sie das Wandplakat im Kursraum auf.
Variante: Diese Aufgabe können Sie bei weniger Zeit auch als reine Schreibaufgabe in Auftrag geben. Jeder TN füllt dann für sich in Stillarbeit ein Formular mit seinen persönlichen Daten aus, das dann auf das Plakat übertragen wird. Geübtere TN können natürlich ihre Daten auch direkt in das Kursplakat eintragen.

E3 Schreiben: ein Formular ausfüllen
1. Bringen Sie ein Anmeldeformular Ihrer Schule/Institution mit. Sollten Sie keins zur Hand haben, können Sie das Formular im Buch benutzen. Da die TN sich ja alle für den Deutschkurs anmelden mussten, erkennen sie sicherlich das Formular wieder.
2. Schreiben Sie wiederum Ihre Daten als Beispiel an die Tafel. Neue Informationen sind nun die Hausnummer und die Postleitzahl. Erklären Sie, dass *Straße*, *Hausnummer*, *Postleitzahl* und *Wohnort* die *Adresse* bilden.
3. Die TN tragen ihre Daten in das Originalformular oder ins Buch ein. Sie werden sich sicherlich freuen, dass sie beim Ausfüllen des Formulars jetzt schon viel mehr verstehen als damals bei der Anmeldung zum Kurs.
4. Gehen Sie herum und helfen Sie bei Unklarheiten.

Arbeitsbuch 24–25: in Stillarbeit oder als Hausaufgabe

E4 Erweiterung: Wortbildung bei der Adresse
1. Die TN ergänzen die Wörter mithilfe des Formulars in E3.
2. Abschlusskontrolle im Plenum. *Lösung:* a) Vorname, Familienname; b) Hausnummer; c) Postleitzahl
3. Zeigen Sie anhand von *Vorname, Familienname, Name*, dass sich aus einem Wort weitere Wörter bilden lassen.

PROJEKT Arbeitsbuch 26:
1. Die TN notieren die angegebenen Adressen auf einem Blatt Papier.
2. Gehen Sie mit den TN zu der nächsten Post oder Postagentur. Holen Sie für die TN das Postleitzahlenbuch. In größeren Städten gibt es vielleicht auch die Telefonbücher von Großstädten wie München, Berlin, etc., sodass die TN auch dort suchen können.
3. Die TN suchen paarweise die Postleitzahlen heraus.
4. Abschlusskontrolle im Plenum nach Rückkehr der TN. *Lösung:* 10719 Berlin; 60437 Frankfurt; 81669 München; 01309 Dresden

Einen Test zu Lektion 1 finden Sie auf Seite 112 f.

MEINE FAMILIE

Folge 2: *Pipsi und Schnofferl*
Einstieg in das Thema: Familie

Materialien
1 Folie von Foto 5 oder Poster zur Foto-Hörgeschichte

1 Vor dem Hören: Wer ist wer?
1. Die TN betrachten die Fotos.
2. Zeigen Sie eine Folie von Foto 5 oder zeigen Sie das Foto auf dem Poster und fragen Sie: „Wer ist Bruno?"
3. Gehen Sie umher. Die TN zeigen Bruno in ihrem Buch. Ein TN zeigt Bruno auf der Folie.
4. Verfahren Sie mit Sara und Nikolaj genauso.

2 Vor dem Hören: Vermutungen äußern
1. Die TN lesen die Aufgabe.
2. Zeigen Sie auf das Foto und fragen Sie: „Wer ist das?"
3. Geben Sie mehreren TN die Möglichkeit, ihre Meinung mit Hilfe der Redemittel zu äußern.
   ❗ Es ist nicht wichtig, dass die TN die richtige Lösung nennen können. Sie sollten ihre Vermutung äußern.
   • *Lösung:* Brunos Frau

3 Beim ersten Hören
Die TN betrachten die Fotos und hören die Geschichte so oft wie nötig. Vorschläge zum Umgang mit der Foto-Hörgeschichte finden Sie auf S. 12 f.

4 Nach dem ersten Hören: Wer ist Tina?
1. Die TN betrachten das Foto. Fragen Sie noch einmal: „Wer ist das?"
2. Ein TN liest die möglichen Antworten vor. Lesen Sie danach noch einmal die Antworten vor und machen Sie dabei nach jeder Antwort eine Pause. Fragen Sie: „Ja oder nein?" und warten Sie auf die Antwort der TN.
3. Wenn die TN Probleme mit dem Lösen der Aufgabe haben, lassen Sie sie noch einmal hören und stoppen Sie an der Schlüsselstelle (Bruno: „Das ist meine Frau."). *Lösung:* Sara, Bruno

5 Nach dem ersten Hören: Wer sagt das?

1. Die TN lesen die Aufgabe. Fragen Sie: „Wer sagt das?"
2. a) Gehen Sie die Aufgabe zusammen mit **ungeübten TN** durch und stoppen Sie an den Schlüsselstellen. Geben Sie den TN Zeit für die Eintragung. Hören und stoppen Sie die Foto-Hörgeschichte so oft wie nötig, falls die TN nicht sofort die Lösung erkennen. b) **Geübte TN** bearbeiten die Aufgabe in Stillarbeit und korrigieren sich gegenseitig.
3. Die TN hören zum Abschluss noch einmal die ganze Geschichte am Stück. *Lösung:* b) Tina; c) Bruno; d) Nikolaj; e) Sara

TIPP Die Foto-Hörgeschichte enthält wichtige Redemittel für den Alltag, die sich gut als Formeln einüben und merken lassen. Nutzen Sie daher Zitate aus den Foto-Hörgeschichten (z.B. Aufgabe 5) dazu, mit den TN z.B. die Intonation zu üben, die Sätze nachzusprechen oder sie auch nachzuspielen. Durch den Hörspielcharakter und den situativen Kontext der Foto-Hörgeschichte wird das Memorieren wichtiger Redemittel erleichtert und eine gute Aussprache trainiert.

Materialien
A3 Kopiervorlage zu A3 (im Internet); Buntstifte, Scheren

Wie geht's? – Danke, sehr gut.

Lernziel: Die TN können sich nach dem Befinden erkundigen und über ihr Befinden sprechen.

A 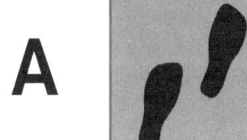 **2**

A1 **Präsentation der Wendung: „Wie geht's?"**
1. Die TN sehen sich die Bilder an. Verweisen Sie auf das erste Beispiel, unterstützen Sie es durch Mimik und Gestik und sagen Sie mit Begeisterung: „Super!"
   Variante: Die TN lassen das Buch geschlossen. Gehen Sie auf einen TN zu, die/der schon länger in Deutschland lebt. Geben Sie ihr/ihm die Hand und fragen Sie: „Wie geht's?" Der TN antwortet. Wiederholen Sie das ggf. noch ein paar Mal mit weiteren TN, die schon erste Deutschkenntnisse haben. Die TN schlagen erst dann ihr Buch auf.
2. Die TN hören die Minidialoge und spekulieren, welcher Dialog zu welchem Bild passt. Bei Verständnisschwierigkeiten oder Unklarheiten spielen Sie die Dialoge mehrmals vor und machen die jeweils passende Mimik/Gestik mit (z.B. Strecken Sie bei „super" den Daumen nach oben und strahlen Sie.).
   Lösung:

 ❶  ❷  ❸  ❹  ❺

3. Lesen Sie die Antworten noch einmal mit viel Mimik/Gestik vor und fordern Sie die TN auf mitzumachen. Lassen Sie die TN nachsprechen und achten Sie dabei besonders auf die Intonation/Stimm-Modulation.

A2 **Variation: Anwendungsaufgabe zu „Wie geht's?"**
1. Die TN betrachten die Bilder. Fragen Sie: *„Sie* oder *du?* Was meinen Sie?" Die TN stellen Vermutungen darüber an, wie sich die Personen anreden.
2. Die TN hören die Dialoge.
3. Verweisen Sie auf den Infospot und zeigen Sie auch mithilfe der Bilder, dass *Wie geht es Ihnen?* für die Anrede mit *Sie* und *Wie geht es dir?* für die Anrede mit *du* gebraucht wird.
4. Die TN sprechen die Dialoge in Partnerarbeit mit ihren Namen. (siehe auch Lektion 1, B2)

! Denken Sie bitte daran, dass es ausschließlich darum geht, die Wendungen lexikalisch einzuschleifen, um sie als Redemittel für die TN bereitzustellen. Erklärungen zum Dativ sind an dieser Stelle nicht notwendig. Die Dativpronomen werden in Schritte 2, Lektion 13, behandelt.

Arbeitsbuch 1: im Kurs; **2:** in Stillarbeit oder als Hausaufgabe; **3–4:** in Partnerarbeit oder als Hausaufgabe: Die TN können ihre Dialoge vorspielen, wenn sie möchten.

A3 **Aktivität im Kurs: Rollenspiel**
1. Zwei TN lesen die Beispieldialoge laut vor.
2. Bilden Sie Dreiergruppen. Jede Gruppe teilt untereinander auf, wer die Gesichter und wer die Flaggen malt. Die TN sollten natürlich noch mehr Flaggen entwerfen als im Buch als Beispiel vorgegeben. Sie können auch die Kopiervorlage zu A3 (im Internet) austeilen, wenn im Kurs nicht genug Zeit für das Entwerfen der Kärtchen bleibt. Die TN sollten dann zumindest die Flagge ihres Heimatlandes mit Buntstiften in die Vorlagen malen und die Flaggen ausschneiden.
3. Jede Gruppe macht zwei Stapel – einen mit Gesichtern und einen mit Flaggen.
4. Ein TN zieht eine Karte pro Stapel, der zweite TN stellt die Fragen, der dritte TN kontrolliert. Die TN wechseln dann durch.

TIPP Lassen Sie die TN nach Möglichkeit so viel wie möglich selbst gestalten und kreieren, denn
- auch reines Ausschneiden, auf Plakate schreiben, Malen und Basteln ist eine Beschäftigung mit dem Lernstoff und eine Möglichkeit zur Vertiefung des Gelernten. Gerade in den Pausen kann sich Gelerntes „setzen".
- zwischendurch etwas Kreatives zu tun hilft, die Konzentrationsfähigkeit zu steigern.
- auch ungeübte TN, die vielleicht schön malen oder schreiben können, können hier glänzen und so ihr Selbstbewusstsein stärken.
- der Zusammenhalt im Kurs und das Miteinander werden gefördert.
- die TN unterhalten sich mit zunehmenden Sprachkenntnissen während dieser Aktivitäten über die Aktivität, sie helfen sich gegenseitig und geben sich Anweisungen. Damit werden diese Momente im Kurs zu idealen Sprechanlässen für freies unkontrolliertes Sprechen, das ja aufgrund der multinationalen Zusammensetzung auf Deutsch stattfindet.

2 B Das ist meine Frau.

Possessivartikel *mein, meine*; Verbkonjugation *sein*: Das sind ...
Lernziel: Die TN können ihre Familie vorstellen.

Materialien
B1 Kopiervorlage L2/B1
B2 Kopiervorlage L2/B2
B4 Familienfotos; ein Plakat

B1 **Präsentation des Wortfelds „Familienmitglieder"**
1. Die TN sehen die Fotos im Buch an und hören die Texte. Deuten Sie an, dass die TN wirklich nur hören sollen, damit sie einer realen Hörsituation nahe kommen.
2. Die TN lesen still die Texte.
3. Die TN hören die Texte noch einmal und ergänzen diese in Stillarbeit.
4. Abschlusskontrolle im Plenum. *Lösung:* Tochter, Eltern, Vater, Mutter, Bruder
5. *fakultativ:* Verteilen Sie im Anschluss die Kopiervorlage L2/B1: a) **Ungeübte TN** versuchen, die Familienbeziehung mithilfe des Schüttelkastens zu benennen. b) Für **geübte TN** können Sie den Schüttelkasten wegschneiden.

B2 **Präsentation der Possessivartikel *mein, meine*; Anwendungsaufgabe zum Wortfeld „Familienmitglieder"**
1. Die TN betrachten die Bilder im Buch. Zeigen Sie auf die Nummern und fragen Sie den aus B1 schon bekannten Wortschatz noch einmal ab: „Wer ist das?" Begnügen Sie sich mit einfachen Antworten wie „Mutter", „Frau", etc.
2. Die TN hören einmal die Dialoge. Deuten Sie wieder an, dass die TN nur hören sollen, um das „authentische" Hören zu trainieren.
3. Die TN hören die Dialoge noch einmal und notieren die Familienmitglieder.
4. Abschlusskontrolle im Plenum. *Lösung:* Mann, Sohn, Tochter, Kinder, Schwester, Bruder
5. Zeichnen und schreiben Sie zur Systematisierung der Possessivartikel ein Tafelbild. Lassen Sie dabei die TN möglichst viel mündlich mithelfen.

Unterstreichen Sie *Vater* etc. grün und ebenso den Possessivartikel *mein*; *Mutter* etc. rot und ebenso den Possessivartikel *meine* und *Eltern* und *Kinder* und den Plural gelb. Verweisen Sie auch auf den Grammatikspot.

! Es ist nicht notwendig, die drei Artikel zur Verdeutlichung des Neutrums einzuführen. Die bestimmten Artikel sind erst Thema in Lektion 4.

6. *fakultativ:* Verteilen Sie die Kopiervorlage L2/B2 (Dominospiel). Die TN üben den Possessivartikel in Partnerarbeit oder Kleingruppen.

Arbeitsbuch 5-6: als Hausaufgabe

B3 **Anwendungsaufgabe zu den Possessivartikeln *mein, meine*; Systematisierung von „Das sind ..."**
1. Die TN lesen die Beispiele im Plenum vor und versuchen, die Lücken zu ergänzen. *Lösung:* meine – mein – meine
2. Fragen Sie, wie viele Personen die Eltern sind. Da die Zahlen noch nicht eingeführt sind (siehe Lektion 2, S. 21), können die TN die Zahl mit den Fingern zeigen oder einfach *Mutter* und *Vater* sagen.
3. Verweisen Sie auf den Grammatikspot und verdeutlichen Sie noch einmal mit ein paar Beispielen an der Tafel:

> Das ist mein Vater.
> Das ist meine Mutter.
> Das sind meine Eltern.

Arbeitsbuch 7-10: in Stillarbeit oder als Hausaufgabe; **11:** im Kurs

B4 **Aktivität im Kurs: die eigene Familie vorstellen**
1. Bitten Sie die TN schon im Vorfeld, Familienfotos mitzubringen.
2. Wenn Sie eine sehr große Gruppe haben, dann teilen Sie die TN in Vierergruppen auf.
3. Die TN kleben ihre Fotos auf ein Plakat und beschriften es entsprechend mit Pfeilen und den Namen der Familienmitglieder.
4. Die TN stellen innerhalb ihrer Gruppen ihre Familien vor.
5. Sie hängen ihre Familienplakate im Kursraum auf, sodass alle sie ansehen können.

TIPP Den TN macht es Spaß, wenn auch Sie von sich erzählen. Je authentischer der Lernstoff ist, umso mehr wird durch ihn emotionale Nähe und Interesse geweckt. Bringen Sie doch einfach ein paar Fotos Ihrer Familie mit. Kleben Sie diese auf ein Plakat, das Sie im Kursraum aufhängen, und beschriften Sie es mit den TN zusammen.

Materialien
C2 auf Folie
C3 leere Folie; Kopiervorlage L2/C3
C4 Kopiervorlage zu C4 (im Internet);
   Kopiervorlage L2/C4

Er wohnt in der Rosenheimer Straße.

Verbkonjugation; Personalpronomen
Lernziel: Die TN können ihren Wohnort und ihre Adresse nennen.

C  **2**

C1 **Präsentation der Verbkonjugation und der Personalpronomen** *er/sie, sie*
1. Die TN hören die Texte und sehen die Fotos im Buch an. Deuten Sie an, dass die TN wirklich nur hören sollen, um einer realen Hörsituation näher zu kommen.
2. Die TN lesen still die Texte.
3. Die TN hören die Texte noch einmal und ergänzen sie in Stillarbeit. Stoppen Sie die CD/Kassette nach jedem einzelnen Satz, wenn nötig.
4. Abschlusskontrolle im Plenum. *Lösung:* ist; heißen; kommt
5. Schreiben Sie an die Tafel:

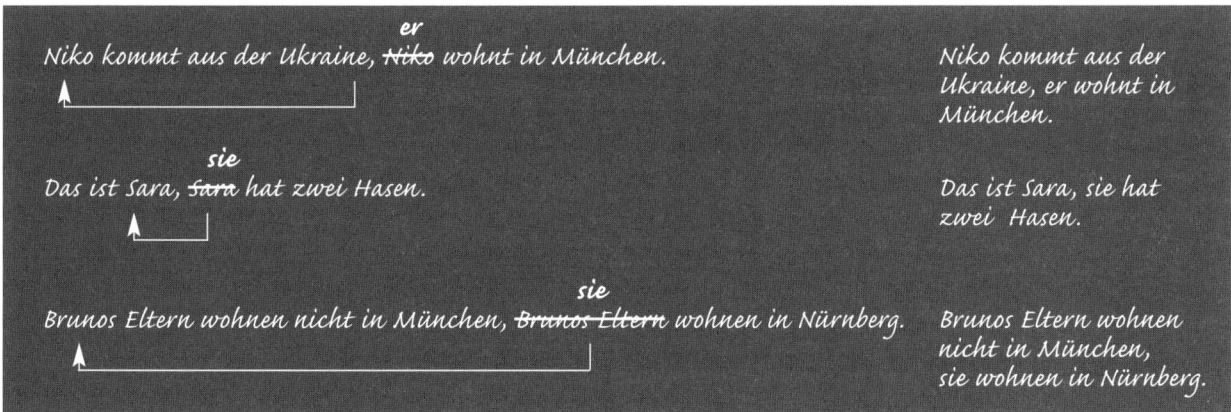

C2 **Anwendungsaufgabe zur Verbkonjugation und zu den Personalpronomen** *er/sie, sie*
1. Lesen Sie die Personalangaben von Beispiel a) laut vor.
2. Ergänzen Sie das erste Beispiel mit den TN gemeinsam auf der Folie.
3. Die TN notieren in Stillarbeit die Beispiele b) und c).
4. Abschlusskontrolle im Plenum. Schreiben Sie oder einer der TN dabei gerne wieder auf die Folie.
   Lösung: b) Das ist Afo; Er kommt aus Togo; Er lebt in Österreich; Er wohnt in Wien; Er wohnt in der Burgstraße; c) Das sind Metin und Elif; Sie kommen aus der Türkei; Sie leben in Deutschland; Sie wohnen in Köln; Sie wohnen in der Schillerstraße.
5. Schreiben Sie die bekannten Personalpronomen an die Tafel. Die TN ergänzen mündlich die schon bekannten Verbendungen von *ich*, *du* und *Sie*; nehmen Sie jetzt auch die Form der 3. Pers. Sg. mit auf und unterstreichen Sie die Verbendungen. Notieren Sie auch weitere Verben auf Zuruf, z.B. *sein*, *heißen*, *sprechen*.

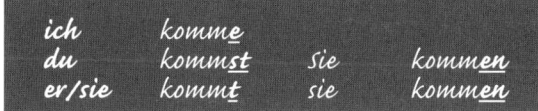

Arbeitsbuch 12: in Stillarbeit oder Partnerarbeit; 13-14: in Stillarbeit oder als Hausaufgabe

C3 **Variation: Präsentation der Verbkonjugation und der Personalpronomen** *wir* und *ihr*
1. Gehen Sie vor wie auf Seite 14 beschrieben.
2. *fakultativ:* Verteilen Sie die Kopiervorlage L2/C3. Die TN ergänzen die Sätze in Stillarbeit.

Arbeitsbuch 15-16: in Stillarbeit; 17-19: in Stillarbeit oder als Hausaufgabe

C4 **Aktivität im Kurs: Kennenlernspiel**
1. Die TN arbeiten zu zweit und lesen die Aufgabe.
2. Jedes Paar findet für sich eine fiktive Identität und schreibt ein Kärtchen mit Namen, Herkunftsland und Wohnort. Wenn Sie wenig Zeit im Kurs haben, dann kopieren Sie die Kopiervorlage zu C4 (im Internet).
3. Die Paare gehen im Kursraum umher und befragen sich gegenseitig.
4. Lassen Sie ggf. einige Paare ein Beispiel im Plenum vorspielen.
5. *fakultativ:* Zur Vertiefung und Wiederholung des Stoffs von Seite 19 und 20 im Buch können Sie mit den TN ein Rollenspiel machen (Kopiervorlage L2/C4).

2 D Zahlen und Personalien

Zahlen von 0 bis 20; Konjugation des Verbs *haben*
Lernziel: Die TN können bis zwanzig zählen. Sie können Fragen zur eigenen Person beantworten und ein Formular mit den eigenen Personalien ausfüllen.

Materialien
D1 Kärtchen für jede Zahl
D2 leere Folie; Kopiervorlage L2/D2
D3 Folie des leeren Formulars
D5 Kopiervorlage zu D5 (im Internet); evtl. Polaroidkamera

D1 Präsentation der Zahlen von 0 bis 20
1. Die TN hören die Zahlen zweimal und sprechen sie nach.
   Hinweis: Da einige TN sicher schon eine Weile in einem deutschsprachigen Land leben, sind die Zahlen diesen TN möglicherweise schon bekannt.
2. *fakultativ:* Schreiben Sie jede Zahl auf ein Kärtchen und halten Sie die Kärtchen abwechselnd und in beliebiger Reihenfolge hoch: Die TN nennen die Zahl auf dem Kärtchen.

D2 Hörverstehen: Telefonnummern richtig verstehen
1. Die TN hören das erste Beispiel und lesen im Buch mit.
2. Die TN hören noch einmal und ein TN schreibt die gehörte Telefonnummer an die Tafel. Die anderen TN kreuzen die richtige Telefonnummer in ihrem Buch an. Bei Unklarheiten hören die TN noch einmal. Verfahren Sie mit den Beispielen b und c genauso.
3. Die Lösungen stehen zur Kontrolle an der Tafel. *Lösung:* a) 13 16 20; b) 19 16 10; c) 19 15 12
4. *fakultativ:* Machen Sie, wenn alle TN einverstanden sind, eine Telefonliste des Kurses. Nehmen Sie die Folie. Ein TN diktiert seine Nummer und ein zweiter TN schreibt sie auf die Folie. Die übrigen TN notieren mit und achten darauf, dass die Zahlenfolge stimmt. Wechseln Sie durch. Am Ende ziehen Sie eine Kopie der Folie und teilen die Telefonliste zum Abheften ins Lerntagebuch aus.
5. *fakultativ:* Spielen Sie mit den TN Zahlenbingo (Erklärungen zu Bingospielen siehe S. 23).

Arbeitsbuch 20: in Stillarbeit oder als Hausaufgabe; **21:** als Hausaufgabe

D3 Schreiben: ein Formular mit Personalien ausfüllen
1. Die TN hören das Gespräch und lesen im Buch mit.
2. Die meisten Fragen sind bekannt. Erklären Sie „Wo sind Sie geboren?" anhand Ihres eigenen Geburtsorts: Notieren Sie an der Tafel z.B. 06.05.1970 in Nürnberg und sagen Sie: „Ich bin am 6. Mai geboren. Ich bin in Nürnberg geboren."
3. Die TN lesen das nebenstehende Formular. Erklären Sie unbekannte Begriffe: „Heimatland: Mein Land: Da bin ich geboren. Geburtsort: Die Stadt, wo ich geboren bin. Der Wohnort: Da wohne ich." und füllen Sie das Formular auf Folie exemplarisch mit Ihren Personalien aus. Fragen Sie bei Familienstand: „Was ist ‚verheiratet'?" und deuten Sie auf das Symbol im Buch. „Was ist ‚nicht verheiratet', ‚verwitwet' und ‚geschieden'?" Schreiben Sie diese Wörter an die Tafel und malen Sie kleine Symbole (z.B. einen durchgestrichenen Ring für *ledig*). Fragen Sie auch die TN „Wer ist verheiratet?"
4. Die TN hören den Dialog und ergänzen das Formular in Stillarbeit.
5. Abschlusskontrolle im Plenum.

Arbeitsbuch 22: in Stillarbeit; **23–25:** in Stillarbeit oder als Hausaufgabe

D4 Aktivität im Kurs: Partnerinterview
1. Die TN lesen still die Redemittel.
2. Verweisen Sie auf den Grammatikspot und die besonderen Formen von *haben*.
3. Die TN befragen sich in Partnerarbeit und machen sich Notizen zu ihrer Partnerin / ihrem Partner. Gehen Sie herum und helfen Sie bei Unklarheiten.

Arbeitsbuch 26–28: in Stillarbeit oder als Hausaufgabe

D5 Aktivität im Kurs: ein Formular mit Personalien ausfüllen
1. Stellen Sie nach dem Muster von D3 Formulare für die TN her oder ziehen Sie von der Kopiervorlage zu D5 (im Internet) eine Kopie für jeden TN.
2. Die TN füllen nun das Formular mit den Angaben ihrer Partnerin / ihres Partners aus.
3. Bitten Sie die TN auch, ein Bild ihrer Partnerin / ihres Partners zu zeichnen.
4. Wenn Sie eine Polaroidkamera haben, können sich die TN auch gegenseitig fotografieren.
5. Die TN hängen die Formulare im Kursraum auf und stellen dem Kurs die Partnerin / den Partner vor.

Materialien
E2 Folie der Landkarte bzw. Landkarte im Kursraum
Test zu Lektion 2
Zwischenschritt: Wiederholung zu Lektion 1 und 2

Deutschsprachige Länder
landeskundliche Informationen
Lernziel: Die TN lernen einige größere Städte der deutschsprachigen Länder kennen.
Sie können einfache Angaben zu Personen verstehen.

E 2

E1 **Landeskunde: Städte in deutschsprachigen Ländern**
Die TN betrachten die Fotos und raten, welches Foto zu welcher Stadt gehört. Vielleicht war der eine oder andere schon in einer dieser Städte. Helfen Sie bei Unklarheiten. *Lösung:* Zürich; Hamburg; Berlin; Wien

E2 **Landeskunde: Informationen auf der Landkarte; Präsentation der Himmelsrichtungen**
1. Fragen Sie die TN, wer schon einmal in einer anderen Stadt in Deutschland, Österreich oder der Schweiz war.
2. Legen Sie eine Folie mit der vergrößerten Landkarte von E2 auf, zeigen Sie eine Landkarte im Kursraum oder die Karte in der vorderen Umschlagseite. Die TN können dann darauf die Städte zeigen, die sie kennen.
3. Schreiben Sie an den nördlichsten Punkt der Landkarte auf der Folie ein N und fragen Sie die TN, was das bedeutet. Verweisen Sie zur Unterstützung auf den Kompass im Buch und fragen Sie, wie die anderen Himmelsrichtungen heißen. Schreiben Sie diese auf.
4. Ein TN liest Beispiel a). Er sucht und zeigt Hamburg auf der Folie und/oder Landkarte.
5. Je ein TN liest eines der nächsten Beispiele vor, die übrigen TN suchen die gesuchte Stadt auf der Landkarte. Die TN markieren die entsprechende Flagge. *Lösung:* b) Schweiz; c) Österreich; d) Deutschland; e) Österreich; f) Schweiz; g) Deutschland; h) Deutschland

E3 **Hörverstehen: Wohnorte aus einem Hörtext entnehmen**
1. Die TN hören die Texte einmal. Bitten Sie sie, auf den Wohnort der Personen zu achten. Bei Unklarheiten hören die TN noch einmal.
2. Abschlusskontrolle im Plenum. *Lösung:* Hamburg; Berlin; Wien; Zürich

E4 **Hörverstehen: persönliche Angaben zu Personen verstehen**
1. Ein TN liest Beispiel a) vor. Fragen Sie: „Richtig oder falsch?".
2. Die TN hören den Text aus E3 noch einmal und kreuzen an, was falsch bzw. richtig ist.
3. Verfahren Sie mit den Beispielen b), c), d) ebenso. Spielen Sie die Texte so oft wie nötig vor.
4. Abschlusskontrolle im Plenum.
Lösung: <u>richtig</u> ist: a) Sie ist verheiratet. b) Er hat drei Kinder. c) Er lebt in Österreich. d) Sie lebt in der Schweiz. Sie hat ein Baby.

PROJEKT **Arbeitsbuch 29:**
1. Achten Sie darauf, dass für diese Aktivität eine Deutschlandkarte im Kursraum hängt. Wenn möglich bringen Sie einen Atlas und eine oder mehrere zusätzliche Deutschlandkarten mit.
2. Teilen Sie die TN in Kleingruppen auf.
3. Die TN bearbeiten mithilfe der Landkarten die Übung.
4. Abschlussbesprechung im Plenum.
Variante: Noch schöner ist es, wenn die TN oder eine Gruppe der TN auf der Straße einige Passanten ansprechen und diese fragen. Wiederholen Sie zu diesem Zweck noch einmal die Redemittel: „Entschuldigung, drei Städte in Deutschland mit H, bitte.", „Vielen Dank." Begleiten Sie die TN, wenn diese das möchten, um ihnen Mut zu machen.
5. Die TN hören den Text so oft wie nötig. Bitten Sie sie, auf die Grußformel und den Wohnort der Personen zu achten. Geben Sie als Beispiel *Guten Tag*, das in ganz Deutschland als Grußformel benutzt wird.
6. Abschlusskontrolle im Plenum. Notieren Sie die Lösungen auf der Folie.
Lösung: Moin, Moin – Norddeutschland; Guten Tag – Deutschland; Grüß Gott – Süddeutschland; Servus – Österreich; Gruezi/Salü – Schweiz

LERN TAGEBUCH **Arbeitsbuch 30:** Die TN erweitern ihren Wortschatz um neue und wichtige Redemittel der Lektion. Um sich die Redemittel besser einprägen zu können, übersetzen die TN sie in ihre Sprache. Die Verbkonjugation wird um die Personalpronomen *sie/er*, *wir* und *ihr* und die entsprechenden Verb-Endungen erweitert. Helfen Sie den TN ggf. dabei, die Verben in Tabellenform richtig zu konjugieren und die Tabellen um weitere Verben zu ergänzen. Lassen Sie sich auf jeden Fall die Tabellen zeigen.

Einen Test zu Lektion 2 finden Sie auf Seite 114 f. Wenn Sie mit den TN den Stoff von Lektion 1 und Lektion 2 wiederholen möchten, verteilen Sie die Kopiervorlagen „Zwischenschritt" (Seite 102-103).

3 EINKAUF

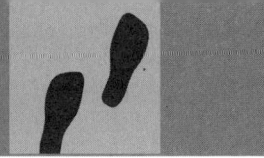

Folge 3: *Kennen Sie fan-fit?*
Einstieg in das Thema: Lebensmittel / Einkaufen im Supermarkt

Materialien
2 Folie von Foto 1, 3, 4, 6

1 Vor dem Hören: Wo ist Niko?
1. Die TN betrachten die Fotos. Fragen Sie: „Wo ist Niko?"
2. Zeigen Sie bei der richtigen Antwort noch einmal auf die Fotos und wiederholen Sie die Lösung. *Lösung:* Im Supermarkt.
   Variante: In ungeübteren Gruppen können Sie auch ein Bild von Brunos Obst- und Gemüseladen (z.B. aus Lektion 2) auf Folie ziehen und zur Verdeutlichung fragen: „Ist Niko in Brunos Obst- und Gemüseladen?"

2 Vor dem Hören: Schlüsselwörter verstehen
1. Legen Sie Folien von Foto 1, 3, 4 und 6 der Foto-Hörgeschichte auf.
2. Zeigen Sie auf Foto 1 und fragen Sie: „Wo ist Joghurt? Ist das Joghurt? Oder das?"
3. Die TN zeigen das Produkt auf dem Foto in ihrem Buch.
4. Gehen Sie dabei herum und lassen Sie sich von möglichst allen TN den Joghurt zeigen.
5. Verfahren Sie mit den anderen Lebensmitteln genauso.
6. Legen Sie zur Abschlusskontrolle alle Folien auf und zeigen und beschriften Sie oder je ein TN die Produkte.
   Lösung: Joghurt – Foto1; Apfel – Foto 3, 4, 5, 7, 8; Salz – Foto 5, 6; Banane – Foto 4, 7, 8

3 Beim ersten Hören
Hier bietet sich vor dem Hören ein Assoziogramm zum Thema „Einkaufen" an. Eine genaue Beschreibung sowie weitere Alternativen siehe S. 12 f.

! Es kommt nicht darauf an, die Lebensmittel und Preisangaben sofort zu verstehen.

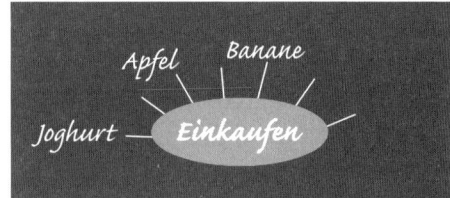

4 Nach dem ersten Hören: Nikos Einkäufe
1. Fragen Sie: „Was kauft Niko?" Stellen Sie dabei das Verb „kaufen" pantomimisch dar, indem Sie den Stift eines TN nehmen und so tun, als ob Sie Geld aus Ihrer Tasche ziehen. Sagen Sie: „Ich kaufe den Stift." und reichen Sie dem TN das imaginäre Geld, während Sie den Stift zunächst behalten.
2. Kehren Sie zurück zur Foto-Hörgeschichte und fragen Sie: „Was kauft Niko?" und lesen Sie die beiden Kassenzettel mit Preisangaben laut vor.
3. Es genügt, wenn die TN auf den richtigen Kassenzettel deuten. *Lösung:* der linke Kassenzettel
4. Zur Abschlusskontrolle hören die TN den Text zu Foto 2 noch einmal.

5 Nach dem ersten Hören: Schlüsselsätze verstehen
1. Deuten Sie den TN an, dass sie die Foto-Hörgeschichte noch einmal hören. Fragen Sie: „Was hören Sie?"
2. Ein TN liest die möglichen Zitate laut vor.
3. Die TN hören dann die Foto-Hörgeschichte und markieren während des Hörens in Stillarbeit die Zitate, die sie gehört haben.
4. Abschlusskontrolle im Plenum. *Lösung:* b); d)

6 Nach dem ersten Hören: den Inhalt global verstehen
1. Ein TN liest Beispiel a). Fragen Sie: „Ist das richtig? Ja oder nein?"
2. Die TN beantworten a). Deuten Sie ggf. auf Nikos Einkaufszettel (Aufgabe 4).
3. a) Gehen Sie die Aufgabe zusammen mit den **ungeübten TN** durch und spielen Sie ggf. relevante Passagen der Foto-Hörgeschichte noch einmal vor. b) **Geübte TN** bearbeiten die restliche Aufgabe in Stillarbeit und korrigieren sich gegenseitig.
4. Abschlusskontrolle im Plenum. *Lösung:* a) falsch; b) richtig; c) falsch; d) falsch

TIPP Zur besseren Veranschaulichung und als Festigung des neuen Wortschatzes lohnt es sich, Realien – also in diesem Fall Sahne, Joghurt, Brot, Salz, einen Apfel und eine Banane – mitzubringen. Die TN können die dazugehörigen Wortschatzkärtchen selber schreiben und auf die Produkte kleben. Diese Methode berücksichtigt auch haptische Lernende, also Lernende, die sich etwas am besten durch Anfassen merken können.

LEKTION 3

Materialien
A1 Folie der Einkaufswagen
A2 Kopiervorlage L3/A2
A4 Kopiervorlage zu A4 (im Internet)

Kennen Sie schon *fan-fit*?

Ja-/Nein-Frage; Wiederholung: W-Frage; Wortfeld „Lebensmittel"
Lernziel: Die TN können Lebensmittel benennen und einen Einkaufszettel selbst schreiben.

A 3

A1 Präsentation des Wortfelds „Lebensmittel"
1. Die TN sehen sich die Bilder im Buch an und je ein TN liest die Lebensmittel auf einem Einkaufszettel vor.
2. Legen Sie die Folie mit den vergrößerten Einkaufswagen auf. Gehen Sie mit den TN die einzelnen Einkaufszettel noch einmal im Plenum durch. Fragen Sie dabei, wo das jeweilige Produkt ist. Je ein TN kann nun ein Produkt auf der Folie beschriften bzw. markieren. *Lösung:* 1 B, 2 C, 3 A

A2 Variation: Präsentation der Ja-/Nein-Frage
1. Gehen Sie vor wie auf S. 14 beschrieben.
2. Schreiben Sie zwei Beispiele an die Tafel.

3. Fordern Sie die TN auf, die Tabelle mit weiteren bekannten W-Fragen aus den vorherigen Lektionen zu ergänzen. Stellen Sie die entsprechenden Ja-/Nein Fragen gegenüber.

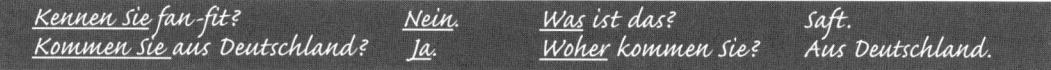

4. Fragen Sie die TN, wie die Antwort auf die Fragen „Kommen Sie ..., Heißt du ..., Ist er ..." lautet (Ja/Nein) und wie die Antwort bei den W-Fragen lautet. Die TN sollten jetzt den Unterschied verstehen: Ja-/Nein-Fragen werden mit Ja oder Nein beantwortet, mit W-Fragen erfragt man eine Information. Verweisen Sie auch auf den Grammatikspot.
5. *fakultativ:* Verteilen Sie die Kopiervorlage L3/A2. Machen Sie mit den TN das erste Beispiel gemeinsam. a) Fordern Sie **ungeübte TN** auf, die Fragen zu ergänzen. Sollten dabei Schwierigkeiten auftreten, dann können die TN die Sätze aus den Schüttelkästen heraussuchen. b) Für **geübte TN** kann der Schüttelkasten weggeschnitten werden; sie müssen sich die Fragen und Antworten zu den Satzanfängen selbst „erarbeiten". Abschlusskontrolle im Plenum.

Arbeitsbuch 1: im Kurs

A3 Anwendungsaufgabe zu Ja-/Nein-Fragen
1. Klären Sie vorab die Bedeutung des Verbs „brauchen". Tun Sie so, als ob Sie Ihren Stift suchen, sagen und zeigen Sie auch pantomimisch: „Ich möchte schreiben. Ich habe keinen Stift, ich brauche einen Stift." Oder zeigen Sie einen leeren Geldbeutel und sagen Sie: „Ich möchte etwas kaufen. Ich habe kein Geld. Ich brauche Geld!" Fragen Sie dann die TN: „Ich möchte Joghurt kaufen. Was brauche ich?" (Antwort: Geld)
2. Die TN lesen das Beispiel. Lassen Sie ein weiteres Dialogbeispiel im Plenum bilden.
3. Die TN lösen die Aufgabe in Partnerarbeit. Gehen Sie herum und helfen Sie bei Unklarheiten.
4. Abschließend können einige TN die Dialoge im Plenum präsentieren.

Arbeitsbuch 2–3: in Stillarbeit oder als Hausaufgabe; **4:** im Kurs; **5–6:** in Stillarbeit oder als Hausaufgabe

A4 Aktivität im Kurs: Lebensmittel einkaufen
1. Bereiten Sie drei verschiedene Einkaufszettel und Kärtchen zu jedem Produkt auf den Einkaufszetteln vor. Bilden Sie Gruppen à drei TN. Jeder TN erhält einen Einkaufszettel und Produktkärtchen in einem Briefumschlag. Wenn Sie weniger Zeit haben, können Sie an die TN die Einkaufszettel und Wortkärtchen aus der Kopiervorlage zu A4 (im Internet) in einem Briefumschlag verteilen.
2. Erklären Sie das Spiel anhand eines Tafelbildes:

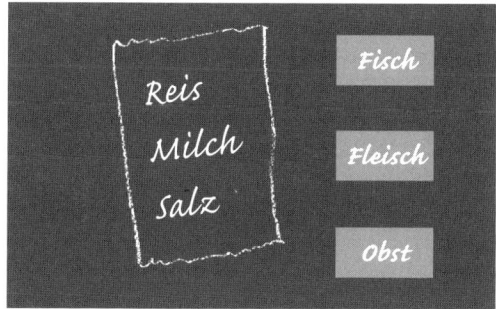

Sprechen Sie und schreiben Sie: „Ich habe Fleisch, ich habe Fisch, ich habe Obst; ich brauche Reis, ich brauche Milch und ich brauche Salz."

3 A  Kennen Sie schon *fan-fit*?

Ja-/Nein-Frage; Wiederholung: W-Frage; Wortfeld „Lebensmittel"
Lernziel: Die TN können Lebensmittel benennen und einen Einkaufszettel selbst schreiben.

3. Fragen Sie einen TN: „Hast du Reis?". Wenn der TN ein Wortkärtchen mit Reis hat, dann halten Sie es hoch und deuten Sie an, dass Sie es behalten. Hat er das Wortkärtchen „Reis" nicht, dann fragen Sie den nächsten TN.
4. Die TN erfragen nun von den Mitspielern ihrer Gruppe nach dem Muster an der Tafel bzw. im Buch ihre gewünschten Lebensmittel und erhalten die passenden Kärtchen.

TIPP

Versuchen Sie so oft wie möglich, das Vorwissen der TN im Unterricht einzubeziehen. Da für alle TN, die in Deutschland leben, das Thema „Einkaufen" und das Wortfeld „Lebensmittel" sehr wichtig sind, bietet es sich hier besonders an z.B. mit einem Wettspiel das Vorwissen zu aktivieren. Schreiben Sie verschiedene Oberbegriffe auf (Milchprodukte/Obst/Gemüse/Sonstiges) und teilen Sie die TN in „faire" Gruppen auf (nicht alle ganz „Neuen" in eine Gruppe.) Machen Sie zu den Oberbegriffen je ein Beispiel. Jede Gruppe wählt einen Oberbegriff. Dann schreiben die TN in acht Minuten so viele Lebensmittel/Gegenstände auf, wie ihnen einfallen.

Materialien
B2 rechtes Foto aus B1 auf Folie; Apfel, Kartoffel, Banane, Orange, Ei, Brötchen, Tomate, Kuchen
B3 Folie von Foto d)

Das ist doch **keine** Sahne.
unbestimmter Artikel und Negativartikel
Lernziel: Die TN können Lebensmittel benennen und Vermutungen äußern.

B 3

B1 Präsentation des unbestimmten Artikels und des Negativartikels
1. Die TN hören die Dialoge. Deuten Sie an, dass die TN wirklich nur hören sollen, um einer realen Hörsituation nahe zu kommen.
2. Die TN lesen still die Sätze der Aufgabe durch.
3. Die TN hören die Dialoge noch einmal und ergänzen die Sätze in Stillarbeit.
4. Abschlusskontrolle im Plenum. *Lösung:* keine, ein, eine, ein

B2 Variation: Anwendungsaufgabe zum unbestimmten Artikel
1. Die TN betrachten das Foto am OHP, während zwei TN den Musterdialog vorlesen. Lassen Sie den Apfel und die Tomaten auf der Folie zeigen.
2. Gehen Sie weiter vor wie auf Seite 14 beschrieben.
   Variante: Nehmen Sie einen Apfel, eine Kartoffel, eine Banane, eine Orange, eine Tomate, ein Brötchen, einen Kuchen und ein Ei mit in den Unterricht. Halten Sie diese abwechselnd hoch und fragen Sie: „Wie heißt das auf Deutsch?" und warten Sie auf die Antwort: „Apfel." Sagen Sie: „Genau, das ist ein Apfel.", etc. Dadurch wird das Vorwissen der TN aktiviert und neuer Wortschatz eingeführt sowie die anschließende Variationsaufgabe vorentlastet.
3. Schreiben Sie an die Tafel: **ein** Apfel – **eine** Tomate

! Bitte denken Sie daran, dass hier nicht darauf verwiesen werden sollte, dass es im Deutschen drei Artikel gibt! Erst in Lektion 4 (Kursbuch, Seite 34) werden die drei bestimmten Singularartikel eingeführt.

Arbeitsbuch 7–9: in Stillarbeit oder als Hausaufgabe; **10:** im Kurs

B3 Anwendungsaufgabe zum unbestimmten Artikel
1. *fakultativ:* Um die Aufgabe vorzuentlasten, heben Sie die mitgebrachten Realien der Reihe nach hoch und sagen Sie z.B. bei dem Wort „Apfel", indem Sie den Kopf schütteln: „Das ist keine Kartoffel. Das ist auch keine Tomate, das ist ein Apfel."
2. Ein TN liest Beispiel a) vor.
3. Die TN lösen die Aufgabe in Partnerarbeit. Abschlusskontrolle im Plenum. *Lösung:* b) eine Orange; c) ein Ei; d) eine Kartoffel; e) ein Kuchen; f) eine Banane
4. Schreiben Sie die bekannten Nomen mit unbestimmtem Artikel an die Tafel, die TN ergänzen den Negativartikel. Verweisen Sie auch auf den Grammatikspot.

```
ein Apfel        kein Apfel        eine Tomate      keine Tomate
ein Ei           ...               eine Kartoffel   ...
ein Kuchen                         eine Banane
ein Brötchen                       eine Orange
```

Arbeitsbuch 11–13: in Stillarbeit oder als Hausaufgabe

B4 Aktivität im Kurs: Trudel
1. Zeigen Sie auf Bild a) und fragen Sie mit skeptischer Miene: „Ist das eine Tomate?" und antworten Sie sich selbst: „Vielleicht!". Schreiben Sie dann an die Tafel:

```
Ist das eine Tomate?
Ja, das ist eine Tomate. (✓)
Vielleicht. (50%)
Nein, das ist keine Tomate. (–)
```

2. Die TN erraten in Partnerarbeit die vorliegenden Bilder.

! Es ist nicht wichtig, dass die TN die tatsächliche Lösung herausfinden. Es geht vielmehr darum, Vermutungen zu äußern und zu spekulieren.
Lösung: eine Tomate; eine Banane; ein Kuchen; eine Kartoffel; eine Orange

35 LEKTION 3

3 C Vier **Flaschen** kosten 7,10 Euro.

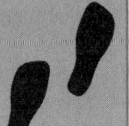

Nomen: Singular und Plural; Plural des Negativartikels
Lernziel: Die TN können Preise und Mengen benennen.

Materialien
C2 Folie des Bildes; Kopiervorlage L3/C2
C3 Folie des Wörterbuchauszugs; Wörterbücher; Kopiervorlage L3/C3
C4 *fakultativ:* vergrößerte Farbfolien der Bilder

C1 Präsentation des Plurals
1. Die TN hören die Texte abschnittsweise und ergänzen die Lücken in Stillarbeit.
2. Abschlusskontrolle im Plenum. *Lösung:* Apfel, Äpfel; Brötchen, Brot
3. Verweisen Sie auf den Infospot und lesen Sie die Preisangaben laut vor. Weisen Sie dabei insbesondere auf die Stellung der Währungsangabe zwischen den Zahlen (ein Euro zehn) hin. Im Anschluss sollten einige TN die Texte vorlesen, um die Preisangaben zu üben.

C2 Systematisierung des Plurals; Präsentation des Plurals des Negativartikels
1. Die TN betrachten den Einkaufskorb am OHP und im Buch und überlegen, welche Lebensmittel im Korb sind.
2. Geben Sie ein Beispiel für ein Lebensmittel, das sich nicht im Korb befindet (z.B. Brötchen), und sagen Sie, indem Sie den Kopf schütteln: „Im Korb sind <u>keine</u> Brötchen".
3. Die TN übertragen nun in Stillarbeit die Lebensmittel aus dem Schüttelkasten in die jeweilige Spalte der Tabelle.
4. Abschlusskontrolle im Plenum mithilfe der Folie, die Sie oder besser die TN dann noch einmal mit den Lebensmitteln beschriften können.
Lösung: Im Korb sind Äpfel, Bananen und Tomaten. Im Korb sind keine Brötchen, Eier und Orangen.
5. Besprechen Sie die nebenstehenden Grammatikspots, indem Sie zur Verdeutlichung der Pluralformen auf der Folie auf die vielen Äpfel (Bananen, etc.) zeigen bzw. auf die negativen Formen und auf der Folie die Äpfel etc. wieder durchstreichen.
! Bitte denken Sie daran, dass hier der Plural als Form und noch ohne Artikel eingeführt wird (Pluralartikel *die* siehe Lektion 4, Seite 36).
Hinweis: Schlagen Sie den TN vor, alle Wörter immer gleich mit der Pluralform zu lernen.
6. *fakultativ:* Verteilen Sie die Kopiervorlage L3/C2 (Arbeitsblatt). a) Machen Sie mit **ungeübten TN** das erste Beispiel gemeinsam. Die TN bearbeiten die Übung dann in Stillarbeit. b) Für **geübte TN** können Sie den Schüttelkasten wegschneiden. Abschlusskontrolle im Plenum.

C3 Anwendungsaufgabe zum Plural: Wortschatzarbeit mit dem Wörterbuch
1. Die TN betrachten den Auszug aus dem Wörterbuch, möglichst auch auf Folie.
2. Umkreisen Sie auf der Folie die Pluralendung „-e" und weisen Sie darauf hin, dass die Angabe zur Pluralform im Wörterbuch so aussehen kann.
3. Schlagen Sie auch zusammen mit den TN die alphabetische Wörterliste im Anhang auf. Die TN sehen sich anhand bekannter Nomen (z.B. Apfel) an, wie die Pluralangaben gemacht werden.
4. Die TN suchen nun in Partnerarbeit die Pluralformen von b) – e) aus ihren Wörterbüchern heraus. Sollten nicht genügend Wörterbücher vorhanden sein, können Sie auch die Kopiervorlage L3/C3 verteilen. Gehen Sie herum und helfen Sie.
Hinweis: Die Darstellung kann in verschiedenen Wörterbüchern recht unterschiedlich sein. Bitte denken Sie daran, dass das Ziel der Übung das Heraussuchen der Pluralendung ist. Sollten Fragen zu den Artikeln *der* oder *-r* etc. kommen, weisen Sie ggf. darauf hin, dass die TN das in der nächsten Lektion lernen.
5. Abschlusskontrolle im Plenum. *Lösung:* Joghurt(s), Brote, Kuchen, Säfte

Arbeitsbuch 14: in Stillarbeit; **15-17:** in Stillarbeit oder in Kleingruppen: die Plakate aus 17 werden im Kursraum aufgehängt.

C4 Aktivität im Kurs: Suchbild
Die TN beschreiben sich in Partnerarbeit die Unterschiede auf den beiden Bildern.

TIPP Neuer Wortschatz lässt sich immer gut am Anfang der nächsten Stunde wiederholen. Die TN machen z.B. selber Wortlisten der bekannten Nomen, finden sich in Zweier- bis Vierergruppen zusammen und fragen sich gegenseitig die Pluralformen der Nomen ab.

Materialien
D3 Kopiervorlage L3/D3; *fakultativ:*
Supermarktprospekte

Gewichte und Maßeinheiten

Zahlen von 21 bis 100; Maßeinheiten
Lernziel: Die TN können nach Preisen fragen und den Preis nennen sowie Gewichte und Maßeinheiten angeben. Sie können ein Sonderangebot verstehen.

D  **3**

D1 Präsentation der Zehnerzahlen von 20 bis 100
1. Die TN hören Beispiel a).
2. Schreiben Sie an die Tafel: *0,20 € = zwanzig Cent*
3. Die TN hören dann den restlichen Text und lösen die Aufgabe in Stillarbeit.
4. Abschlusskontrolle im Plenum an der Tafel. Schreiben Sie die Zahlen, die TN diktieren Ihnen die Centangaben.

D2 Präsentation der Zahlen von 21 bis 100; Hörverstehen: Durchsagen im Supermarkt
1. Die TN hören die Supermarktdurchsage a). Verweisen Sie im Buch auf die Lösung.
2. Die TN hören jetzt die anderen Supermarktdurchsagen so oft wie nötig und kreuzen die richtigen Preise an.
3. Abschlusskontrolle im Plenum. *Lösung:* b) 0,99 €; c) 0,42 €; d) 0,21 €
4. Verweisen Sie auf den nebenstehenden Infospot zur Bildung der Zahlen.
5. *fakultativ:* Die TN bilden Paare. Jeder TN nimmt ein Blatt Papier zur Hand, das er später im Lerntagebuch abheften kann. Ein TN sagt eine Zahl, z.B. „sechsunddreißig", und beide TN schreiben die Zahl in Ziffern (37) auf das Papier, ohne dass es die Partnerin / der Partner sieht. Danach wird die Zahl verglichen. Dann wird gewechselt und der andere TN sagt eine Zahl usw.

Arbeitsbuch 18–19: im Kurs; **20:** in Stillarbeit: Vergleich mithilfe einer Folie

D3 Anwendungsaufgabe: Maßeinheiten und Gewichte benennen; Preise nennen
1. Die TN betrachten die Prospektseite. Verweisen Sie auf die Infospots zu den Mengenangaben.
2. Je ein TN sucht ein Beispiel zu den Mengenangaben (z.B. ein Kilo Rindfleisch) aus dem Prospekt heraus und zeigt das Produkt im Buch.
3. *fakultativ:* Teilen Sie den TN zur Vertiefung die Kopiervorlage L3/D3 (Arbeitsblatt zu Mengenangaben) aus. Machen Sie mit den TN ein Beispiel. Die TN lösen die Übung in Partnerarbeit.
4. Zwei TN lesen das Dialogbeispiel vor. Verweisen Sie dabei noch einmal auf den Gebrauch der Plural- und Singularform des Verbs, indem Sie an die Tafel schreiben:

1 Gramm kostet ...
100 Gramm kosten ...

Verweisen Sie auch auf die Variante „Was kostet ...?" oder „Wie viel kostet ...?"
5. Die TN fragen sich gegenseitig nach dem Muster im Buch. Gehen Sie herum und helfen Sie bei Unklarheiten.
6. *fakultativ:* Bringen Sie Supermarktprospekte mit. Die TN teilen sich je nach Vertiefungswunsch in Gruppen auf: a) Gruppe A wiederholt ausschließlich den Wortschatz (Lebensmittel und Verpackungen): „Was ist das?", „Das ist (ein Liter) Milch."; b) Gruppe B wiederholt die Zahlen anhand der Preisangaben: „Ein Kilo Orangen kostet ... ."; c) Gruppe C (eher die **geübten TN**) schreibt einen Einkaufsdialog auf der Basis des momentanen Kenntnisstandes: „Guten Tag, ich brauche Äpfel." „Haben Sie ...." „Wie viel kostet ...", ...). Wenn es der zeitliche Rahmen zulässt, können sich anschließend ein TN aus Gruppe A und ein TN aus Gruppe B zusammenfinden. Der TN aus Gruppe B beschreibt nun ein Produkt (z.B. „Das ist eine Flasche Saft."), während der andere TN die Preisangabe nennt („Sie kostet 1,20 €."). Die beiden „Spezialisten" korrigieren sich gegenseitig. Gehen Sie herum und helfen Sie, wenn nötig.

Arbeitsbuch 21-22: im Kurs

37 LEKTION 3

3 E Lebensmittel einkaufen

Ein Kaufgespräch führen
Lernziel: Die TN können sagen, was sie kaufen möchten, und sich nach Preisen erkundigen.

Materialien
E3 Kopiervorlage L3/E3
Test zu Lektion 3

E1 Hörverstehen: Sortieren von Redemitteln
1. Die TN betrachten das Foto. Fragen Sie: „Wo ist das? Wie viele Personen sprechen?"
2. Zeigen Sie anhand des Fotos auch die Begriffe Kundin/Kunde und Verkäuferin/Verkäufer und sprechen Sie dabei: „Die Kundin kauft etwas, z.B. Bananen. Die Verkäuferin verkauft die Produkte." Zeigen Sie dabei mithilfe eines Stiftes die Bedeutung von „nehmen" und „geben", indem Sie einem TN den Stift zunächst wegnehmen und dann wieder geben.
3. Die TN hören den Dialog einmal, möglichst mit geschlossenen Büchern, bevor sie die Sätze still durchlesen.
4. Die TN hören dann den Dialog noch einmal. Stoppen Sie den Dialog erst nach a) und dann nach b) und fragen Sie jeweils: „Wer sagt das?"

5. a) Die **ungeübteren TN** werden in zwei Teams unterteilt: Ein Team achtet nur auf die Verkäuferin und markiert die passenden Sätze, ein Team achtet nur auf die Kundin und markiert die passenden Sätze. Anschließend finden sich die TN aus den beiden Teams paarweise zusammen und vervollständigen die Eintragungen. b) **Geübtere TN** markieren die Sätze von Verkäuferin <u>und</u> Kundin. Die TN korrigieren sich gegenseitig.
6. Abschlusskontrolle im Plenum mithilfe eines Dialograsters an der Tafel.

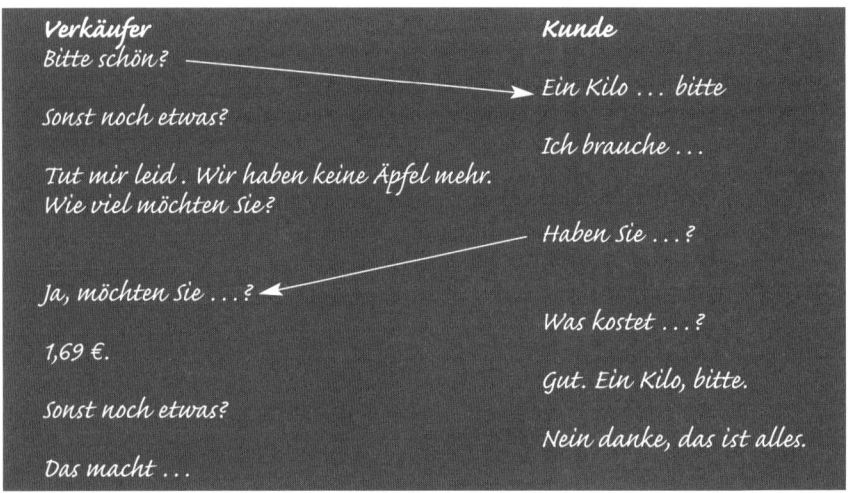

E2 Anwendungsaufgabe: ein Kaufgespräch schreiben
1. Mithilfe der Redemittel an der Tafel und in E2 schreiben die TN in Stillarbeit ein Kaufgespräch. Wenn die TN möchten, können Sie das Kaufgespräch auch zu zweit schreiben.
2. Verweisen Sie auf die Formen von „möchten" im Grammatikspot. Weisen Sie darauf hin, dass in diesem Zusammenhang „ich möchte" wie „ich hätte gern" oder „ich brauche" benützt wird.
3. Gehen Sie umher und helfen Sie bei Unklarheiten.
4. Ein paar TN können ihre Dialoge laut vorlesen/vorspielen, wenn sie möchten.

E3 Aktivität im Kurs: Rollenspiel
1. Die schriftlichen Dialoge der TN helfen, die sprachlichen Mittel für eine der vorgegebenen Rollen bereitzustellen.
2. Die TN können eine Rolle auswählen oder Sie verteilen die Rollen. Jedes Paar entscheidet sich für nur <u>einen</u> Dialog.
3. Lassen Sie die TN richtig „Theater spielen", d.h. lassen Sie sie aufstehen und nach vorne kommen. So können Sie sich besser in ihre Rolle einfühlen.
4. *fakultativ:* Die TN bilden Dreiergruppen. Verteilen Sie an jeden TN eine Rollenkarte von Kopiervorlage L3/E3: Ein TN ist Kunde, ein TN ist Verkäufer in Brunos Obst- und Gemüseladen, ein TN ist Verkäufer im Supermarkt. Der Kunde erfragt die Preise und gemeinsam vergleichen die TN die Preise von Brunos Obst- und Gemüseladen mit den Supermarktpreisen. Der Kunde überlegt, welches Produkt er wo kauft. Die TN stellen eine Liste zusammen und spielen Kaufgespräche im Supermarkt bzw. im Obst- und Gemüseladen.

TIPP Rollenspiele eignen sich sehr beim Erlernen einer Fremdsprache, weil die TN dabei auch sogenannten nonverbalen „Lernstoff" (passende Gestik, Mimik, Intonation) üben können. Hier handelt es sich um ein gelenktes Rollenspiel: Die Struktur der Dialoge ist vorgegeben und die Dialoge werden mit nur ein paar wenigen Elementen verändert. So können die TN nicht nur neue Strukturen und/oder neuen Wortschatz kontrolliert üben, sondern auch die nonverbalen kommunikativen Elemente trainieren. Eine Fehlerkorrektur sollte ausschließlich in Bezug auf die jeweils zu übenden sprachlichen Phänomene und in Bezug auf nonverbale Elemente erfolgen.

Materialien
Test zu Lektion 3

Lebensmittel einkaufen
Ein Kaufgespräch führen
Lernziel: Die TN können sagen, was sie kaufen möchten, und sich nach Preisen erkundigen.

E  3

LERN
TAGEBUCH

Arbeitsbuch 23:
In dieser Lektion lernen die TN eine Form des Vokabelwiederholens kennen: Es ist oft leichter, Vokabeln nach (Ober-)Begriffen zusammengefasst zu behalten. Das hier dargestellte Assoziogramm bietet durch seine offene Form die Möglichkeit, individuell den Wortschatz zu notieren und diesen immer weiter zu ergänzen. Die TN ergänzen hier zunächst Lebensmittel, Getränke und Maßeinheiten. Später können sie die Wörter als zusätzliche Merkhilfe auch in ihre Muttersprache übersetzen.

PROJEKT

Arbeitsbuch 24:
1. Die TN schreiben auf eine „Einkaufsliste" die Produkte, nach deren Preisen sie sich erkundigen sollen, also *ein Pfund Butter* ... .
2. Geben Sie den TN wenn nötig Hinweise, wo in der Nähe des Kursortes ein Supermarkt ist oder bringen Sie die TN zu einem Supermarkt.
3. Geben Sie den TN eine Zeitvorgabe, wann sie wieder zurück sein sollen. Die TN gehen zu zweit zum Supermarkt.
4. Abschlusskontrolle im Plenum nach Rückkehr der TN.
5. Für die TN ist vielleicht über den Wortschatz der Lektion hinaus noch anderer Wortschatz zum Thema „Lebensmittel" relevant. Die TN erweitern selbstständig ihren persönlichen „Wort-Schatz", indem sie aus ihrem Wörterbuch noch weitere Lebensmittel heraussuchen, die sie gern auf Deutsch kennen würden.

TIPP

Überlegen Sie im Vorfeld oder im Anschluss an das Projekt gemeinsam, was Sie einkaufen würden, wenn Sie ein gemeinsames Fest, Frühstück, Kaffeetrinken – je nachdem, wann der Kurs stattfindet – planen. Vielleicht ist das wirklich ein kleiner Anlass zu einem gemütlichen Beisammensein mit herrlich internationalen Gerichten.

Einen Test zu Lektion 3 finden Sie auf Seite 116 f.

Meine Wohnung

Folge 4: *Sara hat Hunger*
Einstieg in das Wortfeld „Wohnung"; landeskundliche Informationen zum Thema „Du – Sie"

Materialien
1 Folie der Bilder
2 Folie der Bilder

1 Vor dem Hören: Schlüsselwörter vorentlasten
1. Legen Sie die Folie der Aufgabe 1 auf.
2. Die TN lassen die Bücher noch geschlossen, damit sie sich auf die Folie konzentrieren können und der Aktivität in Aufgabe 3 nicht vorgegriffen wird. Fragen Sie: „Was ist das? Was sehen Sie?", „Wo/Was ist ein Bad, ein Zimmer und eine Wohnung?" Helfen Sie, wenn noch keiner der TN die Wörter kennen sollte.
3. Je ein TN zeigt und beschriftet auf der Folie das Haus, das Bad, das Zimmer und die Wohnung.

2 Vor dem Hören: Schlüsselwörter vorentlasten
1. Die TN lassen weiterhin die Bücher geschlossen. Zeigen Sie die Bilder aus Aufgabe 2 auf Folie und fragen Sie, indem Sie auf eines der Häuser deuten: „Ist das Haus groß?" Zeigen Sie gestisch *groß* und *klein*, indem Sie sich bei *groß* ganz groß machen und mit den Händen über den eigenen Kopf zeigen, während Sie sich bei *klein* ganz klein machen und einen geringen Abstand zwischen Daumen und Zeigefinger zeigen.
2. Die TN zeigen auf der Folie, welches Haus groß und welches Haus klein ist.

3 Beim ersten Hören
1. Hier bietet sich vor dem Hören ein Fotosalat an. Eine genaue Beschreibung siehe Seite 12. Weitere Alternativen finden Sie auf Seite 12 f.
2. Die TN hören die Foto-Hörgeschichte und vergleichen sie mit ihrer Reihenfolge.
3. Die TN schlagen die Bücher auf, sehen die Fotos an und hören die Geschichte so oft wie nötig.

4 Nach dem ersten Hören: Hauptaussagen verstehen
1. Lesen Sie Beispiel b) vor. Fragen Sie: „Wer sagt das?" und zeigen Sie auf Foto 3 und Sara.
2. a) Gehen Sie die Aufgabe zusammen mit den **ungeübten TN** durch. Die TN hören die Foto-Hörgeschichte noch einmal abschnittsweise. Stoppen Sie ggf. die CD/Kassette an den Schlüsselstellen. Geben Sie den TN genug Zeit, sich auf den nächsten Satz zu konzentrieren. b) **Geübte TN** bearbeiten die Aufgabe in Stillarbeit und korrigieren sich gegenseitig. Sie schreiben die Zitate zu den Fotos in ihr Buch. Gehen Sie herum und helfen Sie bei Unklarheiten. *Lösung:* a) Foto 6; b) Foto 3; c) Foto 2; d) Foto 4; e) Foto 8

5 Nach dem ersten Hören: der Unterschied *Sie – du*
1. Ein TN liest das erste Beispiel. Machen Sie den TN noch einmal gestisch deutlich, dass *Sie* eher benutzt wird, wenn man jemanden nicht so gut kennt, indem Sie einen Abstand andeuten (vgl. Hinweise zu Lektion 1, Seite 22). Normalerweise benutzt man dann den Nachnamen und Herr/Frau bei der Anrede, bei der Anrede mit *du* den Vornamen.
2. Zeigen Sie auf Foto 6 und deuten Sie den TN an, dass sie diesen Abschnitt noch einmal hören.
3. Die TN lesen das vorgegebene Beispiel. Sie lösen den zweiten Satz. *Lösung:* du

Materialien
A1 Folie des Grundrisses ohne Zimmerbezeichnungen
A3 Kopiervorlage L4/A3; Wörterbücher

Das Bad ist dort.

der bestimmte Artikel im Singular; lokale Adverbien *hier, dort*; Wortfeld „Wohnräume"
Lernziel: Die TN können nach einem Ort in der Wohnung fragen und auf einen Ort verweisen.

A1 Variation: Präsentation des bestimmten Artikels und des Wortfelds „Wohnräume"

1. Legen Sie die Folie mit dem Grundriss auf. Die TN lassen die Bücher geschlossen.
2. Fragen Sie die TN, wie die einzelnen Zimmer heißen. Schreiben Sie schon bekannte Zimmerbezeichnungen mit dem bestimmten Artikel auf die Folie. Wenn nicht alle Zimmer bekannt sein sollten, können die TN ihre Bücher aufschlagen und die Namen der Zimmer aus dem Grundriss vorlesen.
3. Gehen Sie weiter vor wie auf Seite 14 beschrieben.
4. Verweisen Sie auf den Grammatikspot und schreiben Sie die Beispiele an die Tafel. Die TN ergänzen weitere Zimmer.

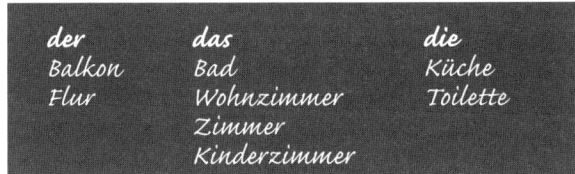

A2 Variation: Anwendungsaufgabe zum bestimmten und unbestimmten Artikel

1. Gehen Sie vor wie auf Seite 14 beschrieben.
2. Lesen Sie den Musterdialog noch einmal vor und betonen Sie dabei *hier* und *dort*, indem Sie gestisch neben sich (hier) und weiter weg (dort) deuten. Verdeutlichen Sie auch an der Tafel und verweisen Sie auf den Infospot.

3. Verweisen Sie außerdem auf den Grammatikspot und ergänzen Sie mithilfe der TN die Tafelanschrift aus A1 um die unbestimmten Artikel.

4. a) Bitten Sie die TN, die diese Aufgabe vertiefen wollen, den Musterdialog und ggf. die Varianten in Stillarbeit schriftlich in ihr Heft oder Lerntagebuch zu übertragen. Die TN unterstreichen die Artikel mit verschiedenen Farben. Sie haben dadurch Zeit, sich noch einmal in Ruhe mit den Strukturen zu beschäftigen. b) TN, die mit dem Niederschreiben des Dialogs schnell fertig sind, können Sie unterstützen und den TN, die vielleicht Probleme bei der Aufgabe haben, beim richtigen Markieren helfen. Gehen Sie herum und helfen Sie bei Unklarheiten.

! Sollten Fragen zur Verwendung des unbestimmten und bestimmten Artikels auftauchen, können Sie kurz darauf eingehen, dass Dinge, die im Gespräch neu sind oder über die der Sprecher noch nicht gesprochen hat, mit *ein* eingeführt werden. Sie sollten dieses Thema jedoch nicht zu sehr vertiefen, da die meisten TN erfahrungsgemäß durch Erklärungen eher verwirrt werden. Warten Sie mit Erklärungen dieser Art, bis die TN sich schon mehr mit dem bestimmten Artikel vertraut gemacht haben. TN, deren Muttersprache auch über Artikel verfügt, können die Verwendung der deutschen Artikel am einfachsten mit ihrer Muttersprache vergleichen. TN, deren Muttersprache nicht über Artikel verfügt, lernen die Verwendung mit der Zeit am besten durch die Praxis und Einschleifen.

Arbeitsbuch 1: im Kurs; **2–5:** in Stillarbeit oder als Hausaufgabe

A3 Aktivität im Kurs: die eigene Wohnung beschreiben

1. Zeichnen Sie den Grundriss Ihrer Wohnung an die Tafel und benennen Sie die Zimmer. Sagen Sie: „Das ist meine Wohnung." und beschreiben Sie sie: „Hier ist das Bad …".
2. Ein TN liest das Beispiel im Buch vor.
3. Die TN bilden Paare oder Kleingruppen mit 3–4 Personen. Sie zeichnen die Grundrisse ihrer Wohnungen und beschreiben sich die Wohnungen gegenseitig.
4. Gehen Sie herum und helfen Sie bei Unklarheiten.
5. Die TN hängen die Grundrisse im Kursraum auf. Wer möchte, kann seine Wohnung im Plenum vorstellen.
6. *fakultativ:* Verteilen Sie die Kopiervorlage L4/A3 zur Arbeit mit dem Wörterbuch und dem bestimmten Artikel. Die TN lernen die verschiedenen Einträge in den Wörterbüchern zum bestimmten Artikel kennen. Sie vergleichen die Einträge mit ihrem Wörterbuch oder der Wortliste (ab Seite 128 im Kursbuch) und suchen die Artikel zu den jeweiligen Nomen und ordnen die Nomen in die Tabelle ein.

4 B Das Zimmer ist **nicht** groß. – Stimmt, **es** ist sehr klein.

prädikatives Adjektiv; Negation mit *nicht*; Personalpronomen *er/es/sie*
Lernziel: Die TN können Zimmer und Wohnungen beschreiben.

Materialien
B2 Kopiervorlage L4/B2
B4 Kopiervorlage zu B4 (im Internet)

B1 Präsentation des prädikativen Adjektivs und der Negation mit *nicht*
1. Ein TN liest die Sätze vor.
2. Die TN überlegen still, wie die Reihenfolge sein könnte, und vergleichen mit der Partnerin / dem Partner.
3. Abschlusskontrolle mithilfe der CD/Kassette im Plenum.
   Lösung: Ganz gut … – Das Zimmer ist … – Stimmt, …
4. Fragen Sie einen TN, der schon länger in einem deutschsprachigen Land lebt: „Wie gefällt Ihnen die Wohnung?" und deuten Sie auf den Grundriss in A1. Warten Sie die Antwort des TN ab und fragen Sie einen anderen TN: „Und wie gefällt Ihnen das Zimmer?" Schreiben Sie beide Fragen und Antworten an die Tafel:

Verdeutlichen Sie noch einmal das Wort *gefallen*, indem Sie z.B. sagen: „Das Zimmer gefällt mir sehr gut, es ist sehr schön!" und dabei den Daumen nach oben strecken.

! Verzichten Sie an dieser Stelle auf ausführlichere Erklärungen oder Übungen zu *gefallen*, es geht hier nur um das rezeptive Verstehen des Wortes. In Lektion 4 (Kursbuch, Seite 36) geht es um die aktive Anwendung.

B2 Anwendungsaufgabe zum prädikativen Adjektiv und der Negation mit *nicht*
1. Die TN bearbeiten vorab die Kopiervorlage L4/B2 zur Semantisierung der Adjektive. Gehen Sie herum und helfen Sie bei Unklarheiten.
2. Die TN betrachten die beiden Bilder. Ein TN liest den Beispielsatz zu Haus A vor. Machen Sie noch zwei weitere Beispiele mit *nicht* und *sehr* und zeichnen Sie zur Verdeutlichung von *nicht* und *sehr* ein Tafelschaubild.

Verweisen Sie auf den Infospot und den Grammatikspot darunter.

3. Lesen Sie mit den TN das Beispiel zu Haus B. Jeder TN schreibt in Stillarbeit vier bis fünf Beispiele zu jedem Bild.
4. Die TN vergleichen ihre Sätze mit einer Partnerin / mit einem Partner.
5. Abschlusskontrolle im Plenum.

B3 Variation: Präsentation der Personalpronomen: *der → er*
1. Gehen Sie vor wie auf Seite 14 beschrieben.
2. Wiederholen Sie mit einer Tafelanschrift noch einmal die definiten Artikel anhand des Wortfelds „Wohnung" (das Bad, das Zimmer… .) und machen Sie dazu Beispiele. Geben Sie auch ein Beispiel zu den Artikeln *der* und *die*. Verweisen Sie auf den Grammatikspot.

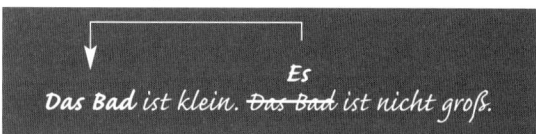

Arbeitsbuch 6: in Stillarbeit oder als Hausaufgabe; **7:** in Stillarbeit: Die TN erkennen, dass die Form des prädikativen Adjektivs sich im Deutschen nicht ändert, – möglicherweise im Gegensatz zu ihrer Muttersprache; **8–9:** in Stillarbeit oder als Hausaufgabe

B4 Aktivität im Kurs: Satz-Puzzle
1. Die TN schreiben auf verschiedenfarbige Kärtchen Bezeichnungen für die Zimmer und Adjektive. Wenn Sie wenig Zeit im Unterricht haben, machen Sie Kopien von der Kopiervorlage zu B4 (im Internet). Schneiden Sie die Kärtchen aus und bewahren Sie sie durcheinander in einem Umschlag auf. Verteilen Sie pro Paar einen Umschlag.
2. Schreiben Sie ein Beispiel für einen Satz an die Tafel: „Das Haus ist sehr schön."
3. Die TN legen aus den Satzstreifen verschiedene Sätze und wiederholen so Wortschatz und Satzstruktur. Gehen Sie herum und helfen Sie bei Unklarheiten. Zum Abschluss trägt jedes Paar einen Satz vor.

LEKTION 4

Materialien
C1 auf Folie
C2 Wörterbücher; Möbelkataloge, Schere, Klebstoff; Kopiervorlage L4/C2; Spielfiguren

Ich habe nicht viele **Möbel**.

Plural des bestimmten Artikels; Wortfeld „Einrichtungsgegenstände" und „Farben"
Lernziel: Die TN können Gefallen und Missfallen ausdrücken. Sie können Möbelstücke, Elektrogeräte und Farben benennen.

C  **4**

C1 **Präsentation des Wortfelds „Einrichtungsgegenstände"**
1. Die TN lassen die Bücher noch geschlossen. Fragen Sie, indem Sie auf einen Tisch zeigen: „Was ist das?". Zeigen Sie auf einen Stuhl und fragen Sie: „Und das?". Helfen Sie, falls niemand diese Wörter kennt.
2. Schreiben Sie die Wörter an die Tafel.

3. Die TN schlagen das Buch auf. Legen Sie die Folie auf. Ein TN liest das erste Beispiel laut und zeigt auf der Folie den Schrank. Zwei andere TN zeigen auch die Lampe und die Dusche auf der Folie.
4. Die TN lösen die Aufgabe in Stillarbeit, ggf. mithilfe des Wörterbuchs. Gehen Sie herum und helfen Sie.
5. Abschlusskontrolle im Plenum: Je ein TN kommt nach vorne und beschriftet die Folie.
   Lösung: 1 = der Schrank; 2 = der Stuhl; 3 = der Tisch; 4 = das Bett; 5 = das Sofa; 6 = der Herd; 7 = die Waschmaschine; 8 = der Kühlschrank; 9 = der Fernseher; 10 = die Lampe; 11 = die Dusche; 12 = die Badewanne; 13 = das Waschbecken
6. *fakultativ:* Die TN zeichnen ihre Wohnung und beschreiben mit den Redemitteln, die ihnen bis dahin zur Verfügung stehen, ihrer Partnerin / ihrem Partner das Inventar: „Das ist das Wohnzimmer. Hier ist ein Tisch. Der Tisch ist groß.".

Arbeitsbuch 10: im Kurs; **11:** in Stillarbeit oder als Hausaufgabe

C2 **Präsentation des Pluralartikels *die***
1. Verweisen Sie auf den Grammatikspot. Ein TN liest die Formen laut vor. Achten Sie darauf, dass sie/er dabei vor jedem Nomen im Plural den Artikel *die* setzt.
2. Schreiben Sie an die Tafel: „Wie gefäl<u>t</u> Ihnen der <u>Stuhl</u>?" Fragen Sie einen TN: „Wie gefal<u>len</u> Ihnen die <u>Stühle</u>?" und deuten Sie auf zwei Stühle. Schreiben Sie auch die zweite Frage an die Tafel.

   Wie gefäl<u>t</u> Ihnen <u>der Stuhl</u>?   Wie gefal<u>len</u> Ihnen <u>die Stühle</u>?

   Zeigen Sie auf einen Stuhl und machen Sie ein Handzeichen für „eins", sagen Sie: „Wie gefäl<u>t</u>?"; zeigen Sie auf zwei Stühle und sagen Sie: „Wie gefal<u>len</u>?", um den Unterschied zwischen Singular und Plural zu verdeutlichen. Verweisen Sie auch auf den Infospot zu *gefallen*.

   ! Denken Sie bitte daran, dass es ausschließlich darum geht, die Wendungen lexikalisch einzuschleifen, um sie als Redemittel für die TN bereitzustellen. Erklärungen zum Dativ sind an dieser Stelle nicht notwendig.

3. Die TN lesen still die Beispiele durch. Spielen Sie ggf. einige Beispiele im Plenum mit geübten TN vor.
4. Die TN fragen und antworten sich gegenseitig in Partnerarbeit. Gehen Sie herum und helfen Sie bei Unklarheiten.
5. Zum Abschluss der Aktivität können Sie noch ein paar Beispiele im Plenum nennen lassen.
6. *fakultativ:* Verteilen Sie Möbelprospekte. Die TN bilden Gruppen nach Neigung: z.B. a) TN, die den Wortschatz wiederholen möchten: Die TN befragen sich gegenseitig, z.B. „Was ist das?", „Ein Stuhl."; b) TN, die die unbestimmten und bestimmten Artikel wiederholen möchten: Sie machen Beispielsätze zu den Artikeln, z.B. „Das ist <u>ein</u> Stuhl. <u>Der</u> Stuhl ist klein."; c) TN, die den Plural wiederholen möchten: Die TN zeigen auf die Möbel und fragen sich gegenseitig: „Der Stuhl?" – „Die Stühle.". Wenn genug Zeit vorhanden ist, können die TN auch Möbel aus den Prospekten ausschneiden und auf Plakate kleben und beschriften.
   Variante: Wenn Sie nicht genug Möbelprospekte haben, können die TN stattdessen „Fünf gewinnt" spielen (Kopiervorlage L4/C2).

Arbeitsbuch 12: im Kurs; **13–15:** als Hausaufgabe

LERN TAGEBUCH **Arbeitsbuch 16:** Die TN ergänzen die bestimmten Artikel und die Pluralformen zu den aufgeführten, nach Oberbegriffen geordneten Nomen. Sie lernen dadurch, sich Artikel und Pluralformen selbst zu erarbeiten. Dazu können die TN die Wortliste im Buch ab S. 128 oder ihr Wörterbuch benutzen.

43 LEKTION 4

4 C Ich habe nicht viele **Möbel.**

Plural des bestimmten Artikels; Wortfeld „Einrichtungsgegenstände" und „Farben"
Lernziel: Die TN können Gefallen und Missfallen ausdrücken. Sie können Möbelstücke, Elektrogeräte und Farben benennen.

TIPP   Bitten Sie die TN, für ihre zukünftige „Deutschkarriere" immer den Artikel und auch die Pluralform gleich mitzulernen. Durch regelmäßiges Wiederholen werden die Formen eingeschleift und automatisiert. Beginnen Sie ab und zu eine Stunde, indem die TN selbst Wortlisten zu ihnen bekannten Nomen machen und sich gegenseitig in Kleingruppen von 2–4 TN in einer Art Blitzdurchgang die Pluralformen und Artikel der Nomen abfragen.

C3   **Aktivität im Kurs: Ratespiel**
1. Ein TN liest die Farben vor. Zeigen Sie die Farben z.B. an Kleidungsstücken oder Gegenständen im Kursraum mit.
2. Zwei TN lesen das Beispiel im Buch. Lassen Sie noch ein Beispiel im Plenum bilden.
3. Die TN machen die Aufgabe zu zweit. Gehen Sie herum und helfen Sie bei Unklarheiten.

TIPP   Wenn Sie etwas mehr Bewegung im Unterricht mögen, können Sie auch zu Beginn oder am Ende der nächsten Unterrichtsstunde Luftballons in den verschiedenen Farben mitbringen und zur Wiederholung der Farben die TN auffordern aufzustehen, die Luftballons anzustupsen und dabei die Farbe zu sagen.

LEKTION 4   **44**

Materialien
D3 Kärtchen mit Zahlen
D6 Anzeige c) auf Folie; Wohnungsanzeigen aus der Tageszeitung oder dem Internet; Kopiervorlage L4/D6

... – 650 Euro im Monat.

Zahlen von 100 – 1 000 000
Lernziel: Die TN können bis 1 000 000 zählen und aus einer Wohnungsanzeige Informationen entnehmen.

D 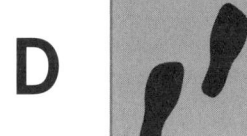 **4**

D1 Präsentation der Hunderterzahlen
1. Die TN hören noch einmal den Ausschnitt aus der Foto-Hörgeschichte.
2. Sie lesen den Dialog und hören ggf. noch einmal, bevor Sie die Sätze vervollständigen.
3. Abschlusskontrolle im Plenum.
4. Schreiben Sie an die Tafel: *650 € = sechshundertfünfzig Euro*
   Lösung: Wohnung; billig; teuer

D2 Erweiterung: die Hunderterzahlen bis eine Million
1. Die TN hören die Hunderterzahlen, lesen mit und sprechen nach.
2. Die TN schreiben abwechselnd eine Zahl an die Tafel, die anderen lesen diese laut ab.

D3 Hörverstehen: große Zahlen verstehen
1. Die TN hören das erste Beispiel und lesen im Buch mit.
2. Die TN hören die übrigen Beispiele und kreuzen die richtigen Zahlen in ihrem Buch an.
3. Als Abschlusskontrolle kommt je ein TN an die Tafel, ein anderer diktiert die passende Zahl. Dadurch wird sichergestellt, dass die TN die Zahlen richtig verstanden haben und auch selbst anwenden können. *Lösung:* b) 2055; c) 340; d) 6973; e) 88 000; f) 600 000
4. Schreiben Sie verschiedene Zahlen auf Kärtchen (auch mit Zehnern usw., z.B. 381, 499, ...) und halten Sie die Kärtchen hoch. Die TN lesen die Zahl laut ab. Die TN können auch selbst Kärtchen schreiben und „spielen" abwechselnd Lehrer.

D4 Anwendungsaufgabe zu den Zahlen
1. Die TN arbeiten zu zweit. Jeder TN nimmt ein Blatt Papier zur Hand, das sie/er später ins Lerntagebuch abheften kann.
2. Ein TN sagt eine Zahl, z.B. „dreitausendfünfhundertneunundachtzig" und beide TN schreiben die Zahl in Ziffern (3589) auf das Papier, ohne dass es die Partnerin / der Partner sieht (vgl. auch Seite 37). Dann vergleichen die beiden ihre Zahlen. Die TN wechseln sich ab und nennen und schreiben eine Zahl.

D5 Leseverstehen: Mietpreise aus Wohnungsanzeigen entnehmen
1. Deuten Sie auf die Anzeigen im Buch und fragen Sie: „Was ist Miete?". Erklären Sie zunächst die Bedeutung: „Ich wohne in einer Wohnung und dafür zahle ich Geld. Dieses Geld ist die Miete. Meine Wohnung kostet ... Euro."
2. Fragen Sie: „Wie hoch ist der Mietpreis in Anzeige a) maximal?" (1000,– €).
3. Lesen Sie Anzeige b) vor und deuten Sie bei *60 qm* auf den Infospot: Beschreiben Sie zusätzlich z.B. den Kursraum: „Der Kursraum hat ... qm." und malen Sie ein Tafelbild:

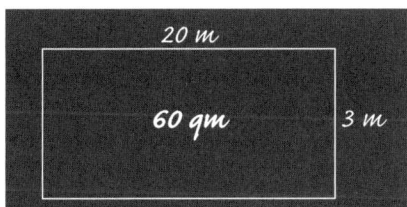

Fragen Sie nach dem Mietpreis in Anzeige b).
4. Die TN lösen die restliche Aufgabe in Stillarbeit.
5. Abschlusskontrolle im Plenum. *Lösung:* 550,– €; 588,– €; 440,– €

D6 Leseverstehen: passende Wohnungsanzeigen finden
1. Ein TN liest Beispiel a) vor.
2. Legen Sie eine Folie von Anzeige c) auf und lesen Sie noch einmal gemeinsam mit den TN die Anzeige. Markieren Sie die Wörter *möbliert* und *1-Zimmer-Wohnung* und lassen Sie einen TN erklären, warum die Wohnung hier passt. (Eine 1-Zimmer-Wohnung ist zu klein für eine Familie, aber für eine Person passt sie; die Person hat keine Möbel, braucht also eine möblierte Wohnung ...)
3. Die TN bearbeiten die Aufgabe in Stillarbeit.
4. Abschlusskontrolle im Plenum. *Lösung:* b, c, b

4 D   ... – **650 Euro** im Monat.

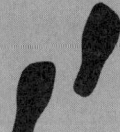

Zahlen von 100 – 1 000 000
Lernziel: Die TN können bis 1 000 000 zählen und aus einer Wohnungsanzeige Informationen entnehmen.

D6 Anzeige c) auf Folie; Wohnungsanzeigen aus der Tageszeitung oder dem Internet; Kopiervorlage L4/D6

PROJEKT

Arbeitsbuch 17:
1. Kopieren Sie die Anzeigen aus der Übung so groß, dass jede Anzeige so wie im Beispiel einzeln beschriftet werden kann.
2. a) TN, die mit dem Vokabular Schwierigkeiten haben, sehr schüchtern sind oder auch keine deutschen Freunde oder Bekannten haben, klären im Plenum die Abkürzungen, auch mithilfe des Wörterbuchs. Helfen Sie bei *EBK* und *TG*, indem Sie diese beiden Abkürzungen an die Tafel schreiben. Verteilen Sie die Kopien der Anzeigen an die TN. Sie beschriften die Anzeigen wie im Beispiel im Buch. b) TN, die keine Hemmungen haben, sich nach „draußen" zu wagen, sollten den Kontakt mit Muttersprachlern auf der Straße suchen und sich die Abkürzungen und ihre Bedeutung erklären lassen. Geben Sie einen Zeitrahmen vor. Die TN müssen nicht alle Abkürzungen herausfinden. Es erfordert Mut genug, sich auf eine authentische Gesprächssituation mit Muttersprachlern einzulassen. Die Ergebnisse werden dann im Plenum präsentiert und ergänzt.
Variante: Sie können diese Übung auch als Hausaufgabe aufgeben. Stellen Sie zuvor sicher, dass die TN auch die Möglichkeit haben, in ihrem Umfeld deutsche Muttersprachler zu dieser Aufgabe zu befragen.
Lösung: App. = Apartment; Zi = Zimmer; Whg = Wohnung; KM = Kaltmiete; Warmmiete; NK = Nebenkosten; MM = Monatsmiete; KT = Kaution; inkl. = inklusive; gr. = groß; kl. = klein; ca. = circa; Balk. = Balkon; EBK = Einbauküche; TG = Tiefgarage, Von Privat; Kaltmiete = Miete ohne Heizung; Nebenkosten = Strom, Heizung, Wasser;
3. *fakultativ:* Die TN, die sich für dieses Thema interessieren, schneiden bzw. drucken als Hausaufgabe Mietanzeigen aus der Tageszeitung und dem Internet aus und suchen nach weiteren Abkürzungen, die sie dann in der nächsten Stunde vorstellen.
4. *fakultativ:* Die TN spielen in Partnerarbeit Wohnungsvermittlung. Verteilen Sie dazu pro Paar einmal die Kopiervorlage L4/D6. Für jeden TN gibt es zwei Rollen, damit jeder einmal Makler und einmal Kunde ist.

LEKTION 4   46

Materialien
E4 Anzeigen aus Tageszeitung oder Internet
Test zu Lektion 4
Zwischenschritt: Wiederholung zu Lektion 3 und Lektion 4

Kleinanzeigen

Informationen zu Kaufobjekten erfragen
Lernziel: Die TN können Informationen zu gebrauchten Gegenständen aus Kleinanzeigen entnehmen und Informationen dazu am Telefon erfragen.

E1 **Präsentation des Themas: die Verben *kaufen / verkaufen***
1. Die TN betrachten das Foto. Fragen Sie: „Wo ist das? Wie viele Personen sind das? Wer kauft?"
2. Die TN spekulieren. Ermutigen Sie die TN, ihre Aussagen auch zu begründen, so weit sprachlich möglich.

E2 **Hörverstehen: Kerninformationen verstehen**
1. Ein TN liest die Aufgaben a) und b) laut vor.
2. Die TN hören den Dialog.
3. Die TN nennen die Lösung und hören als Abschlusskontrolle noch einmal. *Lösung:* a) Herr Welker; b) Computertisch

E3 **Hörverstehen: Auskünfte zu einer Kleinanzeige**
1. Die TN lesen still die Anzeige und spekulieren, was *sehr guter Zustand* (= sehr gute Qualität) heißen könnte. Fragen Sie: „Wie ist der Computertisch? Groß oder klein? Teuer oder billig? Gut oder nicht gut?"
2. Die TN hören das Telefonat aus E2 noch einmal. Stoppen Sie die CD/Kassette an den Schlüsselstellen, damit die TN Zeit zum Ergänzen haben.
3. Zwei TN lesen den Dialog in verteilten Rollen als Abschlusskontrolle.
   Hinweis: Der Dialog eignet sich auch gut zum Auswendiglernen wichtiger Redemittel. Diese helfen den TN in einer realen ähnlichen Situation, weil sie dann auf ihr Wissen zurückgreifen können.
4. Schreiben Sie die fehlenden Wörter an die Tafel. *Lösung:* Computertisch; groß; 60,– €
5. Verweisen Sie auch auf den Infospot.

Arbeitsbuch 18–20: im Kurs

E4 **Aktivität im Kurs: ein Telefongespräch schreiben**
1. Die TN lesen still die Anzeigen und die Redemittel unter den Anzeigen.
2. Mithilfe der Redemittel aus E3 und E4 schreiben die TN in Stillarbeit oder auf Wunsch auch in Partnerarbeit ein Telefongespräch. a) **Ungeübte TN** halten sich an die Anzeigen im Buch. b) Geben Sie **geübten TN**, die die Aufgaben auf dieser Seite leicht bewältigen konnten, Anzeigen aus der aktuellen Tageszeitung oder dem Internet. Sie schreiben ein Telefonat anhand dieser Anzeigen. Gehen Sie herum und helfen Sie den TN, wenn nötig.
3. Ein paar TN können ihre Dialoge vorspielen, wenn sie möchten. Simulieren Sie dabei eine möglichst „echte" Telefonsituation, indem Sie die TN Rücken an Rücken setzen. Stellen Sie bei den freien Telefongesprächen aus der Gruppe b) Verständnisfragen an die TN der Gruppe a), z.B.: „Was möchte sie/er kaufen? Wie groß ist …? Was kostet …?". Die TN der Gruppe a) haben dadurch einen wunderbaren Lerneffekt: Sie werden durch diese „Telefonate" in eine authentische Hörsituation versetzt und müssen eine echte Verstehensleistung vollbringen.

LERN TAGEBUCH **Arbeitsbuch 21:** In dieser Lektion systematisieren die TN wiederum den neuen Wortschatz mithilfe eines Wortigels (vgl. Lektion 3). Eine Möglichkeit zur Memorierung des richtigen Artikels ist die farbige Kennzeichnung: Es werden verschiedene Farben eingesetzt, um die unterschiedlichen Artikel hervorzuheben und die Einprägung zu erleichtern. Die TN können sich also das Wort mithilfe des Wortigels und des Kontexts, in dem es vorkommt, merken und den dazugehörigen Artikel mithilfe der farbigen Markierung. Lassen Sie es sich zur Gewohnheit werden, die Artikel neuer Nomen an der Tafel immer mit farbiger Kreide bzw. Whiteboardmarkern zu markieren und zwar immer dieselbe Farbe für denselben Artikel. Ermuntern Sie auch die TN, sich diese zusätzlichen Signale anzugewöhnen und für jeden Artikel eine feste Farbe zu benutzen. Die TN ergänzen hier zunächst die ihnen bekannten und die neuen Vokabeln zum Thema *Wohnung*, *Möbel* und *Elektrogeräte*. Dabei achten sie darauf, dass sie die Vokabeln mit bestimmten Artikeln eintragen und die Artikel differenzieren.

Einen Test zu Lektion 4 finden Sie auf Seite 118 f. Wenn Sie mit den TN den Stoff von Lektion 3 und Lektion 4 wiederholen möchten, verteilen Sie die Kopiervorlagen „Zwischenschritt" (Seite 104 f.): Die TN arbeiten in Paaren zusammen und würfeln abwechselnd. Würfelt ein TN eine ungerade Zahl, dann muss sie/er eine Aufgabe aus dem Bereich A bearbeiten (der Reihe nach); würfelt sie/er eine gerade Zahl, so wählt sie/er eine Aufgabe aus dem Bereich B. Die Partnerin / der Partner kontrolliert jeweils.

MEIN TAG

Folge 5: *Nur ein Spiel!*
Einstieg in das Thema: Tagesablauf

Materialien
1 Folie der Fotos, Gedankenblasen mit Tippex löschen
4 Kopiervorlage L5/4

1 **Vor dem Hören: Schlüsselwörter verstehen; Vermutungen über die Handlung anstellen**
1. Die TN betrachten die Fotos auf der Folie. Die Kursbücher bleiben dabei geschlossen.
2. Stellen Sie den TN Fragen: „Wo sind die Personen?", „Wer ist das?" und „Was macht Bruno?", etc. Notieren Sie die Stichwörter an der Tafel mit, um die Memorierung zu erleichtern.
3. Die TN sehen sich die Foto-Hörgeschichte im Buch an. Fragen Sie: „Wer ist müde?" Falls die TN *müde* nicht verstehen, verweisen Sie auf das Bild im Buch oder machen Sie *müde* pantomimisch-gestisch vor, etwa durch angedeutetes Gähnen.

2 **Vor dem Hören: wesentliche Inhalte der Handlung erkennen**
1. Fragen Sie: „Was möchte Sara?". Falls *spielen* noch nicht bekannt ist, erklären Sie das Wort, indem Sie einige internationale Spiele wie Schach oder Backgammon/Tavla mitbringen oder indem Sie auf Foto 8 verweisen.
2. Lesen Sie die Sätze mit den TN und fragen Sie: „Spielt Bruno mit Tina?", etc. Die TN kreuzen die richtige Antwort an. *Lösung:* Sara spielt mit Schnuffi und Poppel.

3 **Beim ersten Hören**
Die TN hören die Foto-Hörgeschichte einmal ganz.

 Es ist nicht notwendig, dass die TN bereits hier alle Aktivitäten verstehen. Der neue Wortschatz wird in der nächsten Aufgabe und auf den folgenden Seiten schrittweise erarbeitet.

4 **Nach dem ersten Hören: Tagesabläufe und Aktivitäten**
1. Lesen Sie mit den TN gemeinsam die Zitate.
2. a) **Ungeübte TN** hören die Foto-Hörgeschichte mehrfach und abschnittsweise und lösen die Aufgabe zunächst in der Gruppe. Gehen Sie herum und helfen Sie, wenn sich einige Aktivitäten nicht durch das Hören erschließen sollten. b) **Geübte TN** hören die Geschichte selbstständig so oft wie nötig an. Jeder TN löst die Aufgabe zunächst allein, bevor die Lösungen untereinander verglichen werden und sich die TN gegenseitig korrigieren. Anschließend hören die TN dieser Gruppe die Foto-Hörgeschichte noch einmal und notieren auch die Verben zu den übrigen Gedankenblasen, die in der Aufgabe nicht gefragt sind. Teilen Sie dazu die Kopiervorlage L5/4 als Arbeitsblatt aus. Ein TN überträgt das Ergebnis auf Folie und präsentiert es im Plenum.
3. Abschlusskontrolle im Plenum. *Lösung:* B; F; D; A; E

Materialien
A1 Kopiervorlage L5/A1: Bastelvorlage für Pappuhr
A5 Kopiervorlage zu A5 (im Internet); Kärtchen

Es ist schon neun Uhr.
Uhrzeit (inoffiziell)
Lernziel: Die TN können nach der Uhrzeit fragen und die Uhrzeit angeben.

A  5

A1 **Variation: Präsentation der Uhrzeit: volle Stunde, *Viertel vor/nach, halb ...***
1. Fragen und notieren Sie an der Tafel: „Wie spät ist es?" Deuten Sie dabei auf Ihre Armbanduhr oder eine Wanduhr im Kursraum, um die Frage zu verdeutlichen. Die TN hören den Dialog und lesen im Buch mit. Fragen Sie noch einmal: „Wie spät ist es?" und zeigen Sie mithilfe Ihrer Pappuhr die Uhrzeit (9 Uhr). Wiederholen Sie laut: „Es ist 9 Uhr."
2. Gehen Sie weiter vor wie auf Seite 14 beschrieben.
3. Zeigen Sie mithilfe der Pappuhr weitere Beispiele zu *Viertel nach/vor ...* und *halb ...* .
4. Die TN fragen sich mithilfe der Pappuhr, die von TN zu TN wandert, gegenseitig nach unterschiedlichen Uhrzeiten zu voller Stunde, *Viertel vor/nach* und *halb*.

! Es geht hier ausschließlich um das Erfragen und Angeben der Uhrzeit. Zeitangaben auf die Frage *Wann?* lernen die TN in Lektion 5, Kursbuch Seite 44, kennen. Sie sollten also hier nicht vorgreifen, sondern sich ausschließlich auf die Uhrzeit konzentrieren.

A2 **Hörverstehen: Erweiterung der Uhrzeit**
1. Die Aufgabe dient der Vorentlastung von A3.
2. Die TN sehen sich die Bilder an, dann hören sie die Texte und ordnen ihnen die Bilder zu.
3. Abschlusskontrolle im Plenum. *Lösung:* C; D; B
4. Verweisen Sie auf den Infospot. Machen Sie deutlich, dass man bei der Angabe der inoffiziellen Uhrzeit nur bis zwölf zählt und man nicht „Viertel vor drei <u>Uhr</u>" sagt, sondern nur „Viertel vor drei".

A3 **Systematisierung: *fünf, zehn, zwanzig, ... nach/vor***
Die TN hören noch einmal die Texte aus A2 und notieren die Uhrzeit.
Variante: Geübte TN können die Uhrzeiten auch mit Hilfe der oben neben A1 abgebildeten Uhr ergänzen und sich anschließend durch das Hören der Texte aus A2 selbstständig korrigieren.

A4 **Erweiterung: *kurz vor/nach***
1. Zeigen Sie anhand des Beispiels a), dass konkrete Minutenangaben kurz vor oder nach der vollen Stunde im mündlichen Sprachgebrauch kaum gemacht werden. Notieren Sie zur Verdeutlichung an der Tafel:

2. Die TN bearbeiten die restlichen Beispiele in Stillarbeit. Gehen Sie herum und helfen Sie bei Unklarheiten.
3. Abschlusskontrolle im Plenum. *Lösung:* b) kurz vor sieben; c) kurz nach elf; d) kurz vor neun

! Gehen Sie hier nicht auf die Lesart der offiziellen Uhrzeit (9 Uhr 58) ein. Diese wird in Lektion 5, Kursbuch Seite 46, eingeführt. Die TN sollten zuerst lernen, wie man die Uhrzeit im privaten Kontext bzw. im mündlichen Sprachgebrauch verwendet.

Arbeitsbuch 1–4: in Stillarbeit oder als Hausaufgabe

A5 **Aktivität im Kurs: Uhrzeiten gegenseitig abfragen**
1. Die TN zeichnen jeweils einige runde Zifferblätter mit unterschiedlichen Uhrzeiten und finden sich zu Paaren zusammen. Wenn Sie wenig Zeit haben oder Ihre TN nicht gerne zeichnen, kopieren Sie die Kopiervorlage zu A5 (im Internet) und zerschneiden Sie sie. Jeder TN erhält dann zwei bis drei Karten und zeichnet verschiedene Uhrzeiten ein.
2. Jeder TN zeigt seine Uhren und fragt die Partnerin / den Partner nach der Uhrzeit. Diese/Dieser antwortet entsprechend der Uhrzeit auf dem Kärtchen „Es ist ... (Uhr)." Gehen Sie herum und korrigieren Sie ggf. vorsichtig die Fehler, indem Sie die korrekte Uhrzeit wiederholen.
Hinweis: Die Aufgabe eignet sich auch zur Wiederholung der Uhrzeit zu einem späteren Zeitpunkt.

5 B Ich **räume** die Wohnung **auf.**

trennbare Verben; Verben mit Vokalwechsel
Lernziel: Die TN können über Aktivitäten und ihre Vorlieben sprechen.

Materialien
B1 auf Folie
B3/B4 Kopiervorlage zu B3 (im Internet) als Arbeitsblatt für alle, 1 x auf Folie

B1 **Präsentation der trennbaren Verben und des Wortfelds „Aktivitäten"**

1. Legen Sie die Folie auf und decken Sie ein Bild nach dem anderen auf. Fragen Sie die TN, was die Personen gerade machen. Begnügen Sie sich bei den Antworten mit den Infinitiven. Machen Sie an der Tafel eine Tabelle und notieren Sie die Infinitive in der linken Spalte.

! Es kommt zunächst nicht darauf an, genau die in B1 genannten Verben zu verwenden, sondern das Vorwissen der TN zu aktivieren. Lassen Sie daher auch andere Verben gelten, wie z.B. *telefonieren* statt *anrufen* und notieren Sie diese ebenfalls an der Tafel.

2. Die TN bearbeiten B1 im Buch in Partnerarbeit.
3. Abschlusskontrolle mithilfe der Folie im Plenum.
   Lösung: A – Sara ruft Niko an; B – Bruno steht früh auf; C – Sara spielt; D – Tina macht das Frühstück; E – Tina kauft im Supermarkt ein; F – Tina räumt die Wohnung auf; G – Bruno sieht fern; H – Tina kocht das Mittagessen; I – Bruno arbeitet.
4. Zeigen Sie an der Folie die Position von Verbstamm und Präfix im Satz auf und verdeutlichen Sie diese mithilfe einer Verbklammer.
5. Ergänzen Sie jetzt zusammen mit den TN die Tabelle an der Tafel, indem sie die TN zur Bildung von Beispielsätzen zu den Verben animieren und diese in der rechten Spalte notieren. Markieren Sie die beiden Verbteile und visualisieren Sie ihre Satzposition durch eine Verbklammer. Verweisen Sie anhand des Grammatikspots auch auf die besonderen Formen von *arbeiten* und *fernsehen*.

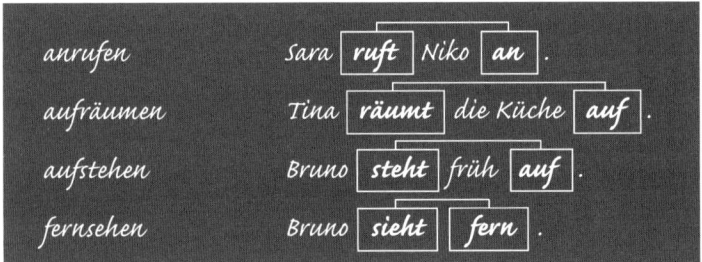

B2 **Anwendungsaufgabe zum Wortfeld „Aktivitäten"**

1. Notieren Sie an der Tafel die Frage „Was macht Frau Bond?" Spielen Sie das erste Beispiel vor. Die TN nennen die Antwort. Akzeptieren Sie auch Infinitive und notieren Sie diese an der Tafel. Verfahren Sie ebenso mit Beispiel 2.
2. Die TN hören die übrigen Beispiele und notieren sich die Verben im Infinitiv.
3. Jetzt vergleichen die TN ihre Ergebnisse mit der Partnerin / dem Partner und versuchen die korrekte Form in der dritten Person zu bilden.
4. Abschlusskontrolle im Plenum.
   Lösung: 1) Frau Bond steht auf.; 2) Sie macht das Frühstück.; 3) Sie arbeitet.; 4) Sie kauft ein.; 5) Sie kocht (das Essen).; 6) Sie putzt. / Sie räumt die Wohnung auf.; 7) Sie sieht fern.

Arbeitsbuch 5–6: in Stillarbeit; **8–10:** als Hausaufgabe

LERN TAGEBUCH

Arbeitsbuch 7: Die TN lernen hier eine Möglichkeit kennen, sich trennbare Verben zu notieren. Sie können das Präfix durch einen Schrägstrich vom Verb abtrennen und wissen so immer, dass dieses Verb im Satz trennbar ist. Die TN können zu Hause selbstständig die bereits im Unterricht besprochenen trennbaren Verben notieren und jeweils einen Beispielsatz bilden. Wenn nötig, können Sie die Liste individuell einsehen. Diese Liste kann im Laufe der Zeit im Kurs oder auch zu Hause immer weiter um neue Verben und Beispielsätze ergänzt werden. Fordern Sie die TN auf, selbstständig notierte Verben und Sätze in den Unterricht „mitzubringen" und zu präsentieren. Dadurch profitieren alle vom individuellen Lernfortschritt des einzelnen.

LEKTION 5

Materialien
B3/B4 Kopiervorlage zu B3 (im Internet) als Arbeitsblatt für alle, 1x auf Folie

Ich **räume** die Wohnung **auf.**

trennbare Verben; Verben mit Vokalwechsel
Lernziel: Die TN können über Aktivitäten und ihre Vorlieben sprechen.

B  **5**

B3/B4 **Aktivität im Kurs: Partnerinterview**
1. Kopieren Sie die Vorlage zu B3 (im Internet) für jeden TN sowie einmal auf Folie.
2. Lesen Sie zusammen mit den TN den Musterdialog und klären Sie anhand der Beispiele „Ich koche *gern.*" und „Ich sehe *nicht gern* fern." die Bedeutung von *gern / nicht gern* etwas tun. Dazu können Sie auf die im Buch verwendeten Smileys zurückgreifen oder aber auch ein Herz / durchgestrichenes Herz benutzen und dazu jeweils ein freudiges bzw. unfreudiges Gesicht machen.
3. Fragen Sie einen TN: „Was machen Sie gern?" Machen Sie an dieser Stelle per Folie deutlich, dass die TN an der entsprechenden Stelle in der Tabelle ankreuzen sollen. Genauso verfahren Sie exemplarisch mit der Frage „Was machst du nicht gerne?"
4. Nachdem jeder TN in Stillarbeit angekreuzt hat, was sie/er gern bzw. nicht gern macht, befragen die TN ihre Partnerin / ihren Partner und machen mit einer anderen Farbe ebenfalls Kreuzchen in der Tabelle. Gehen Sie herum und helfen Sie bei Unklarheiten.
5. Die TN erzählen in Kleingruppen mit 4-5 TN über die Vorlieben und Abneigungen ihrer Partnerin / ihres Partners.

Arbeitsbuch 11: in Stillarbeit: Die Übung dient der Wortschatzerweiterung und regt zur Arbeit mit dem Wörterbuch an. Die TN suchen im Wörterbuch nach Tätigkeiten, die sie (nicht) gern machen und formulieren damit eigene Sätze. Die Kontrolle erfolgt im Plenum, so dass die TN voneinander neue Wörter lernen. Die neuen Verben sollten auf Folie oder an der Tafel notiert werden, damit ggf. auch andere TN die Bedeutung in ihrem Wörterbuch nachschlagen können.

5 C   Ich stehe **von** Montag **bis** Freitag **um** fünf Uhr auf.

Materialien
C4 Kopiervorlage L5/C4
C5 Kopiervorlage L5/C5

Wortfeld „Wochentage"; temporale Angaben auf die Fragen *Wann?* und *Wie lange?*
Lernziel: Die TN können sagen, wann sie etwas machen.

C1 **Präsentation des Wortfelds „Wochentage" und der Präpositionen *am, um, von ... bis***
1. Die TN sehen sich die Kalenderblätter an und lernen so die richtige Reihenfolge der Wochentage kennen.
2. Notieren Sie an der Tafel die Fragen „Wann steht Bruno auf?", „Wann steht Tina auf?", „Wann steht Sara auf?" und spielen Sie die CD/Kassette vor. Die TN notieren während des Hörens die Wochentage bzw. die Uhrzeit.
3. Abschlusskontrolle im Plenum. *Lösung:* 5 Uhr; Samstag; Sonntag; halb zwölf

C2 **Variation: Anwendungsaufgabe zu temporalen Angaben**
1. Notieren Sie an der Tafel die Frage „Wann macht er eine Party?" Die TN hören den Dialog zunächst bei geschlossenen Büchern und beantworten die Frage. Akzeptieren Sie an dieser Stelle die Antwort „sieben Uhr", also ohne die Präposition *um*.
2. Gehen Sie weiter vor wie auf Seite 14 beschrieben.
3. Notieren Sie einige Beispiele an der Tafel und markieren Sie sowohl das Fragepronomen *Wann?* als auch die temporalen Präpositionen *am* vor Wochentagen und *um* vor Uhrzeiten. Verweisen Sie auch auf den Grammatikspot.

| <u>Wann</u> | macht Herr Bauer eine Geburtstagsparty? | <u>Am</u> Samstag <u>um</u> 7 Uhr. | um + Uhr |
| <u>Wann</u> | kaufst du ein? | <u>Am</u> Freitag. | am + Tag |

C3 **Erweiterung: der Unterschied Zeitpunkt – Zeitraum**
1. Die TN lesen die Aufgabe still durch und hören dann ggf. mehrmals den Dialog, bevor sie die Lösungen ankreuzen.
2. Abschlusskontrolle im Plenum. *Lösung:* von neun bis zwölf; am Montag und Mittwoch; von sechs bis halb acht
3. Veranschaulichen Sie den Unterschied zwischen der Angabe eines <u>Zeitpunkts</u> (*am ...*) und eines <u>begrenzten Zeitraums</u> (*von ... bis ...*) mithilfe eines skizzierten Zifferblattes bzw. einer Zeitleiste an der Tafel. Verweisen Sie auch auf den Grammatikspot.

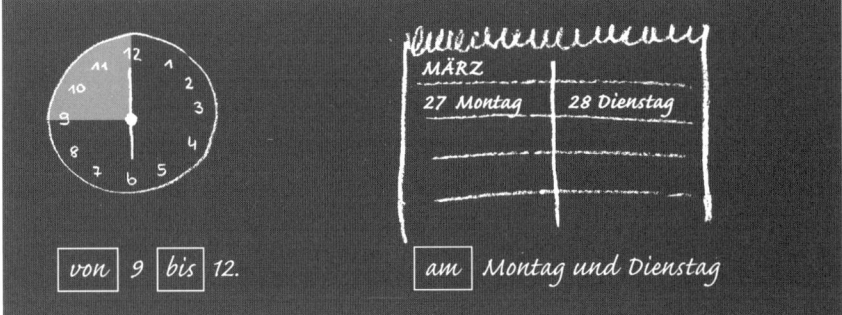

Arbeitsbuch 12–15: in Stillarbeit oder als Hausaufgabe

C4 **Anwendungsaufgabe zu temporalen Angaben**
1. Die TN sehen sich Valentinas Wochenplan an und lösen zunächst die Abkürzungen der Wochentage auf. Schreiben Sie dazu einige Beispiele an die Tafel, wie Mo = Montag, Di = Dienstag, etc. Die TN können auch die Kalenderblätter in C1 zu Hilfe nehmen.
2. a) **Ungeübte TN** notieren in Partnerarbeit die ausformulierten Sätze schriftlich. Gehen Sie herum und helfen Sie bei Unklarheiten. b) **Geübte TN** lesen das Beispiel und formulieren mit ihrer Partnerin / ihrem Partner mündlich abwechselnd einfache Sätze mithilfe der Stichpunkte und ggf. darüber hinaus.

LEKTION 5

Materialien
C4 Kopiervorlage L5/C4
C5 Kopiervorlage L5/C5

Ich stehe **von** Montag **bis** Freitag **um** fünf Uhr auf.

Wortfeld „Wochentage"; temporale Angaben auf die Fragen *Wann?* und *Wie lange?*
Lernziel: Die TN können sagen, wann sie etwas machen.

3. Abschlusskontrolle im Plenum.
4. *fakultativ:* Die TN erhalten die Kopiervorlage L5/C4 als Arbeitsblatt. a) Teilen Sie **ungeübten TN** nur den oberen Wochenplan aus, sie notieren darin ausschließlich ihre eigenen Aktivitäten. Gehen Sie herum und helfen sie bei Unklarheiten. b) **Geübte TN** bekommen die komplette Vorlage und tragen im oberen Wochenplan für jeden Tag einige (fiktive) Aktivitäten ein. Anschließend befragen sie ihre Partnerin / ihren Partner: „Was machst du am ... um ... ?". Die Antworten notieren sie stichpunktartig im unteren Wochenplan. Abschlusskontrolle im Plenum. Während die TN aus Gruppe a) über sich selbst berichten, berichten die TN aus Gruppe b) über die Aktivitäten ihrer Partnerin / ihres Partners.

C5 **Aktivität im Kurs: Partnerinterview**
1. Lesen Sie mit den TN gemeinsam das Beispiel.
2. a) **Ungeübte TN** erhalten die Kopiervorlage L5/C5 und bearbeiten die erste Aufgabe in Partnerarbeit. Die zweite Aufgabe wird als Partnerinterview durchgeführt. Dazu formulieren die TN zuerst die Fragen und stellen sie dann ihrer Partnerin / ihrem Partner. b) **Geübte TN** erhalten keine Vorlage. Sie formulieren zunächst selbstständig zehn Fragen mit „Wann ...?" und befragen sich gegenseitig und notieren die Antworten ihrer Partnerin / ihres Partners.
3. Gehen Sie herum und helfen Sie bei Unklarheiten.

5 D Tageszeiten

Wortfeld „Tageszeiten"; Verbposition im Satz
Lernziel: Die TN können Angaben zur Tageszeit verstehen und machen. Sie können über ihren Tagesablauf berichten.

Materialien
D1 Bilder der Tageszeiten auf DIN A4 vergrößert; Wortkarten der Tageszeiten
D1 auf Folie
D4 Kopiervorlage L5/D4

D1 **Präsentation des Wortfelds „Tageszeiten"; Erweiterung des Wortfelds „Aktivitäten"**
1. Verteilen Sie die vergrößerten Bilder des Kursbuchs, Seite 45 oben, und die Wortkarten in ungeordneter Reihenfolge an die TN. Diese versuchen zunächst, die richtige Entsprechung, wie z.B. aufgehende Sonne = am Morgen, zu finden, und stellen sich dann paarweise auf. Diejenigen, die kein Bild bzw. keine Karte erhalten haben, informieren sich im Buch darüber, was zusammengehört, und korrigieren die Paarbildung, wenn nötig.
2. Die TN lesen die Tageszeiten laut von den Kärtchen ab.
3. Weisen Sie darauf hin, dass wie bei den Wochentagen auch bei den Tageszeiten die Präposition *am* benutzt wird (Ausnahme: *in der* Nacht).
4. Decken Sie die Mutter und Robert an der Folie auf und fragen Sie: „Was fragt die Mutter?", „Was antwortet Robert?" Die TN stellen Vermutungen an und hören dann den Dialog ein erstes Mal, wenn nötig auch mehrmals. Wiederholen Sie Ihre Fragen.
5. Die TN sehen sich die Bilder im Buch an. Fragen Sie: „Arbeitet Robert?" Verneinen die TN dies, fragen Sie weiter: „Was macht er wirklich?"
6. Lösen Sie Beispiel A mit den TN gemeinsam. Die TN ordnen die restlichen Aktivitäten in Stillarbeit den Bildern zu.
7. Abschlusskontrolle mit Hilfe der Folie im Plenum.
Lösung: B – fernsehen; C – Pizza essen; D – Sofia anrufen; E – ins Kino gehen; F – spazieren gehen

D2 **Anwendungsaufgabe zu den Tageszeiten und den Verben**
1. Sehen Sie zusammen mit den TN Bild A in D1 noch einmal an. Fragen Sie: „Was macht Robert am Morgen?" Lesen Sie dann gemeinsam mit den TN den ersten Beispielsatz.
2. a) **Ungeübte TN** lesen die weiteren Beispiele still und ergänzen sie in Partnerarbeit mithilfe der Lösungen aus D1.
   b) **Geübte TN** lösen die Beispiele ebenfalls in Partnerarbeit und überlegen sich anschließend, wie der Tagesablauf der Mutter aussehen könnte. Diesen schreiben sie nach demselben Muster auf. Gehen Sie herum und helfen Sie bei Unklarheiten.
3. Abschlusskontrolle im Plenum. Die geübten TN stellen zusätzlich den Tagesablauf der Mutter vor. Wenn nicht alle TN ihr Ergebnis präsentieren können, werden die Blätter im Kursraum aufgehängt.
4. Verweisen Sie mit Hilfe des Grammatikspots auf die besonderen Formen von *essen*.

D3 **Erweiterung: Verbposition im Satz**
1. Fragen Sie noch einmal: „Was macht Robert am Morgen?" Die TN antworten wahrscheinlich wie in D2. Notieren Sie die Antwort an der Tafel und schreiben Sie die Variante mit Inversion direkt darunter. Es sollte deutlich werden, dass das Verb immer an Position 2 bleibt, die temporale Angabe aber mit dem Subjekt den Platz tauschen kann.

> *Was macht Robert am Morgen?*   *Robert hört am Morgen Musik.*
> *Am Morgen hört Robert Musik.*

2. Die TN notieren in Stillarbeit die übrigen Beispiele mit Inversion. Gehen Sie herum und helfen Sie bei Unklarheiten.
3. Abschlusskontrolle im Plenum.

Arbeitsbuch 16–19: in Stillarbeit oder als Hausaufgabe; **21–23:** im Kurs

LERN TAGEBUCH

Arbeitsbuch 20: Die TN sammeln alle trennbaren Verben und Verben mit Vokalwechsel, die sie bisher kennen, notieren jeweils den Infinitiv, die Formen für die 1., 2. und 3. Person Singular sowie einen Beispielsatz. Die TN werden hier angeleitet, sich Verben mit Sonderformen extra zu notieren. Da Wörter im Kontext leichter zu behalten sind, sollten sie sich angewöhnen, neue Wörter und Konjugationsformen immer mit einem Beispielsatz aufzuschreiben.

D4 **Aktivität im Kurs: über den eigenen Tagesablauf berichten**
1. Klären Sie anhand eines Beispiels die Bedeutung von *jeden Tag, jeden Morgen, jeden Abend*, etc. Sagen Sie: „Ich sehe am Montag, Dienstag, Mittwoch, ... fern. Also: Ich sehe jeden Tag fern." Verweisen Sie auch auf den Infospot.
2. a) **Ungeübte TN** erhalten die Kopiervorlage L5/D4 als Arbeitsblatt. Sie füllen die Lücken in Stillarbeit aus und befragen sich dann gegenseitig. Ihre Antworten dürfen sie ablesen. b) **Geübte TN** bekommen keine Vorlage. Sie lesen das Beispiel im Buch und machen dann analog mit ihrer Partnerin / ihrem Partner freie Dialoge. Gehen Sie herum und helfen Sie bei Unklarheiten.

Materialien
E1 vergrößert auf Folie
E4 mehrere Kärtchensätze, leere Papierstreifen; Kopiervorlage L5/E4
Test zu Lektion 5

Öffnungszeiten

Uhrzeit (offiziell)
Lernziel: Die TN können Öffnungszeiten auf Schildern und in automatischen Telefonansagen verstehen.

E **5**

E1 Leseverstehen: Öffnungszeiten
1. Fragen Sie mihilfe der Folie: „Was ist eine Arztpraxis?", „Was ist ein Fitness-Studio?", etc. Deuten Sie dann auf Beispiel A und fragen Sie: „Wann ist die Arztpraxis geöffnet?" und markieren Sie selbst gleichzeitig die Öffnungszeiten auf der Folie.
2. Fordern Sie die TN auf, in ihrem Buch die Öffnungszeiten der Beispiele B – D in Stillarbeit zu markieren.
3. Abschlusskontrolle mithilfe der Folie im Plenum.

E2 Hörverstehen: Ansagen auf dem Anrufbeantworter
1. Fragen Sie: „Wo ist das?" Spielen Sie die erste Ansage vor und verweisen Sie auf das passende Schild.
2. Die TN hören die anderen drei Ansagen und ordnen diese den Schildern zu.
3. Abschlusskontrolle im Plenum.
Lösung: 2 – C; 3 – A; 4 – D

E3 Hörverstehen: Systematisierung der offiziellen Uhrzeit
1. Die TN sehen das Schild der Touristeninformation an. Fragen Sie: „Wann ist die Touristeninformation geöffnet?" Zucken Sie mit den Schultern, um Ihr Nichtwissen zu signalisieren, und deuten Sie an, dass die TN die Antwort hören sollen.
2. Die TN hören den Text so oft wie nötig und ergänzen die Öffnungszeiten.
Lösung: Mo – Fr 9.00 – 12.30 Uhr, 14.00 – 16.30 Uhr; Sa 8.00 – 12.00 Uhr
3. Verweisen Sie auf den Infospot und machen Sie deutlich, dass innerhalb der Familie, unter Freunden, etc. die inoffizielle Uhrzeit verwendet wird, im Fernsehen oder Radio, am Flughafen oder Bahnhof, aber auch bei Ämtern, Büros und z.B. bei Ärzten auf dem Anrufbeantworter dagegen die offizielle Uhrzeit.

E4 Anwendungsaufgabe zur offiziellen und inoffiziellen Uhrzeit
1. Legen Sie die Aufgabe als Folie auf. Lesen Sie mit den TN das Beispiel und ziehen Sie die Verbindung auf der Folie nach.
2. Ein TN verbindet auf der Folie die Uhrzeiten des nächsten Beispiels und gibt den Stift an einen anderen TN weiter.
Lösung: b) zwanzig Uhr fünfzig – 20:50 – zehn vor neun; c) achtzehn Uhr dreißig – 18:30 – halb sieben; d) zweiundzwanzig Uhr vierzig – 22:40 – zwanzig vor elf; e) dreiundzwanzig Uhr fünfzehn – 23:15 – Viertel nach elf; f) zehn Uhr fünfunddreißig – 10:35 – fünf nach halb elf
3. *fakultativ:* Schreiben Sie analog weitere Uhrzeiten auf ein DIN A3 Papier und zerschneiden Sie es so, dass die inoffiziellen und die offiziellen Uhrzeiten sowie die Digitalanzeigen jeweils auf einem getrennten Papierstreifen stehen. Jede Kleingruppe von 3–4 TN erhält einen Kärtchensatz und soll den Uhrzeiten in Ziffern wie in der vorangegangenen Aufgabe beide Sprechweisen zuordnen.

4. Während sich a) **ungeübte TN** darauf konzentrieren, den Kärtchensatz zu ordnen, geben Sie b) **geübten TN** zusätzlich einige weitere digitale Uhrzeiten auf Kärtchen sowie leere Papierstreifen. Sie sollen die entsprechende offiziellen bzw. inoffiziellen Sprechweisen notieren und diese den Digitalanzeigen zuordnen. Abschlusskontrolle im Plenum. Die geübten TN präsentieren ihre zusätzlichen Kärtchenkombinationen.

TIPP Spielen Sie doch einmal mit Ihren TN Domino: Die TN finden sich in Kleingruppen à drei Personen zusammen. Jede Gruppe erhält einen Satz Domino-Karten (Kopiervorlage L5/E4). Ggf. können Sie das Spiel im Plenum kurz zeigen. In der Regel ist Domino aber international bekannt. Sie können das Spiel für viele weitere grammatische Phänomene variieren (z.B. Lektion 7: Infinitive und Partizip Perfekt).

Arbeitsbuch 24: in Stillarbeit oder als Hausaufgabe; **26:** im Kurs

PRÜFUNG **Arbeitsbuch 25:** Die TN hören wie im Prüfungsteil Hören Teil 1 mehrere kurze Gespräche zwischen zwei Personen. Zu jedem Gespräch lesen sie am besten vor dem ersten Hören die Frage. Nach dem Hören lesen die TN die drei möglichen Antworten und entscheiden sich für eine davon. Während des zweiten Hörens kontrollieren und korrigieren sie ggf. ihre Lösungen. Diese Vorgehensweise empfiehlt sich auch für die reale Prüfungssituation.

Einen Test zu Lektion 5 finden Sie auf Seite 120 f.

FREIZEIT

Folge 6: *Grill-Cola*
Einstieg in das Thema: Freizeit

Materialien
1 Folie der Fotos

1 Vor dem Hören: die Geschichte situieren

1. Decken Sie auf der Folie ein Foto nach dem anderen auf und stellen Sie Fragen, z.B.: „Wer ist das?", „Wo sind die Personen?", „Was machen sie?" Notieren Sie neuen Wortschatz, wie z.B. *der Park*, an der Tafel. Lassen Sie die TN nach Foto 5 Vermutungen anstellen, wie die Geschichte weitergehen könnte, bevor Sie die übrigen Fotos zeigen.
2. Lesen Sie mit den TN die Fragen und klären Sie ggf. neuen Wortschatz, wie *das Picknick*, bevor die TN die Lösungen ankreuzen.
3. Abschlusskontrolle im Plenum. *Lösung:* a) Ein Picknick; b) Im Park; c) Die Sonne scheint.

2 Vor dem Hören: Schlüsselwörter vorentlasten

1. Fragen Sie die TN: „Wo ist Kohle?" und „Wo ist Cola?" Zeigen Sie dabei willkürlich auf verschiedene Fotos. Die TN zeigen die entsprechenden Fotos.
2. Zeigen Sie am OHP auf Foto 3 und fragen Sie: „Was macht man mit Grillholzkohle?" Bringen Sie ggf. Grillkohle mit in den Unterricht. *Lösung:* Kohle: Foto 4; Cola: Foto 6 und 8

3 Beim ersten Hören

1. Gehen Sie vor wie auf Seite 12 beschrieben.
2. Geben Sie den TN zusätzlich den Hörauftrag „Was ist das Problem?" Die TN hören die CD/Kassette so oft wie nötig. Am Ende sollten sie verstanden haben, dass die Familie die Kohle vergessen hat, Niko aber Cola versteht und statt Kohle Cola mitbringt.

4 Nach dem ersten Hören: den Inhalt global verstehen

1. Lesen Sie gemeinsam mit den TN die Fragen und die möglichen Antworten.
2. Die TN bearbeiten die Aufgabe in Stillarbeit.
3. Die TN hören die Foto-Hörgeschichte noch einmal und korrigieren dabei ihre Antworten bzw. kreuzen die noch fehlenden Antworten an.
4. Abschlusskontrolle im Plenum. *Lösung:* b) Salat; c) Apfelsaft; d) Cola; e) Kohle; f) Cola

TIPP

In diesem Stadium können Sie die TN schon einmal zu einer schriftlichen Nacherzählung anregen. Deuten Sie noch einmal ausschließlich auf Foto 1 und fragen Sie: „Wann ist das?" und „Was passiert hier?" und warten Sie auf Vorschläge der TN. Finden Sie zusammen mit den TN ein paar Sätze, die das erste Foto beschreiben. Die TN schreiben die Geschichte als Hausaufgabe individuell weiter. Auf diese Weise üben die TN, sich schriftlich auszudrücken. Sie zeigen, dass sie Inhalte verstanden haben und diese wiedergeben können. Achten Sie bei der Korrektur in erster Linie auf den Inhalt. Der grammatikalisch richtige Ausdruck sollte im Hintergrund stehen.

Materialien
A1 auf Folie; Kärtchen mit Bildern und Wetterangaben; leere Kärtchen
A3 Wetterkarte vergrößert auf Folie
A4 Bilder zu den Jahreszeiten vergrößert

Wie ist denn das **Wetter**? – **Es regnet.**
Wortfelder „Wetter", „Himmelsrichtungen", „Jahreszeiten"
Lernziel: Die TN können nach dem Wetter fragen und darüber sprechen.

A 6

A1 **Präsentation des Wortfelds „Wetter"**
1. Zeigen Sie noch einmal auf einige Fotos der Foto-Hörgeschichte und fragen Sie: „Wie ist das Wetter?" Die Antwort „Die Sonne scheint." kennen die TN schon von der CD/Kassette bzw. von Aufgabe 1c) der Foto-Hörgeschichte.
2. Zeigen Sie an der Folie auf Bild B und wiederholen Sie die Frage „Wie ist das Wetter?". Verweisen Sie auf die passende Information „Es sind 25 Grad. Es ist warm.", um die Aufgabenstellung deutlich zu machen.
3. Teilen Sie die TN je nach Kenntnisstand in Gruppen von jeweils drei TN ein. a) **Ungeübte TN** erhalten pro Gruppe einen Kärtchensatz mit den Bildern und Wetterangaben aus dem Buch und ordnen sie zu. Diese Arbeitsform kommt vor allem dem haptischen Lernertypen entgegen. Gehen Sie herum und helfen Sie bei Unklarheiten. b) Bereits **geübte TN** bearbeiten die Aufgabe im Buch in der Gruppe. Anschließend überlegen sie sich, welche weiteren Wetterangaben man machen kann (Es donnert, blitzt, etc.), notieren diese ggf. mithilfe des Wörterbuchs auf den bereitgelegten leeren Kärtchen und malen zu jeder Wetterinformation ein entsprechendes Bild. Abschlusskontrolle im Plenum. Gruppe b) präsentiert außerdem ihre Wetterkärtchen dem Plenum und bringt sie im Kursraum an, sodass auch die übrigen TN die neuen Redemittel notieren können.
Lösung: A – Es schneit; C – Es ist windig; D – Es regnet; E – Die Sonne scheint; F – Es sind nur 7 Grad. Es ist kalt.

A2 **Anwendungsaufgabe zum Wortfeld „Wetter"**
1. Die TN lesen die Zitate und hören die CD/Kassette so oft wie nötig an und nummerieren die Aussagen.
2. Abschlusskontrolle im Plenum.
3. Lesen Sie den Dialog nun noch einmal mit den TN und verweisen Sie auf den Infospot. Fragen Sie nach dem aktuellen Wetter am Kursort: „Wie ist das Wetter heute?"
Hinweis: Sie können diese Frage an den folgenden Kurstagen immer wieder zu Unterrichtsbeginn stellen. So bleibt der Wortschatz präsent und die TN werden dafür sensibilisiert, dass Smalltalk über das Wetter in Deutschland üblich ist und man so häufig ein Gespräch beginnt.
Lösung: 1 – Wie ist denn das Wetter?; 2 – Nicht so schön. Es regnet.; 3 – Also kein Picknick heute. Sehr gut!; 4 – Es regnet gar nicht. Hier guck mal: Die Sonne scheint.

A3 **Anwendungsaufgabe: „Wie ist das Wetter?"; Erweiterung: die Himmelsrichtungen**
1. Die TN sehen sich die Wetterkarte an. Fragen Sie: „Welche Länder sehen Sie auf der Karte?" Notieren Sie die Länder ggf. an der Tafel. Auf diese Weise werden z.T. aus Lektion 1 und Lektion 2 bekannte Ländernamen wiederholt und die Aufgabe vorentlastet.
2. Lesen Sie zusammen mit einem TN das Dialogbeispiel und deuten Sie dabei auf die Wettersymbole auf der Wetterkarte (Folie). Klären Sie ggf. noch unbekannten Wortschatz wie *bewölkt* durch Hinweise auf die Wettersymbole.
3. Verweisen Sie auch auf den Infospot und machen Sie die TN darauf aufmerksam, dass man bei Himmelsrichtungen auf die Frage „Wo?" die Präposition *im* benutzt.
4. Fragen Sie exemplarisch nach dem Wetter in ein paar anderen Ländern und/oder lassen Sie einige TN im Plenum fragen und antworten, um die Aufgabenstellung klar zu machen.
5. Die TN üben in Partnerarbeit weiter. Gehen Sie herum und helfen Sie bei Unklarheiten.

Arbeitsbuch 1: in Stillarbeit; **2:** als Hausaufgabe

A4 **Aktivität im Kurs: über das Wetter im Heimatland berichten**
1. Vergrößern Sie die Bilder zu den Jahreszeiten und teilen Sie den Kurs nach Nationalitäten oder auch Kontinenten in Gruppen ein.
2. Notieren Sie an der Tafel die Fragen „Wie ist das Wetter im Frühling?", etc. Die TN notieren auf dem DIN A3 Blatt Wetterangaben zu den jeweiligen Jahreszeiten und präsentieren ihre Ergebnisse anschließend im Plenum.
3. Lesen Sie gemeinsam mit den TN die Beispiele im Buch und klären Sie ggf. die Bedeutung von *minus* 8 Grad oder *im* Winter.
4. Die TN finden sich in Kleingruppen von 3–4 TN zusammen. Sie fragen und informieren sich gegenseitig über das Wetter in ihren Ländern.
5. Die Gruppen entwerfen ein Plakat mit den Informationen über das Wetter in ihren Ländern, das im Kurs aufgehängt wird.

Arbeitsbuch 3–9: in Stillarbeit oder als Hausaufgabe

6 B Und wo ist der Salat? Hast du **den** Salat?

Akkusativ (bestimmter Artikel)
Lernziel: Die TN können sich nach Lebensmitteln erkundigen.

Materialien
B2 Kopiervorlage L6/B2

B1 Variation: Präsentation des Akkusativs (bestimmter Artikel)

1. Schreiben Sie ein Assoziogramm an die Tafel und fragen Sie: „Was brauchen wir?" Die Assoziationen der TN notieren Sie mit, zunächst ohne Artikel. Diese ergänzen Sie anschließend mit den TN. Mit dem Assoziogramm wird der schon vorhandene Wortschatz zum Thema Lebensmittel aktiviert und der zugehörige Artikel bewusst gemacht.
2. Gehen Sie weiter vor wie auf Seite 14 beschrieben.
3. Lesen Sie zusammen mit einem TN noch einmal den Musterdialog und betonen Sie dabei übertrieben den bestimmten Artikel. Notieren Sie den Musterdialog an der Tafel und unterstreichen Sie die bestimmten Artikel. Verwenden Sie dabei für den Nominativ und den Akkusativ unterschiedliche Farben. Verweisen Sie auf den Grammatikspot. Hier sehen die TN deutlich, dass sich nur der maskuline bestimmte Artikel in Nominativ und Akkusativ unterscheidet, die anderen Artikel dagegen gleich bleiben.

! Die Unterscheidung von Nominativ (Subjekt) und Akkusativ (Objekt) kann vor allem jenen TN Schwierigkeiten bereiten, deren Muttersprache diese Unterscheidung formal nicht macht. Ausführliche Erklärungen sind nur dann sinnvoll, wenn Sie sich an kognitive TN wenden. Sie können Subjekt und Objekt jeweils farblich unterscheiden und auch die Fragen „Wer oder was?" für das Subjekt und „Wen oder was?" für das Objekt einführen. Ungeübte Lerner werden durch zu ausführliche Erläuterungen erfahrungsgemäß eher verwirrt. Es empfiehlt sich, den Akkusativ bei den Verben mit Akkusativ durch ständige Übung und Anwendung zu automatisieren.

B2 Anwendungsaufgabe zum Akkusativ (bestimmter Artikel)

1. Lesen Sie gemeinsam mit einem TN Beispiel a) im Dialog und fragen Sie: „Wer sagt das?" Die TN deuten auf das Bild oder antworten: „Der Mann."/ „Die Frau." Verweisen Sie dann noch einmal explizit auf den bestimmten Artikel im Nominativ bzw. Akkusativ.
2. Klären Sie die Bedeutung von *vergessen*, indem Sie demonstrativ länger in Ihrer Tasche suchen und laut mit sich selbst sprechen: „Wo ist denn mein Schlüssel?". Sagen Sie nach einer Weile laut: „Vergessen!" und fassen Sie sich dabei an die Stirn.
3. Die TN ergänzen die Lücken allein oder zu zweit.
4. Abschlusskontrolle im Plenum mit Hilfe der CD/Kassette.
   Lösung: b) den; c) das Fleisch; d) die Kartoffeln; e) den Wein; f) das Salz – Die
5. *fakultativ:* Die TN spielen zur aktiven Anwendung des Akkusativs Quartett (Kopiervorlage L6/B2). Notieren Sie vorher folgende Redemittel an der Tafel: „Hast du den/das/die ...? – Ja, hier bitte." bzw. „Nein, tut mir leid, ich habe den/das/die nicht." Machen Sie mit zwei TN ein Beispiel, indem Sie fragen: „Hast du den Apfel?" Der befragte TN antwortet entsprechend und gibt Ihnen ggf. seine Karte. Die TN spielen zu viert und fragen ihre MitspielerInnen nach den fehlenden Karten für ihr Quartett.

B3 Anwendungsaufgabe zum Akkusativ (bestimmter Artikel)

1. Die TN sehen sich das Bild an und lesen das Beispiel. Fragen Sie: „Wo sind die Personen?", „Was braucht der Mann?"
2. a) Wiederholen Sie mit noch **ungeübten TN** die bestimmten Artikel der abgebildeten Lebensmittel. Die TN variieren den Musterdialog mit den angegebenen Produkten. Gehen Sie herum und helfen Sie bei Unsicherheiten. b) **Geübte TN** bearbeiten die Aufgabe selbstständig in Partnerarbeit und machen weitere Dialoge. Verweisen Sie dazu ggf. auf die Lebensmittel in Lektion 3 (Seite 26 ff.).
3. *fakultativ:* Wenn nötig, können Sie die Beispiele auch noch einmal im Plenum vorsprechen lassen, um sicherzustellen, dass der Akkusativ korrekt gebildet wurde. Geübte TN können ihre zusätzlichen Beispiele vortragen, wenn sie möchten.

Arbeitsbuch 10: in Stillarbeit; **11:** im Kurs; **12–13:** als Hausaufgabe

B4 Aktivität im Kurs: Wer macht was?

1. Machen Sie wie in B1 ein Assoziogramm an der Tafel zu „Grillparty" und fragen Sie: „Was brauchen wir?" Die TN nennen einige Beispiele.
2. Die TN finden sich zu Kleingruppen von 3-4 TN zusammen und schreiben auch mit Hilfe der Stichwörter an der Tafel eine Einkaufsliste. Das ist den TN schon aus Lektion 3 bekannt.
3. Lesen Sie mit den TN die Beispiele im Buch. Die TN entscheiden jeweils in ihrer Gruppe, wer was kauft und notieren die Namen auf dem Einkaufszettel.

TIPP Sollte das Wetter gerade passend sein, planen Sie doch wirklich einmal ein Grillfest mit Ihren TN. Die TN könnten die Lebensmittel selbst mitbringen, wobei jeder das kauft, was in der Gruppe entschieden wurde.

Arbeitsbuch 14: als Hausaufgabe

Materialien
C3/C4 ggf. auf Folie
C4 Kopiervorlage L6/C4

Du hast das Brot **nicht** dabei. – **Doch**, da ist es.

Ja-/Nein-Frage: *ja, nein, doch*; Akkusativ (unbestimmter Artikel und Negativartikel)
Lernziel: Die TN können negative Fragen formulieren und mit „Nein..." / „Doch ..." antworten.

C  **6**

C1 **Variation: Präsentation der negativen Fragen und der Antwort mit „Doch ..."**
1. Machen Sie die TN auf die Bilder aufmerksam, da hier die Varianten in Form von Bildern vorgegeben sind. Die TN müssen also die passenden Wörter selbst finden.
   Variante: Wenn Sie sichergehen wollen, dass allen TN der benötigte Wortschatz präsent ist, klären Sie die Wörter vorab und fragen Sie die TN auch nach dem bestimmten Artikel.
2. Gehen Sie weiter vor wie auf Seite 14 beschrieben.
3. Verweisen Sie auf den Grammatikspot und stellen Sie den TN weitere Fragen, z.B. „Haben Sie das Kursbuch heute nicht dabei?", „Haben Sie das Wörterbuch nicht dabei?" Betonen Sie dabei besonders die Negation und machen Sie ein verwundertes Gesicht, um zu verdeutlichen, dass negative Fragen häufig mit Erstaunen vorgebracht werden.

Arbeitsbuch 15–16: als Hausaufgabe

C2 **Anwendungsaufgabe zu *ja, nein, doch***
1. Die TN hören das Beispiel. Auf der CD/Kassette folgt der Hinweis, dass die TN nun nach einem Signalton selbst antworten sollen. Zur Gewöhnung an diese neue Übungsform werden zunächst die beiden Musterfragen wiederholt, bevor die TN auf weitere Fragen nach demselben Muster mit *Ja* bzw. *Doch* oder *Nein* antworten.
2. Sie können die TN im Chor antworten lassen oder den Kurs vorher in zwei Gruppen teilen. Die eine Gruppe antwortet immer positiv (Ja/Doch), die andere negativ (Nein). Falls Sie den Kurs so aufteilen, wiederholen Sie die Aufgabe einmal, damit die beiden Gruppen die Rolle tauschen können.

C3/C4 **Anwendungsaufgabe zu *doch*; Präsentation des Akkusativs (unbestimmter Artikel und Negativartikel)**
1. Sehen Sie sich zusammen mit den TN das Bild an und fragen Sie: „Wer ist auf dem Bild?", „Wo sind die Frauen?", „Was machen die Frauen?" und „Was sagen die Frauen?", um bereits bekannten Wortschatz bzw. Redemittel zu aktivieren.
2. Verweisen Sie an dieser Stelle auf den Grammatikspot. Machen Sie die TN darauf aufmerksam, dass sich die Formen des maskulinen unbestimmten Artikels und des Negativartikels – bekannt aus Lektion 3 – analog zum bestimmten Artikel im Akkusativ verändern: de**n** – ei**nen** – kei**nen**.
3. Die TN hören Dialog a) und lesen mit.
4. Anschließend ergänzen sie die übrigen Dialogabschnitte in Partnerarbeit. Gehen Sie herum und helfen Sie bei Unklarheiten.
5. Zur Kontrolle hören die TN die CD/Kassette, wenn nötig mehrmals, und korrigieren ihre Dialoge selbstständig.
   Lösung: b) Doch, ich trinke gern ...; c) Möchten Sie ... – ..., ich trinke gern eine Cola. – ... Cola – Doch! Ich trinke gern eine Cola; d) Möchten Sie ... – ..., ich trinke gern ein Wasser. – Sie möchten ... – Wasser – Doch! Ich trinke gern ein Wasser.
6. Die TN lesen die Dialoge anschließend noch einige Male mit ihrer Partnerin / ihrem Partner. Achten Sie dabei besonders auf die Intonation, insbesondere auf die Betonung des Negativartikels *kein/e/n ...* im Satz und auf die Betonung von *Doch ...* .
   Einige Paare können den Dialog vorlesen.
7. *fakultativ:* Teilen Sie den TN zur Vertiefung die Kopiervorlage L6/C3 als Arbeitsblatt aus. Die TN bearbeiten die Aufgaben in Stillarbeit. Abschlusskontrolle im Plenum.

Arbeitsbuch 17–20: in Stillarbeit oder als Hausaufgabe

C5 **Aktivität im Kurs: Reise nach Berlin**
1. Die TN setzen sich in einen Kreis. Bitten Sie drei nebeneinander sitzende TN, die Sprechblasen der Reihe nach laut vorzulesen.
2. Beginnen Sie analog mit einem anderen Gegenstand, etwa wie folgt: „Ich fahre nach Berlin und nehme eine Cola mit." Bitten Sie ihren linken Sitznachbarn, fortzufahren. Die TN setzen die Reihe im Uhrzeigersinn fort.
   Hinweis: Diese Aufgabe sollten Sie unbedingt im Kreis machen, da es eine große Erleichterung ist, sich zusammen mit den Personen die jeweiligen „Reiseutensilien" in der richtigen Reihenfolge merken zu können.

59 **LEKTION 6**

6 D Freizeit und Hobbys

Wortfeld „Hobbys und Freizeitaktivitäten"
Lernziel: Die TN können über Freizeitaktivitäten sprechen. Sie können einfache (Kontakt)Anzeigen verstehen und Angaben zu ihrer Person machen.

Materialien
D1 Bilder Verbkärtchen vergrößert
D2 Kopiervorlage L6/D2
D3 Kopiervorlage L6/D3
D4 Kopiervorlage zu D4 (im Internet)

D1 Präsentation des Wortfelds „Hobbys und Freizeitaktivitäten"

1. Schreiben Sie die Verben auf Moderationskärtchen. Zeigen Sie Bild A und fragen Sie „Was macht der Mann/der Junge?" Wenn die TN nicht selbst auf das Verb *schlafen* kommen, halten Sie einige andere Kärtchen mit Verben nacheinander hoch und lesen Sie sie laut. Kleben Sie die Verbkarte *schlafen* ans Bild. Verfahren Sie ggf. mit Bild b) genauso.
2. Die TN erhalten die übrigen Bilder und Moderationskärtchen und ordnen sie zu. Die TN helfen bzw. korrigieren sich gegenseitig und hängen die Kombinationen anschließend für alle sichtbar auf.
3. Die TN notieren die Lösungen auch in ihrem Buch.
   Lösung: C – tanzen; D – schwimmen; E – Fahrrad fahren; F – Freunde treffen; G – grillen; H – Briefe schreiben

Arbeitsbuch 21: im Kurs

D2 Anwendungsaufgabe: Über Hobbys sprechen

1. Die TN lesen in Partnerarbeit den Beispieldialog. Verweisen Sie auf die besonderen Formen von *lesen, treffen, fahren* und *schlafen*. Andere Verben mit Vokalwechsel sind den TN bereits aus Lektion 5, Kursbuch Seite 43 bekannt.
2. Fragen Sie einige TN exemplarisch nach ihren Hobbys. Die TN antworten mithilfe der Redemittel im Redemittelkasten.
3. a) Wenn es in Ihrem Kurs viele **ungeübte TN** gibt bzw. TN, die noch nicht lange in einem deutschsprachigen Land sind, können Sie vorab mithilfe von Kopiervorlage L6/D2 weiteren Wortschatz zu Freizeitaktivitäten erarbeiten. b) **Geübte TN** können sich jetzt in Partnerarbeit oder in Kleingruppen über ihre Hobbys und Freizeitaktivitäten austauschen.

D3 Leseverstehen: Informationen zu Freizeitaktivitäten

1. Bitten Sie die TN, in Gruppen jeweils einen Text zu lesen: a) eher **ungeübte TN** lesen den Text von Emmanuel, b) bereits **geübte TN** den von Christian und c) die **schnellsten TN** den von Ratha. Alle TN markieren wesentliche Informationen zu den Personen in ihrem Text. Es sollte für alle klar werden, dass es sich um Anzeigentexte handelt und die Personen Brieffreunde suchen.
2. Die TN notieren die Informationen schriftlich.
3. Ein TN der Gruppe a) liest noch einmal die Anzeige von Emmanuel vor und gibt die Informationen aus dem Text mündlich wieder. Mit den beiden anderen Anzeigen der Gruppen b) und c) verfahren Sie ebenso.

TIPP Zum Abschluss des Themas Hobby und Freizeit können Sie mit Ihren TN Pantomime spielen. Kopieren Sie dazu die Vorlage L6/D3. Machen Sie zunächst selbst ein Beispiel, indem Sie ein Telefonat pantomimisch vorspielen. Die TN raten, um welche Aktivität es sich handelt. Zur Kontrolle zeigen Sie Ihre Bildkarte *anrufen*. Teilen Sie den Kurs in zwei Gruppen. Jeder TN erhält eine Bildkarte mit der Vorgabe, sie niemandem zu zeigen. Bei Unsicherheiten können die TN vor Spielbeginn ihr Wort im Wörterbuch nachschlagen. Errät die eigene Gruppe das Verb, erhält sie einen Punkt. Errät niemand in der eigenen Gruppe die korrekte Bedeutung, darf die andere Gruppe raten. Für die richtige Lösung bekommt sie einen halben Punkt. Verrät sich der Spieler, indem er das Verb ausplaudert oder seine Karte zeigt, wird der Gruppe ein Punkt abgezogen. Die Gruppe mit den meisten Punkten gewinnt und erhält einen kleinen Preis. Notieren Sie den Punktestand an der Tafel mit! Das erhöht die Spannung und vermeidet Unstimmigkeiten am Ende.

Arbeitsbuch 22–24: in Stillarbeit oder als Hausaufgabe

LERN TAGEBUCH **Arbeitsbuch 25:** Hier lernen die TN, sich die unregelmäßigen Formen der starken Verben übersichtlich zu notieren. Weisen Sie hierbei insbesondere auf die Markierung des Vokalwechsels hin. Zur besseren Unterscheidung der drei Typen von Vokalwechsel (e > i; e > ie; a > ä) empfiehlt es sich, unterschiedliche Farben zur Hervorhebung zu benutzen. Das Verb *arbeiten* ist zwar ein schwaches Verb, braucht aber in der 2. und 3. Person Sg. ein zusätzliches –e wegen des Auslauts auf –t. Dadurch weicht es von der regelmäßigen Konjugation etwas ab und ist deshalb hier aufgenommen. Zusätzlich sollten sich die TN einen Beispielsatz notieren.

D4 Aktivität im Kurs: eine Kontaktanzeige schreiben

1. Zerschneiden Sie die Kopiervorlage zu D4 (im Internet) so, dass die **ungeübten TN** die Vorlage für einen Steckbrief erhalten, **geübte TN** die Vorlage für einen Zeitungsartikel und sehr **schnelle TN** die Vorlage für einen Brief. Die TN schreiben eine Anzeige in Stillarbeit für sich.
2. Einige TN präsentieren ihren Anzeigentext im Plenum. Korrigieren Sie während der Präsentation nach Möglichkeit nicht.

! Hier geht es vor allem um die Verwendung der neuen Redemittel. Zur Fehlerkorrektur können Sie die Texte einsammeln und am nächsten Kurstag zurückgeben.

Variante: Die TN formulieren ohne Hilfe der Kopiervorlage einen Anzeigentext. Sie entscheiden selbst, ob sie einen Brief (vgl. Ratha) oder einen Steckbrief (vgl. Emmanuel) schreiben möchten.

PRÜFUNG **Arbeitsbuch 26:** Die Übung entspricht den Anforderungen des Prüfungsteils Lesen, Teil 1: Die TN beantworten zu Mitteilungen oder Einladungen aus dem privaten oder beruflichen Alltagsleben Richtig-Falsch-Fragen. Bearbeiten Sie die Übung mit den TN im Kurs.

LEKTION 6

Materialien
E2 Texte einzeln vergrößert
Test zu Lektion 6
Zwischenschritt: Wiederholung zu Lektion 5 und Lektion 6

Wetter

Lernziel: Die TN können den Wetterbericht im Radio, in Zeitungsmeldungen oder im Internet verstehen.

E 6

E1 Hörverstehen: Wettermeldungen und Wettervorhersagen im Radio
1. Die TN lesen die Fragen sowie die möglichen Antworten in Stillarbeit.
2. Die TN hören die Wettermeldungen (a und c) und die Wettervorhersage (b) aus dem Radio so oft wie nötig und kreuzen die richtige Antwort an.
3. Abschlusskontrolle im Plenum. *Lösung:* a) In Passau. b) Die Sonne scheint. c) 8 bis 12 Grad.

E2 Leseverstehen: Wettermeldungen in der Zeitung oder im Internet
1. Die TN finden sich in Kleingruppen zu 3–4 TN zusammen. Kopieren Sie die Texte einzeln auf DIN A, sodass jede Gruppe nur einen Text vor sich hat. Die TN lesen den Text in der Gruppe gemeinsam und markieren alle Wörter, die sie kennen.
2. Stellen Sie zu den Texten Fragen: „Wie ist das Wetter heute?", „Wie ist das Wetter am Freitag?" etc. Die TN sollten mithilfe der ihnen bekannten Wörter über das Wetter Auskunft geben können, auch wenn sie die Texte nicht bis ins Detail verstanden haben. Betonen Sie, dass es nicht darauf ankommt, jedes einzelne Wort zu verstehen und verzichten Sie daher auch auf die Erklärung unbekannter Wörter.

E3 Leseverstehen: Kernaussagen verstehen
1. Lesen Sie gemeinsam mit den TN das erste Beispiel und fragen Sie: „Ist das richtig oder falsch?" Warten Sie die Antwort der TN ab und fragen Sie dann: „Warum ist das richtig?", „Wo steht das?" Die TN zeigen auf Text A bzw. lesen den Satz „Am Freitag ist es sonnig." vor. Verweisen Sie dann im Beispiel auf das Kreuzchen bei *richtig*.
2. Ein TN liest den Satz „Der Wind ist stark." vor und findet in Text A die Formulierung „Es ist nicht mehr so windig." Es muss *falsch* angekreuzt werden.
3. Die TN lösen die übrigen Aufgaben in Stillarbeit.
4. Abschlusskontrolle im Plenum. Lassen Sie sich dabei die Passagen vorlesen, die zeigen, warum eine Aussage richtig bzw. falsch ist. *Lösung:* A) falsch; B) falsch – richtig; C) falsch – falsch; D) richtig – richtig

TIPP Sie können die TN bitten, zu Hause Wetterberichte oder Wettervorhersagen aus der Zeitung bzw. aus dem Internet herauszusuchen und zu versuchen, diese <u>ohne Wörterbuch</u> zu verstehen. Die TN können ihre Texte in den Unterricht mitbringen und über das Wetter berichten. Es steigert die Motivation der TN, wenn sie feststellen, dass sie bereits authentische Texte verstehen können und dass es nicht immer notwendig ist, jede Einzelheit zu verstehen. Die TN können auch zu Hause einmal den Wetterbericht im Radio anhören und in der nächsten Unterrichtsstunde berichten, was sie verstanden haben.

Einen Test zu Lektion 6 finden Sie auf Seite 122 f. Wenn Sie mit den TN den Stoff von Lektion 5 und Lektion 6 wiederholen möchten, verteilen Sie die Kopiervorlagen „Zwischenschritt" (Seite 106 f).

KINDER UND SCHULE

Folge 7: *Fieber? So so!*
Einstieg in das Thema: Schule

Materialien
2 Lösungen zu Aufgabe 1 auf Folie

1 Vor dem Hören: Kerninformationen vorentlasten

1. Die TN sehen sich in Gruppen zu je drei Personen die Fotos an und stellen Vermutungen darüber an, wer was sagt. In der Tabelle kreuzen sie die entsprechende Person an.
2. Sammeln Sie im Plenum die Ergebnisse.

! Akzeptieren Sie zunächst auch andere Lösungsvorschläge der TN. Es geht hier um Hypothesen. Die TN können später nach dem Hören ihre Lösungen noch einmal überprüfen und ggf. korrigieren.
Lösung: Ich habe Fieber. – Sara; Sara ist krank. – Bruno; Ich will die Lehrerin anrufen. – Bruno; Ihr schreibt heute ein Diktat. – Tina; Ich will nicht in die Schule gehen. – Sara

3. Die TN sehen sich in ihrer Gruppe noch einmal die Fotos an und überlegen zu jedem Foto, was die einzelnen Personen sagen könnten. Die Zitate können ihnen dabei helfen, die Geschichte zu rekonstruieren. Wenn die TN Lust haben, können sie ihre Geschichte jeweils zu dritt im Plenum vorspielen.
Variante: Wenn Ihre TN bereits sehr viel Wortschatz ungesteuert erworben haben, können sie sich zuerst in Kleingruppen eine eigene Geschichte mit Minidialogen zu den Bildern ausdenken und erst im Anschluss Aufgabe 1 bearbeiten.

2 Beim ersten Hören

1. Die TN hören die Foto-Hörgeschichte zum ersten Mal, wenn nötig mehrmals, und korrigieren während des Hörens selbstständig ihre Lösungen aus Aufgabe 1. Legen Sie zur Abschlusskontrolle eine Folie mit den Lösungen auf.
2. Die TN setzen sich wiederum in ihren Gruppen zusammen und versuchen, die tatsächliche Geschichte nachzuerzählen.
3. Wenn die TN Lust haben, können sie auch diese Geschichte mit verteilten Rollen im Plenum vorlesen oder vorspielen. Weitere Alternativen finden Sie auf Seite 12 f.

3 Nach dem ersten Hören: die Geschichte zusammenfassen

1. Sehen Sie zusammen mit den TN die Aufgabe an. Ein TN liest den Satz mit der Nummer eins (Sara sagt: Ich habe Fieber.) vor. Fragen Sie: „Wie geht die Geschichte weiter?" und „Was passiert dann?"
2. Lösen Sie zusammen mit den TN das nächste Beispiel. Verweisen Sie auf die Fotos, die den TN dabei helfen, die richtige Reihenfolge zu finden.
3. Die TN nummerieren die anderen Sätze in Stillarbeit. Wer fertig ist, vergleicht sein Ergebnis mit der Partnerin / dem Partner.
4. Anschließend hören die TN die Foto-Hörgeschichte noch einmal, wenn nötig auch mehrfach, und korrigieren sich selbstständig.
Lösung: 2 – Bruno will Frau Müller, die Lehrerin, anrufen; 3 – Tina sagt: Sara, du hast kein Fieber!; 4 – Sara geht in die Schule; 5 – Sara kommt nach Hause. Sie hat kein Diktat geschrieben.

Materialien
A1 sechs Kärtchen mit den Personalpronomen *ich, du, ...*
A3 Tabelle auf Folie; Kopiervorlage zu A3 (im Internet)

Ich **kann** heute nicht in die Schule gehen.
das Modalverb *können*
Lernziel: Die TN können über Möglichkeiten und über ihre Fähigkeiten sprechen.

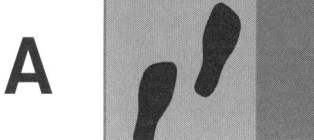

A 7

A1 Präsentation des Modalverbs *können*
1. Lesen Sie gemeinsam mit den TN Beispiel a).
2. Die TN lösen die übrigen Beispiele in Stillarbeit und überprüfen ihr Ergebnis mithilfe der CD/Kassette.
3. Lesen Sie die Sätze mit dem Modalverb *können* noch einmal laut und verweisen Sie auf den Grammatikspot, insbesondere auf den Vokalwechsel in den Singularformen sowie auf die fehlende Personalendung in der 1. und 3. Person Singular – einem Charakteristikum der Modalverben.
4. *fakultativ:* Üben Sie mit den TN die Formen von *können*, indem Sie in willkürlicher Reihenfolge Kärtchen mit den Personalpronomen zeigen. Die TN bilden jeweils die dazugehörigen Formen von *können*. Diese Übung kann später mit den anderen Modalverben wiederholt werden und eignet sich auch gut zum Warming-up zu Beginn einer Stunde.
Lösung: b) Sara hat Fieber. – Sie kann heute nicht in die Schule gehen. c) Du hast kein Fieber. – Du kannst in die Schule gehen.

A2 Variation: Anwendungsaufgabe zum Modalverb *können*; Erweiterung: die Satzklammer beim Modalverb
1. Gehen Sie vor wie auf Seite 14 beschrieben.
2. Lassen Sie die TN die Varianten noch einmal wiederholen und notieren Sie einige Beispielsätze an der Tafel mit. Fragen Sie: „Wo steht *können* im Satz?", „Wo steht *einkaufen*?"

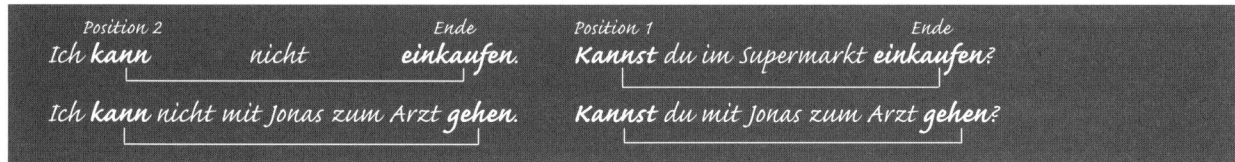

3. Verweisen Sie auch auf den Grammatikspot. Machen Sie die TN auf die Satzklammer im Aussagesatz und in der Ja-/Nein-Frage aufmerksam. Verdeutlichen Sie anhand eines Beispiels an der Tafel, dass die Verbklammer beliebig erweitert werden kann, sich die Position von Modalverb und Infinitiv aber nicht ändert. Ergänzen Sie z.B. den Satz „Ich kann nicht einkaufen." schrittweise, bis Sie den komplexen Satz „Ich kann heute leider nicht im Supermarkt einkaufen." erhalten.

Arbeitsbuch 1–2: in Stillarbeit; **3–5:** in Stillarbeit oder als Hausaufgabe; **6–7:** im Kurs

TIPP Sie können die TN durchaus immer mal wieder auffordern, einige Sätze in ihre Muttersprache zu übersetzen (vgl. Arbeitsbuch S. 120). Dieser kontrastive Vergleich hilft insbesondere kognitiven Lernern, sich neue Strukturen im Deutschen bewusst zu machen und dadurch besser einzuprägen. Dies gilt nicht nur für Gemeinsamkeiten mit der Muttersprache, sondern auch für Unterschiede.

A3/A4 Aktivität im Kurs: sich über persönliche Fähigkeiten austauschen
1. Sehen Sie zusammen mit den TN die Tabelle auf der Folie an und fragen Sie: „Was können Sie gut?" Erweitern Sie die Tabelle auf Zuruf.
2. Fragen Sie dann einzelne TN gezielt: „Kannst du / Können Sie gut …?" und notieren Sie ihre Namen entsprechend in der mittleren oder rechten Spalte.
3. Die TN machen auf einem Blatt Papier eine Tabelle wie auf der Folie. Damit bewegen sie sich frei im Kursraum, befragen sich gegenseitig mithilfe der Redemittel im Buch und notieren die Namen in ihrer Tabelle. Machen Sie eine Zeitvorgabe von 10 Minuten für die Interviews.
Variante: Verteilen Sie an jeden TN die Kopiervorlage zu A3 (im Internet) und legen sie die Folie auf. Überlegen Sie mit den TN gemeinsam, nach welchen Fähigkeiten man noch fragen kann und ergänzen sie die Tabelle. Stellen Sie exemplarisch ein paar TN die erste Frage und notieren sie ihre Namen auf der Folie. Die TN gehen mit dem Arbeitsblatt im Kursraum herum, interviewen sich gegenseitig und notieren die Namen – pro Aktivität maximal zwei.
4. Nach der Interviewphase dürfen die TN über einen TN berichten, den sie befragt haben. Initiieren Sie den ersten Bericht, indem Sie fragen: „Wer kann etwas über … erzählen?", „Was kann er/sie sehr gut?" bzw. „Was kann er/sie nicht so gut?" Wer vorgestellt wurde, setzt die Runde fort. Achten sie darauf, dass über alle TN etwas erzählt wird.

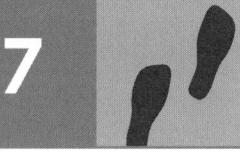

7 B Ich **will** aber nicht in die Schule gehen.
das Modalverb *wollen*

Lernziel: Die TN können über Absichten sprechen und ihren Willen äußern.

Materialien
B1 sechs Kärtchen mit Personalpronomen
B2 auf Folie
B3 Kopiervorlage zu B3 (im Internet), Papierstreifen oder Kärtchen

B1 **Variation: Präsentation des Modalverbs *wollen***
1. Gehen Sie vor wie auf Seite 14 beschrieben.
2. Verweisen Sie auf den Grammatikspot, insbesondere auf den Vokalwechsel in den Singularformen sowie auf die fehlende Personalendung in der 1. und 3. Person Singular – einem Charakteristikum der Modalverben.
3. Üben Sie die Formen von *wollen* mit Kärtchen wie bei *können* (siehe Seite 63).

B2 **Anwendungsaufgabe zu *können* und *wollen***
1. Die TN betrachten das Bild auf der Folie. Fragen Sie: „Wo sind die Personen?", „Wer ist das?", „Was machen sie?", „Was wollen die Kinder?", etc.
2. Lesen Sie zusammen mit einem TN das Dialogbeispiel. Erinnern Sie die TN an die Satzklammer bei *können* und weisen Sie darauf hin, dass diese analog auch für *wollen* gilt. Ggf. können Sie dies an der Tafel kurz verdeutlichen. Verweisen Sie auch auf den Grammatikspot.

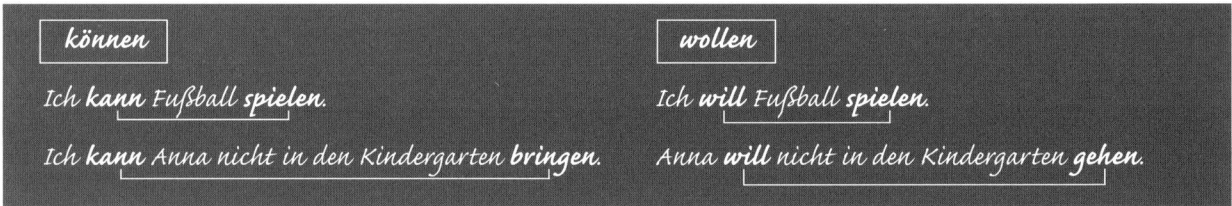

3. Bitten Sie zwei geübtere TN, ein weiteres Beispiel analog zum Musterdialog vorzuspielen. Was die Kinder machen wollen, finden die TN im Bildkasten. Die möglichen Antworten der Mutter stehen im Redemittelkasten.
4. Die TN sprechen weitere Dialoge in Partnerarbeit. Gehen Sie herum und helfen Sie bei Unklarheiten.

Arbeitsbuch 8: in Stillarbeit oder in Partnerarbeit; **9:** als Hausaufgabe

B3 **Aktivität im Kurs: Lebende Sätze**
1. Die TN sehen sich die Bilder im Buch an und schreiben anschließend selbst in Kleingruppen eigene Sätze auf große Papierstreifen. Bevor die TN die Sätze in einzelne Wörter zerschneiden, sollten Sie sie korrigieren. Erinnern Sie die TN daran, auch Satzzeichen zu notieren.
Variante: Wenn vorhanden, können Sie die Wörter auch jeweils einzeln auf Moderationskärtchen schreiben lassen.
2. Mischen Sie alle Wortschnipsel und verteilen Sie an jeden TN einen Wortschnipsel. Die TN versuchen, ihre Partner zu finden und mit diesen den Satz wieder zusammenzusetzen, und stellen sich dann in der richtigen Reihenfolge und mit dem korrekten Satzzeichen auf. Die entstandene Gruppe bildet einen „lebenden Satz". Haben Sie mehr TN als Wortkarten, können die übrigen TN als Co-Lehrer fungieren und die „lebenden Sätze" ggf. korrigieren und die korrekten Sätze dann abschließend an die Tafel schreiben.
Variante: Wenn Sie wenig Zeit im Unterricht haben, können Sie auch die Kopiervorlage zu B3 (im Internet) auf DIN A3 vergrößern, zerschneiden und dann verteilen. Jeder TN erhält nur eine Karte und versucht die TN zu finden, deren Wörter zusammen mit seinem Wort einen sinnvollen Satz ergeben. Die TN stellen sich in der richtigen Reihenfolge auf (s.o.).
3. *fakultativ:* Bitten Sie die TN anschließend, ihre Position so zu verändern, dass aus den Fragen Aussagesätze werden und umgekehrt. Durch dieses Umstellen wird noch einmal deutlich, dass sich zwar die Position des Modalverbs verändert, die des Infinitivs jedoch gleich bleibt.

Arbeitsbuch 10–11: in Stillarbeit oder als Hausaufgabe

Materialien
C3 Verbkärtchen, zwei leere Pappkartons, Papiertüten o. ä.
C5 Kopiervorlage zu C5 (im Internet) als Arbeitsblatt und auf Folie

Du **hast** gestern nicht **gelernt**.
Perfekt mit *haben*
Lernziel: Die TN können über Ereignisse und Tagesabläufe in der Vergangenheit sprechen.

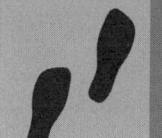

C 7

C1 Präsentation des Perfekts mit *haben*
1. Die TN sehen sich noch einmal die Fotos aus der Foto-Hörgeschichte an und hören dazu vier Zitate.
2. Die TN ergänzen in Stillarbeit die Lücken. Einige TN erkennen vielleicht schon, zu welchem bereits bekannten Verb die Formen gehören. Notieren Sie in diesem Fall Infinitiv und Partizip an der Tafel.
3. Abschlusskontrolle im Plenum. *Lösung:* gesehen – gelernt – geschrieben

C2 Systematisierung: Bildung des Perfekts
1. Lesen Sie zusammen mit den TN den Beispielsatz und fragen Sie nach dem zugehörigen Bild. Fragen Sie: „Was passiert hier?" und „Was hat er gemacht?" Lösen Sie die Aufgabe mit den TN gemeinsam. *Lösung:* A; C; B
2. Anhand der Bilder und Beispielsätze sollte deutlich werden, dass Ereignisse in der Gegenwart und der Vergangenheit durch verschiedene Formen ausgedrückt werden. Verweisen Sie dazu auch auf die Kalenderblätter und die Bedeutung von *heute* und *gestern*.

3. Notieren Sie auch die Beispiele des Grammatikspots an der Tafel und präsentieren Sie den TN das Präfix *ge-* als typisches Signal für die Vergangenheit. Machen Sie die TN darauf aufmerksam, dass sie, um über Vergangenes sprechen zu können, zwei „Teile" brauchen: eine Form von *haben* und die „ge-Form" des Verbs.

C3 Systematisierung: Partizip II
1. Eventuell ist den TN bereits in C2 aufgefallen, dass die Partizipien *gelernt* und *geschrieben* unterschiedliche Endungen haben. Bringen Sie nach Möglichkeit zwei leere Pappkartons oder Papiertüten mit in den Unterricht und beschriften Sie sie mit den Endungen *-en* bzw. *-(e)t*. Schreiben Sie die im Buch angegebenen Partizipien sowie einige weitere zu regelmäßigen Verben, die den TN bereits bekannt sind, auf Kärtchen und verteilen Sie sie. Jeder TN darf eines in den richtigen Karton oder die Tüte legen.
2. Ziehen Sie dann alle abgelegten Karten nacheinander aus den beiden Kartons und fragen Sie die TN, zu welchem Wort die Form gehört. Die Infinitive schreiben Sie auf Zuruf in zwei Spalten an die Tafel. Die TN bilden noch einmal mündlich das Partizip II dazu. Weisen Sie sie dann darauf hin, dass die Verben das Partizip normalerweise auf *-(e)t* bilden, unregelmäßige Verben i. A. auf *-(en)*. Fordern Sie die TN auf, diese Partizipformen immer gleich mitzulernen (siehe Hinweis zum Lernertagebuch).

! Gehen Sie auf dieser Stufe noch nicht zu genau auf die Bildung des Perfekts ein. Es genügt, wenn sich die TN zunächst einige wichtige Verben als feste Form merken. Die Vergangenheitsformen werden in *Schritte 2* und *Schritte 3* vertieft.

Arbeitsbuch 12–13: in Stillarbeit; **15–17:** in Stillarbeit oder als Hausaufgabe

LERNTAGEBUCH

Arbeitsbuch 14: Die TN sollten sich angewöhnen, analog zu dieser Übung unregelmäßige Verben nicht nur im Infinitiv, sondern auch in der 3. Person Sg. Präsens und mit dem Partizip II und dem Hilfsverb zu notieren. Dadurch stehen ihnen immer alle notwendigen Sonderformen zur Verfügung und können mitgelernt werden. Beginnen Sie die Listen mit den TN zusammen, sie setzen diese dann in Partnerarbeit mit den Verben aus Übung 13 fort. Abschlusskontrolle im Plenum.

C4 Variation: Anwendungsaufgabe zum Perfekt mit *haben*
1. Gehen Sie vor wie auf Seite 14 beschrieben.
2. Verweisen Sie auch auf den Grammatikspot und erinnern Sie die TN an die Verbklammer, die ihnen von den trennbaren Verben (Lektion 5) und den Modalverben *können* und *wollen* bekannt ist. Notieren Sie ggf. zur Erinnerung noch einmal einige Beispiele an der Tafel.

C5 Aktivität im Kurs: über Ereignisse und Aktivitäten in der Vergangenheit sprechen

1. Die TN lesen das erste Beispiel und ordnen die Satzteile. Fragen Sie: „Wie heißt die Frage?" und notieren Sie diese an der Tafel. Verweisen Sie noch einmal auf die Satzklammer.
2. a) **Ungeübte TN** ordnen zunächst die Beispiele im Buch. Schreiben Sie einige weitere Schüttelsätze auf Kärtchen oder verwenden Sie die Kopiervorlage zu C5 (im Internet) und verteilen Sie diese an die TN. Nachdem diese alle Satzteile geordnet haben, befragen sie sich gegenseitig. b) **Geübte TN** stellen sofort selbst in Partnerarbeit einige Schüttelsätze her und tauschen sie mit den anderen Lernpaaren aus. Wenn sie die Kärtchen der anderen geordnet haben, interviewen sie sich gegenseitig ohne schriftliche Vorlage.

7 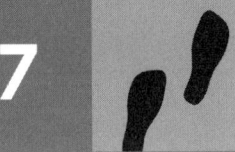 **D** **Ich bin doch in die Schule gegangen.**

Perfekt mit *sein*: gehen, fahren, kommen
Lernziel: Die TN können über Aktivitäten in der Vergangenheit erzählen.

Materialien
D1 auf Folie
D2 auf Folie
D3 Kopiervorlage L7/D3
Foto aus AB, S. 127
Projekt: Kopiervorlage L7/D, Stifte, Plakatpapier

D1 **Präsentation des Perfekts mit *sein***
1. Die TN hören die CD/Kassette so oft wie nötig und ordnen anschließend die Bilder.
2. Abschlusskontrolle im Plenum. *Lösung:* 3 – 1 – 4

D2 **Systematisierung: Perfekt mit *sein***
1. Die TN lesen die Zitate auf der Folie. Die Tabelle für die Lösungen bleibt dabei verdeckt, die Kursbücher sind geschlossen. Fragen Sie: „Was passt zu Foto1?" Warten Sie eine Antwort der TN ab und decken Sie dann die Tabelle auf, in der die Lösung bereits eingetragen ist.
2. Die TN schlagen die Kursbücher auf und ordnen in Stillarbeit die anderen drei Zitate den Fotos aus D1 zu. Der schnellste TN kann die Lösungen auf der Folie eintragen.
3. Abschlusskontrolle mithilfe der Folie im Plenum. *Lösung:* 2 b; 3 a; 4 d
4. Lenken Sie die Aufmerksamkeit der TN jetzt auf den Grammatikspot. Stellen Sie sich zur Demonstration für alle sichtbar hin und markieren Sie Ihren Standort mit einem Band, Wollfaden o.ä. und sagen Sie: „Jetzt bin ich hier." Gehen Sie dann ein paar Schritte übertrieben vorwärts schreitend durch den Raum und fragen Sie die TN währenddessen: „Was mache ich jetzt?" Die TN werden voraussichtlich sagen: „Sie gehen/laufen, etc." Bleiben Sie dann an einer anderen Stelle stehen, markieren Sie Ihren Standort erneut und fragen Sie: „Jetzt bin ich hier. Was habe ich gemacht?" Geben Sie selbst ganz betont die Antwort: „Ich bin gegangen." Abschließend deuten Sie auf die zwei markierten Standorte. Wenn nötig, wiederholen Sie die Demonstration mit dem Verb *fahren*. Den TN sollte klar werden, dass alle Verben, die mit einer Ortsveränderung verbunden sind, das Perfekt mit *sein* bilden.
  - Es genügt, wenn sich die TN vorerst die Verben *gehen, fahren* und *kommen* mit *sein* als feste Formel merken.
5. Verweisen Sie noch einmal auf die Satzklammer.

D3 **Variation: Anwendungsaufgabe zum Perfekt mit *haben* und *sein***
1. Sehen Sie sich zusammen mit den TN das Bild im Buch an und fragen Sie: „Wo sind die Personen?", „Wer ist das?", „Was machen/sagen sie?" Die TN stellen Vermutungen an.
2. Gehen Sie weiter vor wie auf Seite 14 beschrieben.
3. *fakultativ:* Ergänzend zu den Übungen im Arbeitsbuch können Sie den TN die Kopiervorlage L7/D3 austeilen, um die Verwendung des Perfekts zu festigen, bevor sie die Projektarbeit starten. Die TN bearbeiten diese in Stillarbeit.
4. Abschlusskontrolle mithilfe der Folie im Plenum.

Arbeitsbuch 18: in Stillarbeit oder Partnerarbeit; **20-22:** als Hausaufgabe im Kurs

LERNTAGEBUCH **Arbeitsbuch 19:** Die TN notieren sich nun auch die unregelmäßigen Verben mit *sein* in ihrem Lerntagebuch.

D4 **Aktivität im Kurs: über vergangene Ereignisse berichten**
1. Fragen Sie einen schon geübten TN: „Was haben Sie am Montag gemacht?" Erinnern Sie die TN an dieser Stelle ggf. an die Angabe der Wochentage mit der Präposition *am*. Verweisen Sie hier auch auf den Infospot.
2. Machen Sie, wenn nötig, noch ein bis zwei weitere Beispiele mit unterschiedlichen TN, bevor sich die TN in Kleingruppen zu 3-4 Personen zusammenfinden und sich gegenseitig über die vergangene Woche befragen und erzählen.

PROJEKT **Arbeitsbuch 23:**
1. Zeigen Sie den TN das Foto zunächst auf Folie und fragen Sie: „Wer ist das?", „Wer hat das Foto gemacht?" TN, die schon länger in Deutschland leben, wissen vielleicht, dass Schulanfänger in Deutschland am ersten Schultag eine Schultüte bekommen.
2. Teilen Sie an alle TN die Kopiervorlage L7/D Projekt aus. Die TN bearbeiten diese allein oder in Gruppen. Gehen Sie dabei herum und helfen Sie bei Unsicherheiten. Korrigieren Sie die ausformulierten Fragen in Aufgabe 4. Diese dienen den TN als Hilfe für die Interviews mit Passanten/Kindern.
3. Üben Sie mit den TN die Interviewsituation ggf. kurz ein.
4. Die TN führen die Interviews in Kleingruppen durch. Geben Sie ihnen dafür 30 Minuten Zeit. In der Zwischenzeit bereiten Sie im Kursraum für jede Gruppe ein Plakat vor, auf dem sie ihre Ergebnisse festhalten kann. In die Mitte können Sie jeweils das stark vergrößerte Foto aus dem Arbeitsbuch, Seite 127 kleben.
5. Nach der Interviewphase übertragen die Gruppen ihre Ergebnisse mit dicken Stiften auf die Plakate und präsentieren diese im Plenum.
6. Abschließend werden die Plakate im Kursraum aufgehängt.
Variante: Wenn Sie wenig Zeit haben und ihre TN schon Kontakt zu Deutschen geknüpft haben, bitten Sie sie, ihre deutschen Bekannten zu befragen und die Ergebnisse in der darauffolgenden Stunde in Gruppen zusammenzutragen.

LEKTION 7

Materialien
E1 auf Folie
E4 Kopiervorlage zu E4 (im Internet)
Test zu Lektion 7; Wiederholung zu *Schritte 1*;
Selbstevaluation

Kommunikation mit der Schule
Redemittel zum Thema Schule
Lernziel: Die TN können sich oder ihr Kind in der Schule / im Deutschkurs entschuldigen.

E **7**

E1 **Leseverstehen: Brief an die Eltern**
1. Kopieren Sie den Brief auf Folie. Decken Sie zunächst nur die Anrede auf und fragen Sie: „Was für ein Text ist das?", „Wer hat den Brief geschrieben?", „Wer hat den Brief bekommen?" Die TN stellen Vermutungen an. Die Kursbücher bleiben noch geschlossen.
2. Dann schlagen die TN die Kursbücher auf und lesen den Brief still durch und markieren bekannte Wörter. Markieren Sie auf der Folie, was die TN verstanden haben.
3. Die TN können jetzt sicher schon den Inhalt des Briefes mündlich wiedergeben: „Die Lehrerin hat einen Brief geschrieben."
! Es geht ausschließlich darum, das Wesentliche zu verstehen. Stellen Sie sicher, dass alle TN verstanden haben, dass es sich um einen Brief der Lehrerin an die Eltern handelt, in dem es um einen Tagesausflug mit der Klasse geht. Es ist nicht wichtig, dass die TN jedes einzelne Wort verstehen.

E2 **Leseverstehen: Kerninformationen verstehen**
1. Die TN lesen die Aufgabe still durch. Klären Sie ggf. den Begriff *Exkursion*, wenn Sie TN mit außereuropäischer Muttersprache und ohne Englischkenntnisse im Kurs haben.
2. Die TN lesen noch einmal jeder für sich den Brief aus E1 und lösen die Aufgabe selbstständig. Wer fertig ist, vergleicht mit der Partnerin /dem Partner.
3. Abschlusskontrolle im Plenum.
Lösung: Der Lehrer will mit den Kindern eine Exkursion machen; ... mit dem Fahrrad fahren.

E3 **Hörverstehen: Telefonat mit der Schule**
1. Die TN sehen sich die Fotos an und stellen Vermutungen an: „Wer ist das?", „Was sagen sie?"
2. Anschließend hören die TN den Dialog so oft wie nötig und kreuzen jeweils an, ob die Aussage *richtig* oder *falsch* ist.
3. Abschlusskontrolle im Plenum. *Lösung:* a) richtig; b) falsch; c) richtig

E4 **Aktivität im Kurs: Rollenspiel**
1. Geben Sie den TN Zeit, sich die Redemittel in Ruhe durchzulesen. Sie können auch noch einmal den Dialog aus E3 vorspielen. Hier kommen die wesentlichen Redemittel bereits vor.
2. a) Für **ungeübte TN** können Sie die Kopiervorlage zu E4 (im Internet) der freien Dialogarbeit vorschalten. Auf der Vorlage sind die Dialoge zu den drei Situationen im Buch bereits vorstrukturiert. Die TN ergänzen die Lücken und lernen ihren Part auswendig. Dadurch werden die Redemittel automatisiert. b) **Geübte TN** können selbst eine Situation aus E4 auswählen und mithilfe der Redemittel einen freien Dialog schreiben. Korrigieren Sie ggf. grammatikalische Fehler und fordern Sie die TN dann auf, ihren Dialog zur besseren Memorierung der Redemittel auswendig zu lernen.
3. Einige Paare können ihre Dialoge schließlich im Plenum präsentieren, wenn sie möchten.

PRÜFUNG **Arbeitsbuch 24:** Im Prüfungsteil Schreiben, Teil 2 sollen die TN anhand von vorgegebenen Leitpunkten eine kurze Mitteilung verfassen. Achten Sie insbesondere darauf, dass die TN die Anrede, das Datum und die Grußformel nicht vergessen.

Einen Test zu Lektion 7 finden Sie auf Seite 124 f. Wenn Sie mit den TN den Stoff von *Schritte 1* wiederholen möchten, verteilen Sie das Wiederholungsspiel (Seite 110 f.). Die TN können jetzt ihren Kenntnisstand mithilfe der Kopiervorlage „Selbstevaluation" (Seite 100 f.) überprüfen.

Kopiervorlage L1/B3
Satzpuzzle

Hinweis: Zerschneiden Sie die Sätze in dem vorgegebenen Raster und legen Sie die Teile in einen Briefumschlag. Stellen Sie so viele Sets her, dass die TN in kleinen Gruppen je einen Briefumschlag erhalten. Sie legen die Sätze in der passenden Reihenfolge zusammen.

■ Guten

Tag. Mein Name

ist Sabine Zimmermann. Und

wie heißen

Sie? ● Ich bin

Martina Ewers. Und wer

ist das? ■ Das

ist Manolo.

Kopiervorlage L1/C1

1 Ordnen Sie zu.

ich
- *heiße* ....
- ....
- ....

du
- ....
- ....

Sie
- ....
- ....
- ....

2 Schreiben Sie einen Text.

■ .... Christa. Und wie .... ?

● Ich .... Manuel. Woher .... ?

■ Aus Österreich. Und wer .... ?

▼ .... Rudi. Ich ....

Kopiervorlage L1/C2

DU oder SIE? Ergänzen Sie.

a) „Guten Tag, Herr Gonzalez. Woher komm*en sie?*"

„Aus Kolumbien."

b) „Guten Tag, Miriam, woher komm .... ?"

„Aus dem Iran."

c) „Entschuldigung, wie heiß ...., bitte?"

„Müller. Mein Name ist Müller."

d) „Hallo, ich bin Tim, und wer .... ?"

„Ich bin Michel."

„Und woher komm.................... .... ?"

„Aus Frankreich."

e) „Hallo, ich heiße Klaus. Und du, wie heiß .... ?"

„Ich heiße Zahra."

„Hallo, Zahra! Woher komm ....?"

„Aus Marokko."

Kopiervorlage L1/C3
Das ich/du/Sie-Spiel

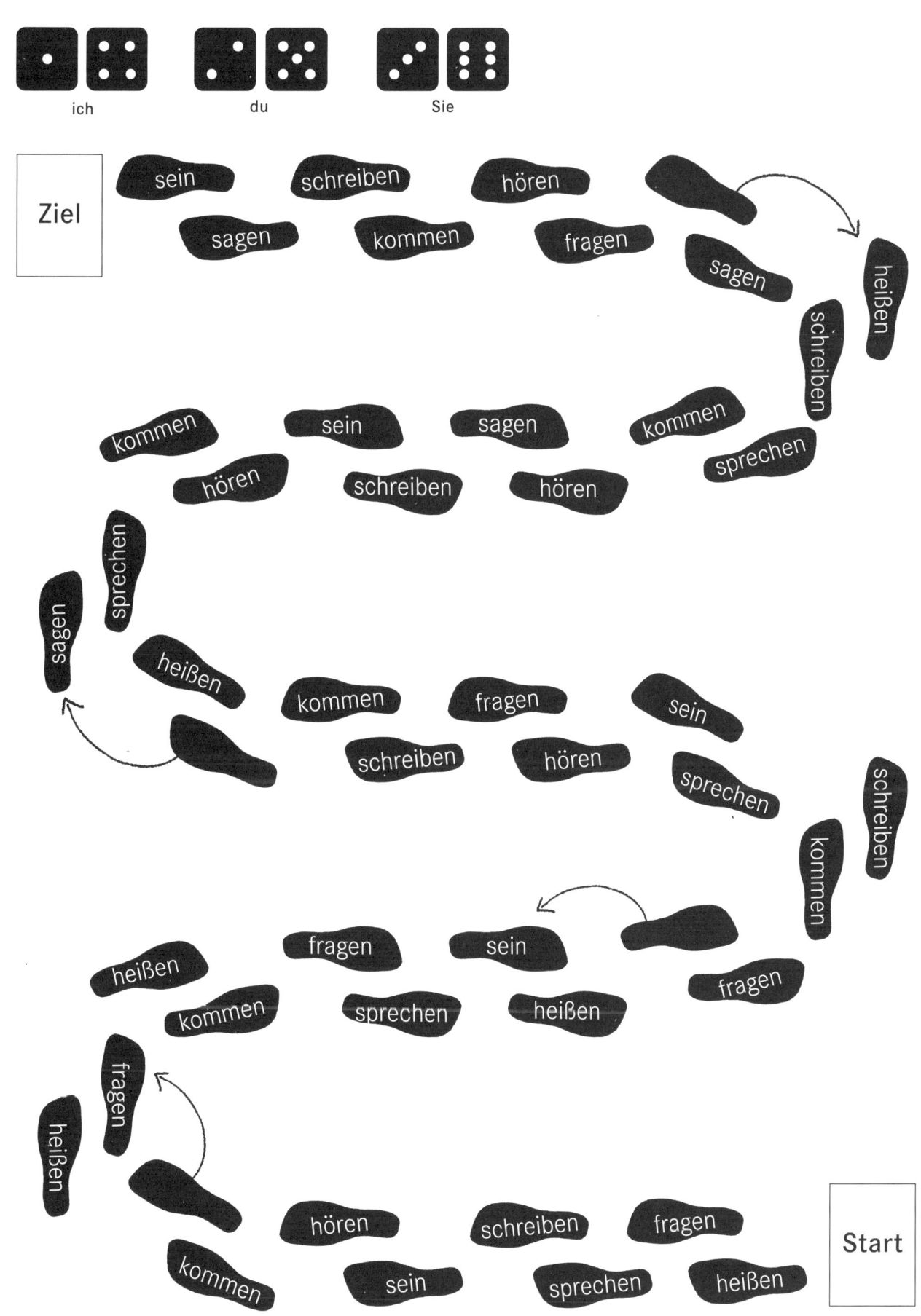

Kopiervorlage L1/D2
Alphabet-Bingo

Hinweis: Ziehen Sie vom Kontrollblatt mehrere Folien oder verwenden Sie verschiedenfarbige Folienstifte. Jeder TN erhält <u>ein</u> leeres Bingo-Blatt (siehe unten).

Kontrollblatt

a	b	c	d	e	f	g	h	i	j
k	l	m	n	o	p	q	r	s	t
u	v	w	x	y	z	ä	ö	ü	ß

Bingo-Blätter

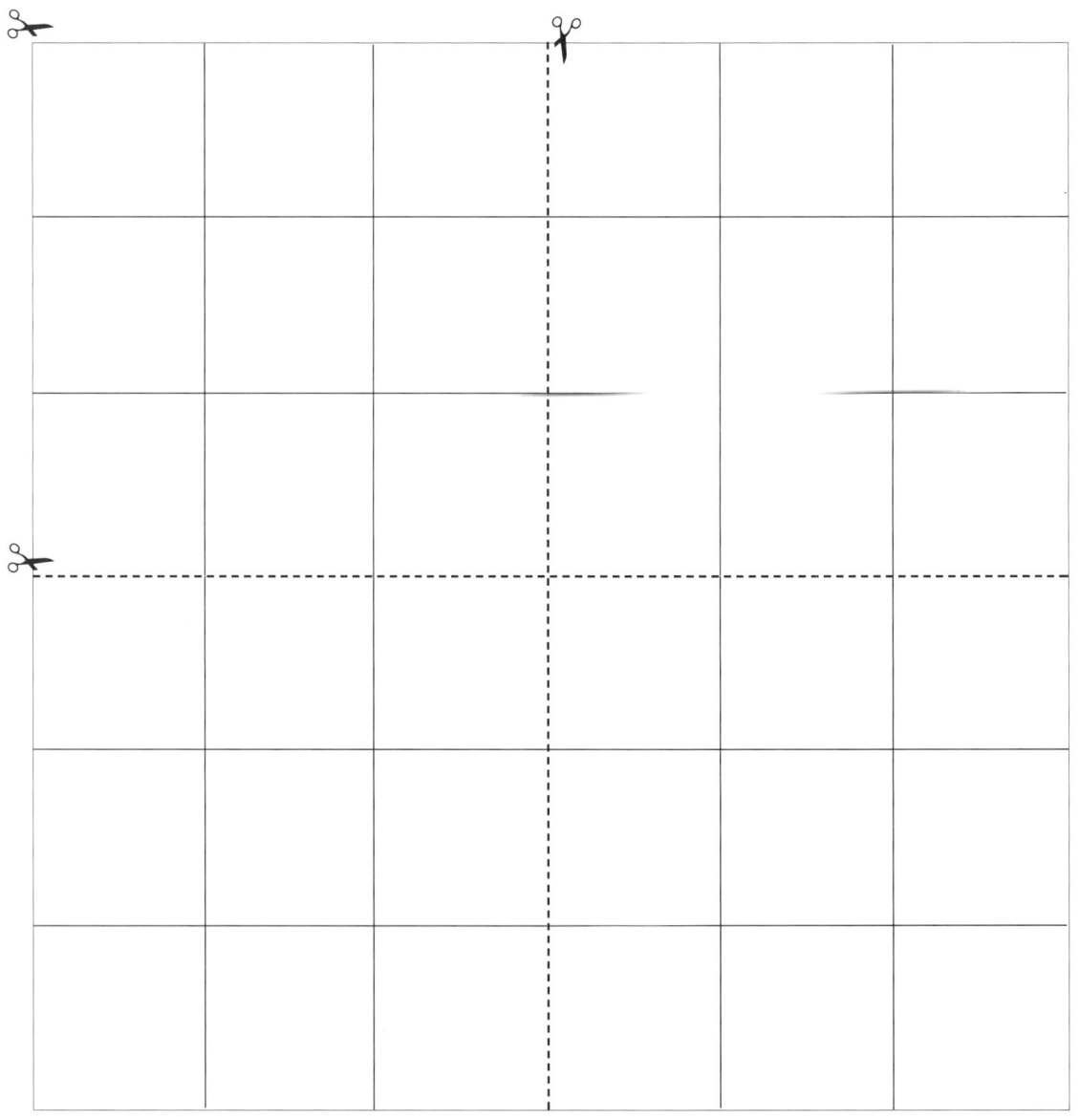

Kopiervorlage L2/B1

Ergänzen Sie.

Mutter   Bruder   Frau   Tochter   Mann
Mutter   Bruder   Sohn   Eltern

a) Das ist meine .... ⟶
    ⟵ .... Das ist meine ....

b) Das ist mein ....
    Das ist meine ....

c) Das ist mein ....
    Das ist auch mein ....

d) Das ist meine ....
    Das ist mein ....

e)
Das sind meine ....

Kopiervorlage L2/B2

Hinweis: Kopieren Sie die Vorlage für jede Gruppe auf farbiges Papier, schneiden Sie die Dominokarten aus und legen Sie jedes Set in einen Briefumschlag. Die TN legen passende „Dominosteine" aneinander.

Schwester	mein	Sohn	mein
Bruder	meine	Tochter	mein
Vater	meine	Eltern	meine
Mutter	mein	Bruder	meine
Schwester	meine	Kinder	mein
Sohn	meine	Tochter	mein
Kind	meine	Eltern	meine

Kopiervorlage L2/C3

Ergänzen Sie.

a) Ich bin Natascha.

.... komm............ aus Russland.

.... leb............ in Deutschland.

.... wohn............ in Dresden.

b) Du bist Christian.

.... komm............ aus Österreich.

.... leb............ in Österreich.

.... wohn............ in Wien.

c) Er ist Eike.

.... komm............ aus Afrika.

.... leb............ in Namibia.

.... wohn............ in Windhoek.

d) Wir sind Natascha, Anna und Katharina.

.... komm............ aus Russland.

.... leb............ in Deutschland.

.... wohn............ in Dresden.

e) Ihr seid Klaus und Jürgen.

.... komm............ aus Deutschland.

.... leb............ in der Schweiz.

.... wohn............ in Zürich.

f) Sie sind José und Carlos.

.... komm............ aus Peru.

.... leb............ in Spanien.

.... wohn............ in Madrid

Kopiervorlage L2/C4
Rollenspiel

Hinweis: Bilden Sie zwei Gruppen. Jede Gruppe bekommt ein Set Karten und spielt völlig autonom dieses Spiel. Verteilen Sie eine Karte pro TN, evtl. auch Klebeband und Stift, sodass die TN sich als Hilfestellung Namensschilder machen können. Die TN sollen sich in ihren Familien zusammenfinden. Sie fragen: *Wie heißt du? Wer bist du? Hast du Kinder? ...* . Später stellen sie sich und ihre Familie der anderen Gruppe vor. Jeder TN sagt: *Ich bin ..., Das sind ..., Das ist mein Bruder ...* . Sollte das zu lange dauern, dann kann ein ausgewählter TN „seine Familie" vorstellen.

SET I

Ich bin **Berta**. Meine Tochter ist Erika, mein Mann ist Peter. Mein Sohn heißt Egon. Er lebt in Italien.	Ich bin **Erika**. Meine Mutter ist Berta, mein Vater ist Peter. Ich habe zwei Kinder, einen Sohn und eine Tochter.
Ich heiße **Peter**. Meine Frau heißt Berta. Meine Kinder sind Erika und Egon. Egon lebt in Italien.	Ich bin **Egon**. Ich lebe in Italien. Meine Eltern sind Berta und Peter.
Ich heiße **Ruth**. Ich bin Bertas Schwester. Ich habe keine Kinder.	Ich bin **Fabian**. Meine Mutter ist Erika. Mein Vater heißt Martin. Ich komme aus München.
Ich bin **Sabine**, ich bin Erikas Tochter. Ich habe keine Kinder.	Mein Name ist **Martin**. Ich bin Erikas Mann. Ich habe eine Schwester.
Ich bin **Adam**. Ich komme aus Polen. Meine Frau heißt Ilka.	Mein Name ist **Ilka**. Mein Bruder ist Martin. Mein Mann heißt Adam.

Kopiervorlage L2/C4
Rollenspiel

SET II

Ich bin **Anna**. Mein Mann ist Alexander, meine Tochter Natascha. Mein Sohn heißt Julian. Er lebt in Australien.	Ich bin **Natascha**. Meine Mutter ist Anna, mein Vater Alexander. Ich habe drei Kinder: Georg, Greta und Daniela.
Ich heiße **Alexander**. Meine Frau heißt Anna. Meine Kinder sind Natascha und Julian. Julian lebt in Australien.	Ich bin **Julian**. Ich lebe in Australien. Meine Eltern sind Anna und Alexander.
Ich heiße **Daniela**. Mein Bruder ist Georg, meine Schwester ist Greta. Ich habe keine Kinder.	Ich bin **Georg**. Meine Mutter ist Natascha. Mein Vater heißt Peter. Ich komme aus München.
Ich bin **Greta**, ich bin Nataschas Tochter. Ich habe keine Kinder.	Mein Name ist **Peter**. Ich bin Nataschas Mann. Ich habe eine Schwester, Gunda.
Ich bin **Luis**. Ich komme aus Kolumbien. Meine Frau heißt Gunda.	Mein Name ist **Gunda**. Mein Bruder ist Peter. Mein Mann heißt Luis und kommt aus Kolumbien.

Kopiervorlage L2/D2

Hinweis: Sie können das Zahlenbingo immer wieder, auch bei höheren Zahlen, einsetzen. Denken Sie nur daran, vor dem Spiel den Zahlenbereich (z.B. von 0–50, von 50–100 oder von 100–150 etc.) festlegen.

Kontrollblatt

0	1	2	3	4
5	6	7	8	9
10	11	12	13	14
15	16	17	18	19

Bingo-Blätter

KOPIERVORLAGEN 78

Kopiervorlage L3/A2

1 Schreiben Sie die Fragen.

~~Wie heißt er?~~   ~~Heißt er Niko?~~   Spricht Bruno Italienisch und Deutsch?   Ist das Tina?
Woher kommt er?   Was spricht Bruno?   Wo wohnen sie?
Wer ist das?   Wohnen sie in München?   Kommt er aus Russland?

Wer, was, woher ...?
Beispiel:

Wie heißt er?

Niko.

a) W...?

Das ist Tina, Brunos Frau.

b) W...?

Bruno spricht Italienisch und Deutsch.

c) W...?

Aus der Ukraine.

d) W...?

In München.

...? – Ja / Nein

Heißt er Niko?

Ja.

Ist ....?

Ja.

S ....?

Ja.

K ....?

Nein.

W ....?

Ja.

2 Richtig oder falsch? Kreuzen Sie an.

	richtig	falsch
Bei Fragen (?) mit *was, woher, ...* antworte ich *Ja* oder *Nein*.	☐	☐
Bei Fragen (?): *Kommst du, heißt du ...* antworte ich *Ja* oder *Nein*.	☐	☐

Kopiervorlage L3/C2

~~ein Ei~~   ~~kein Ei~~   eine Tomate   keine Tomaten   keine Eier   Tomaten   ein Apfel   kein Apfel
Eier   Äpfel   kein Brötchen   keine Äpfel   ein Brötchen   Kartoffeln   keine Brötchen
keine Tomate   eine Kartoffel   Brötchen   keine Kartoffel   keine Kartoffeln

Das ist   Das sind   Das ist   Das sind

ein Ei.   .... *kein Ei.*   ....

Das ....   Das ....

....

  ...   ...

....

...   .

....

....

Kopiervorlage L3/C3

a) ein Fisch   viele _Fische_ ....

> der Fisch [fɪʃ]; -[e]s, -e:
> 1. (Zoo) ein Tier mit Flossen, Kiemen und Schuppen, das im Wasser lebt

b) ein Joghurt   viele ....

> der oder das Joghurt, auch: Jogurt [ˈjoːɡʊrt]; -[s], -[s]: Lebensmittel aus Milch

c) ein Brot   viele ....

> das Brot [broːt]; -[e]s, -e: Lebensmittel aus Mehl, Wasser, Salz und Hefe

d) ein Kuchen   viele ....

> der Kuchen [ˈkuːxn̩]; -[s], -: süßes Gebäck aus Mehl, Butter, Zucker, Eiern und anderen Zutaten

e) ein Saft   viele ....

> der Saft [zaft]; -[e]s; Säfte [ˈzɛftə]: Getränk aus Obst oder Gemüse

Kopiervorlage L3/D3

~~ein Kilo~~   eine Flasche   ein Pfund   ~~eine Schachtel~~   eine Dose   ~~eine Tafel~~   eine Packung
500 g   250 g

Was ist das?

Das ist *ein Kilo* Kartoffeln.

Das ist .... Orangensaft.

Das ist .... Tee.

Das ist *eine Schachtel* Pralinen.

Das ist .... Tomaten.

Das ist *eine Tafel* Schokolade.

Das ist .... Brot.

Das sind .... Brot.

Das sind .... Käse.

Kopiervorlage L3/E3
Rollenspiel

Verkäuferin/Verkäufer in Brunos Obst- und Gemüseladen

Sie sind Verkäuferin/Verkäufer in Brunos Obst- und Gemüseladen.
Ein Kunde fragt Sie. Antworten Sie:

ein Kilo Kartoffeln	2,50 €
12 Eier	2,40 €
ein Pfund Kaffee	3,50 €
ein halbes Pfund Butter	1,05 €
zwei Kilo Äpfel	5,60 €
ein Liter Milch	0,75 €

▼ „Ein Kilo Kartoffeln kostet 2,50 €."
„12 Eier kosten …"

Kundin/Kunde

Sie fragen nach den Preisen in Brunos Obst- und Gemüseladen und im Supermarkt. Wo kaufen Sie die Kartoffeln, Eier, etc.? Kreuzen Sie auf der Einkaufsliste an.

	Im Obstladen	Im Supermarkt
ein Kilo Kartoffeln	2,50 €	1,99 € ✗
12 Eier		
ein Pfund Kaffee		
ein halbes Pfund Butter		
zwei Kilo Äpfel		
ein Liter Milch		

▼ „Was kostet / Was kosten …?"
„Wie viel kostet / Wie viel kosten …?"

Verkäuferin/Verkäufer im Supermarkt

Sie sind Verkäuferin/Verkäufer im Supermarkt.
Ein Kunde fragt Sie. Antworten Sie:

ein Kilo Kartoffeln	1,99 €
12 Eier	1,99 €
ein Pfund Kaffee	3,99 €
ein halbes Pfund Butter	1,29 €
zwei Kilo Äpfel	5,13 €
ein Liter Milch	0,75 €

▼ „Ein Kilo Kartoffeln kostet 1,99 €."
„12 Eier kosten …"

Kopiervorlage L4/A3

> der **Balkon** [bal'kõ]; -s, -s: Teil an einem Haus

> die **Küche** ['kʏçə]; -, -n: Zimmer zum Kochen mit Herd, Kühlschrank usw.

> das **Bad** [ba:t]; -[e]s, Bäder: Zimmer mit Toilette, Dusche, etc.

m = der
n = das
f = die

Suchen Sie im Wörterbuch und ordnen Sie.

Zimmer, Schlafzimmer, Kinderzimmer, Frau, Mann, Mutter, Vater, Kind, Bruder, Schwester, Tochter, Sohn, Ei, Kartoffel, Banane, Orange, Kuchen, Brötchen, Fisch, Saft, Familienname, Postleitzahl

der / ein	das / ein	die / eine
Balkon	Bad	Küche

KOPIERVORLAGEN

Kopiervorlage L4/B2

Ordnen Sie zu.

groß ~~billig~~ neu ~~teuer~~ breit schmal klein schön hell dunkel alt hässlich

 Das Haus ist *billig.*

 Das Haus ist *teuer.*

 Das Auto ist ....

 Das Auto ist ....

 Das Zimmer ist ....

 Das Zimmer ist ....

 Die Straße ist ....

 Die Straße ist ....

 Das Auto ist ....

 Das Auto ist ....

 Der Tag ist ....

 Die Nacht ist ....

Kopiervorlage L4/C2
Fünf gewinnt

Hinweis: Ziehen Sie eine Folie von dem Spielfeld unten und legen Sie zwei verschiedene Sorten von Spielfiguren bereit (z.B. runde Chips und Spielfiguren oder Geldmünzen ...). Teilen Sie Ihren Kurs in zwei Teams. Jedes Team bekommt eine Sorte Spielfiguren. Team A beginnt je nach Aufgabenstellung (z.B. Wiederholung des Wortschatzes): *Das ist ein Zimmer*. Team B folgt: *Das ist eine Adresse* (Stein auf „Adresse") etc. Jedes Team versucht, fünf Steine fortlaufend entweder horizontal, vertikal oder diagonal zu setzen. Wer zuerst fünf Steine in einer Reihe hat, hat gewonnen. Man kann das Spiel ruhig wiederholen, es ergeben sich immer neue Konstellationen, sodass es nicht langweilig wird. Dieses Spiel können Sie auch mit mehreren Gruppen spielen, z.B. indem Sie das Plenum in je drei Gruppen aufteilen: Gruppe A wiederholt den Wortschatz, Gruppe B wiederholt die Artikel, Gruppe C wiederholt die Pluralformen der Nomen. Jede Gruppe wird wieder in je zwei Teams unterteilt, die gegeneinander spielen.

Kopiervorlage L4/D6

A

Spiel 1) Sie suchen eine 3-Zimmer-Wohnung, ca. 75 Quadratmeter groß, aber nur bis zu 800 € Kaltmiete. Sie hätten gerne Balkon und Garage. Informieren Sie sich.

▶ *Ich suche ...*
Ich hätte gerne ...
Wie groß ist die Wohnung?
Ich möchte nur bis ... Euro Miete bezahlen.
Die Wohnung ist zu groß/klein.
Die Wohnung gefällt mir (nicht).

Spiel 2) Sie vermieten Wohnungen. Eine Kundin / Ein Kunde kommt und möchte Informationen: Sie/Er sucht eine 2-Zi-Wohnung mit ca. 50 m². Die Wohnung kostet ca. 550 € + Nebenkosten. Sie/Er braucht eine große Küche, Garage und Balkon. Sie haben diese Wohnungsangebote:

▶ *Ich habe hier eine Wohnung mit Balkon.*
Wie viele Zimmer möchten/brauchen Sie?
Die Wohnung hat ... qm.
Die Wohnung kostet ...
Die Wohnung hat eine Einbauküche ...

2-ZW, 59 qm; kl. Balkon, Warmiete 480 € ab sofort; 0179 - 52058778

2-ZW, gr. Balkon, 42 qm, Garage, KM 350 € + NK 90 €; Immobilien Hai: 0171/64 93 882

Von Privat: gr. **2-ZW**, Balkon, TG, EBK, 55 qm, 560 €/NK/2MM KT, ab sofort; abends: 09131-28867

B

Spiel 1) Sie vermieten Wohnungen. Eine Kundin / Ein Kunde kommt und möchte Informationen: Sie/Er sucht eine 3-Zimmer-Wohnung mit ca. 75 Quadratmetern. Die Wohnung kostet ca. 800 € Kaltmiete. Sie/Er hätte gerne Balkon und Garage. Sie haben diese Wohnungsangebote:

▶ *Ich habe hier eine Wohnung mit Balkon.*
Die Wohnung kostet ...
Wie viele Zimmer möchten/brauchen Sie?
Die Wohnung hat ... qm.
Der Balkon ist ...
Die Wohnung hat eine Einbauküche ...

3-ZW, 85 qm, zentral, Küche, Bad, WC extra, 850 € Warmmiete; Immobilien Immo, Impelerstraße 5, Tel. 66 38 27 65

Helle **3-ZW**, 74 qm, zentral, EBK, kl. Balkon, TG, 800 € + NK/KT;

Südpark, **3-ZW**, EBK, kl. Balk, gr. TG, 70 qm, 800 € KM + NK/KT; Immobilien Sommer, Tel. 0425-4483

Spiel 2) Sie suchen eine 2-Zi-Wohnung mit ca. 50 m². Kosten: ca. 550 € + Nebenkosten. Sie brauchen eine große Küche, Garage und Balkon. Informieren Sie sich.

▶ *Ich suche ...*
Ich hätte gerne ...
Ich möchte nur bis ... Euro Miete bezahlen.
Wie groß ist die Wohnung?
Die Wohnung ist zu groß/klein.
Die Wohnung gefällt mir (nicht).

Was machen die Personen? Schreiben Sie.

Tina .... Sara ....

Tina ....

Tina ....

Bruno ....

Bruno ....

Sara ....

Kopiervorlage L5/A1

Hinweis: Kopieren Sie die Vorlage und kleben Sie diese auf festen farbigen Karton. Schneiden Sie das Ziffernblatt und die Zeiger aus und machen Sie sowohl in das Ziffernblatt als auch in die beiden Zeiger ein Loch. Befestigen Sie die Zeiger mit einer Klammer, wie man sie zum Verschließen von gepolsterten Briefen benutzt. Fertig!

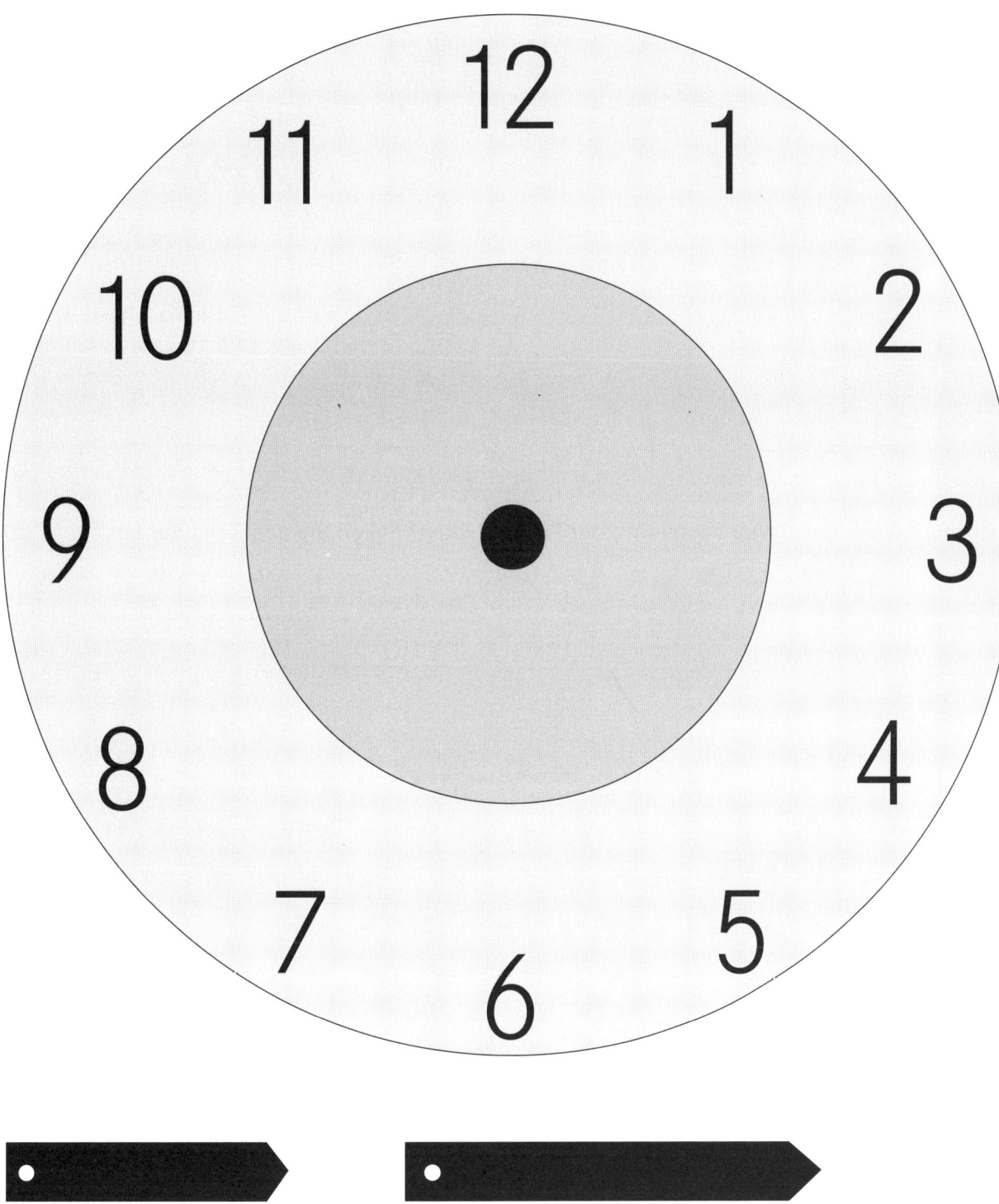

KOPIERVORLAGEN

Kopiervorlage L5/C4

1. Was machen Sie wann? Füllen Sie den Kalender aus.

	MO	DI	MI	DO	FR	SA	SO
7 Uhr							
8 Uhr							
9 Uhr							
10 Uhr							
11 Uhr							
12 Uhr							
13 Uhr							
14 Uhr							
15 Uhr							
16 Uhr							
17 Uhr							
18 Uhr							
19 Uhr							
20 Uhr							

2. Was macht Ihre Partnerin / Ihr Partner wann? Füllen Sie den Kalender aus.

	MO	DI	MI	DO	FR	SA	SO
7 Uhr							
8 Uhr							
9 Uhr							
10 Uhr							
11 Uhr							
12 Uhr							
13 Uhr							
14 Uhr							
15 Uhr							
16 Uhr							
17 Uhr							
18 Uhr							
19 Uhr							
20 Uhr							

KOPIERVORLAGEN

Kopiervorlage L5/C5

1 **Ergänzen Sie.**

1. Wann .... Sie ins Bett? (gehen) – Um 7 Uhr.

2. Und wann .... Sie .... ? (aufstehen)

   – Um .... Uhr .

3. Und wann .... Sie .... ? (einkaufen)

   – Am ....

4. Wann .... Sie die Wohnung .... ? (aufräumen)

   – ....

5. Wann .... Sie .... ? (fernsehen)

   – ....

6. Wann .... Sie Ihre Mutter .... ? (anrufen)

   – ....

2 **Machen Sie Fragen. Fragen Sie dann Ihre Partnerin / Ihren Partner und notieren Sie die Antwort.**

1. .... ? (lernen)

   – ....

2. .... ? (frühstücken)

   – ....

3. .... ? (arbeiten)

   – ....

4. .... ? (kochen)

   – ....

KOPIERVORLAGEN

Kopiervorlage L5/D4

Antworten Sie.

1 Was machen Sie *jeden Morgen*?

Ich stehe *jeden Morgen* um .... Uhr auf.

Um .... Uhr frühstücke ich.

Ich esse .... und trinke ....

Ich höre ....

2 Was machen Sie *jeden Vormittag*?

Ich .... *jeden Vormittag* um .... Uhr.

Um .... Uhr ....

....

3 Was machen Sie *jeden Abend*?

Ich .... *jeden Abend* um .... Uhr

....

Um .... *Uhr* ....

....

4 Was machen Sie *jeden Montag*?

Ich .... *jeden Montag* ....

....

....

5 Was machen Sie *jeden Freitag*?

Ich .... *jeden Freitag* um .... Uhr

....

Von .... bis .... Uhr ....

....

6 Was machen Sie *jedes Wochenende*?

Ich .... *jedes Wochenende*

um .... Uhr ....

Um .... Uhr ....

Von .... bis .... Uhr ....

....

Kopiervorlage L5/E4
Domino

Hinweis: Kopieren Sie die Vorlage für jede Kleingruppe einmal auf festen farbigen Karton und zerschneiden Sie die „Dominosteine".

zehn nach zwölf	7.04	kurz nach sieben	10.13
zehn Uhr dreizehn	10.30	zehn Uhr dreißig	17.20
zwanzig nach fünf	22.15	Viertel nach zehn	23.57
kurz vor zwölf	12.02	kurz nach zwölf	16.10
sechzehn Uhr zehn	3.45	Viertel vor vier	11.13
elf Uhr dreizehn	14.30	halb drei	9.35
fünf nach halb zehn	8.59	acht Uhr neunundfünfzig	6.43
sechs Uhr dreiundvierzig	15.15	Viertel nach drei	4.27
kurz vor halb fünf	18.33	achtzehn Uhr dreiunddreißig	0.45
Viertel vor eins	21.29	einundzwanzig Uhr neunundzwanzig	13.48
dreizehn Uhr achtundvierzig	19.30	halb acht	11.02
kurz nach elf	8.30	halb neun	0.10

Kopiervorlage L6/B2
Quartett

Hinweis: Kopieren Sie die Vorlage mehrfach auf festen farbigen Karton, schneiden Sie die Kärtchen aus und geben Sie jeder Gruppe einen kompletten Spielsatz.

 **der Apfel** die Banane die Orange die Tomate	 **die Banane** die Orange die Tomate der Apfel	 **die Orange** die Tomate der Apfel die Banane	 **die Tomate** der Apfel die Banane die Orange
 **die Cola** das Mineralwasser der Apfelsaft der Wein	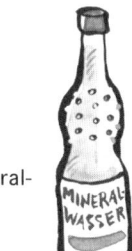 **das Mineralwasser** der Apfelsaft der Wein die Cola	 **der Apfelsaft** der Wein die Cola das Mineralwasser	**der Wein** die Cola das Mineralwasser der Apfelsaft
 **der Herd** die Waschmaschine der Fernseher der Kühlschrank	 **die Waschmaschine** der Fernseher der Kühlschrank der Herd	 **der Fernseher** der Kühlschrank der Herd die Waschmaschine	 **der Kühlschrank** der Herd die Waschmaschine der Fernseher
 **der Schrank** das Sofa der Tisch das Bett	 **das Sofa** der Tisch das Bett der Schrank	 **der Tisch** das Bett der Schrank das Sofa	 **das Bett** der Schrank das Sofa der Tisch

Kopiervorlage L6/C4

Schreiben Sie.

a) Frau Reimann trinkt nicht alles:

Sie trinkt [Cola] und [Wein]. Sie trinkt auch [Mineralwasser]. Sie möchte [Apfelsaft].

Sie trinkt keine Cola und ....

....

....

b) Herr Braun hat Hunger.

Er isst [Brötchen] mit Käse und [Kuchen]. Er isst auch [Banane], [Orange] und [Apfel].

....

....

....

c) Niko hat nicht viele Möbel.

Er hat [Bett] und [Tisch], aber er hat [Schrank] und auch [Sofa]. Er hat aber zwei sehr schöne Stühle.

....

....

....

d) Frau Hubers Wohnung ist sehr klein:

Die Wohnung hat [Schlafzimmer], [Küche] und [Wohnzimmer], aber sie hat [Flur] und [WC]. Sie hat aber [Bad].

....

....

....

e) Herr Schuster hat fast alles.

Er hat [Herd], [Kühlschrank] und auch [Fernseher]. Aber er hat [Waschmaschine].

....

....

Kopiervorlage L6/D2

Ordnen Sie zu.

kochen   Musik hören   fernsehen   tanzen   Fußball spielen   spazieren gehen   Sprachen lernen
Picknick machen   ins Kino gehen   Domino spielen

....

....

....

....

....

....

....

....

....

....

Kopiervorlage L6/D3
Verbpantomime

Hinweis: Kopieren Sie die Kopiervorlage auf bunten Karton oder festes Papier und schneiden Sie die Wort-Bild-Karten aus.

Auto		Briefe	Fußball
fahren	lesen	schreiben	spielen
		Musik	
fernsehen	kochen	hören	tanzen
		Sport	Fahrrad
schwimmen	schlafen	machen	fahren

97 KOPIERVORLAGEN

Kopiervorlage L7/D3

Lesen Sie und schreiben Sie.

> Algarve, 01.09.20..
>
> Liebe Tanja,
>
> wie geht es dir? Mir geht es sehr gut!
> Wir machen in Portugal Urlaub. Wir schlafen jeden Tag lange. Erst um 11 Uhr frühstücke ich mit Bernd. Jeden Tag machen wir viel Sport: Am Nachmittag gehen wir zusammen spazieren oder fahren Fahrrad. Bernd spielt auch Tennis und ich lese Romane. Wir sehen sehr viel. Am Donnerstag gehen wir in die Stadt. Wir kaufen viele schöne Souvenirs. Am Abend gehen wir immer ins Restaurant und essen Fisch. Der schmeckt hier sehr gut. Hier regnet es nicht. Ein schöner Urlaub!
>
> Viele Grüße und bis bald
> deine Sabine

Liebe Tanja,

wie geht es dir? Mir geht es sehr gut!

Wir haben in Portugal Urlaub gemacht. Wir haben

Kopiervorlage L7/D
Projekt

1 Haben Sie schon einmal Kinder am 1. Schultag in Deutschland gesehen? Machen Sie Notizen.

2 Wie ist das in Ihrem Land? Wie ist der 1. Schultag? Was machen die Kinder? Was bekommen die Kinder?

In meinem Land gehen die Kinder mit .... Jahren in die Schule.

Die Schule beginnt jedes Jahr im ....

Die Kinder tragen .... Schuluniform.

Die Mädchen ....

Die Jungen ....

Die Kinder bekommen am ersten Schultag ....

Sie gehen zusammen mit .... in die Schule.

Dort ....

3 Was ist in der Schultüte? Was denken Sie? Machen Sie Notizen.

....
....
....
....
....

4 Was wollen Sie von den Leuten/Kindern in Deutschland wissen? Schreiben Sie.

....
....
....
....
....
....

Selbstevaluation

Das kann ich schon:	Das kann ich sehr gut.	Das kann ich.	Das übe ich noch.
Hören			
Ich kann Begrüßungen und Abschiedsgrüße verstehen: *Hallo! Guten Tag. Auf Wiedersehen. ...*			
Ich kann verstehen, wenn jemand sich vorstellt: *Ich heiße ...; Mein Name ist ...; Ich bin ...*			
Ich kann Fragen zu meiner Person verstehen: *Wie heißen Sie? Woher kommen Sie? Wo sind Sie geboren? Wie ist Ihre Adresse? Wie ist Ihre Telefonnummer? Sind Sie verheiratet? Haben Sie Kinder?*			
Ich kann Preise von Lebensmitteln verstehen: *Ein Kilo Tomaten kostet 1,99 €.*			
Ich kann Mengenangaben von Lebensmitteln verstehen: *Wie viel möchten Sie? – Ein Kilo. 100 Gramm Käse kosten ...*			
Ich kann die Uhrzeit verstehen: *Es ist neun Uhr; Es ist gleich halb sieben.*			
Ich kann Öffnungszeiten auf dem Anrufbeantworter verstehen: *Sie erreichen uns von Montag bis Mittwoch von 8 bis 16 Uhr ...*			
Ich kann den Wetterbericht im Radio verstehen: *Weiden: Bewölkt bei 10 Grad, Hof ebenfalls bewölkt, 11 Grad, und Passau Regen, 9 Grad.*			
Lesen			
Ich kann eine Visitenkarte verstehen: *Name, Adresse, Telefonnummer.*			
Ich kann Anzeigen von Supermärkten verstehen: *Namen der Lebensmittel, Preise, Menge*			
Ich kann Wohnungs- und Verkaufsanzeigen in der Zeitung verstehen: *Mietpreise, Quadratmeter, wie viele Zimmer.*			
Ich kann Schilder mit Öffnungszeiten verstehen: *Sprechstunde: Montag bis Donnerstag, 8.30 bis 16.30 Uhr.*			
Ich kann das Fernsehprogramm verstehen: *Wann beginnt ein Film, das Sportstudio ...*			
Ich kann Kontaktanzeigen verstehen: *Brieffreunde gesucht! ... Bitte schreibt mir.*			
Ich kann den Wetterbericht in der Zeitung oder im Internet verstehen: *Im Norden und Westen scheint schon heute die Sonne, im Süden und Osten regnet es noch. ...*			
Ich kann einen Brief an die Eltern verstehen: *Liebe Eltern der Klasse 3 c, ...*			
Sprechen			
Ich kann jemanden begrüßen und mich verabschieden: *Hallo! Guten Tag. Auf Wiedersehen.*			
Ich kann mich mit Namen vorstellen: *Mein Name ist ...; Ich heiße ...; Ich bin ...*			
Ich kann meine Familie und meine Freunde vorstellen: *Das ist mein ...; Das ist meine ...*			
Ich kann sagen, woher ich komme und wo ich wohne: *Ich komme aus ...; Ich wohne/lebe in ...*			
Ich kann andere fragen, wie sie heißen, woher sie kommen, wo sie wohnen: *Wie heißen Sie? Woher kommen Sie? Wie ist Ihre Adresse?*			
Ich kann am Telefon nach jemandem fragen: *Ist Frau Söll da, bitte?*			
Ich kann sagen, wie es mir geht und andere fragen: *Wie geht es Ihnen? – Danke, gut.*			
Ich kann ein Wort erklären oder nach einer Erklärung fragen: *Was ist das? – Das ist eine Tomate.; Wie heißt das auf Deutsch? – Apfel.*			

Selbstevaluation

Das kann ich schon:	Das kann ich sehr gut.	Das kann ich.	Das übe ich noch.
Ich kann Preise und Mengen nennen: *100 Gramm Käse kosten 1,10 €; Vier Flaschen kosten nur 7,10 €.*			
Ich kann in einem Lebensmittelgeschäft sagen, was ich möchte: *Ich brauche / möchte / hätte gern ...*			
Ich kann eine Wohnung oder ein Haus beschreiben: *Die Küche ist hier. Das Bad ist dort. Das Haus ist billig. ...*			
Ich kann sagen, wie mir etwas gefällt: *Wie gefällt Ihnen die Wohnung? – Sehr gut.*			
Ich kann zählen: *eins, zwei, drei, ... eine Million*			
Ich kann nach einem Ort fragen und einen Ort nennen: *Wo ist das Bad? – Hier./Dort.*			
Ich kann die Uhrzeit nennen und danach fragen: *Wie viel Uhr ist es? – Es ist neun Uhr.*			
Ich kann über meinen Tag sprechen: *Ich stehe jeden Morgen um sieben Uhr auf. Um halb acht frühstücke ich...*			
Ich kann sagen, was ich gern / nicht gern mache: *Ich koche gern. Ich arbeite nicht gern.*			
Ich kann über das Wetter und die Jahreszeiten sprechen: *Das Wetter ist schön. Die Sonne scheint. Im Sommer haben wir ca. 25 Grad.*			
Ich kann zustimmen, widersprechen und verneinen: *Ja. Doch. Nein.*			
Ich kann über meine Freizeit und meine Hobbys sprechen und andere nach ihren Hobbys fragen: *Was sind deine Hobbys? – Ich mache gern Sport. / Meine Hobbys sind ...*			
Ich kann sagen, was ich vorhabe oder möchte: *Ich will ins Schwimmbad gehen.*			
Ich kann über gestern und die letzten Tage sprechen: *Gestern habe ich bis 11 Uhr geschlafen. Dann habe ich Deutsch gelernt.*			
Ich kann Vorschläge machen und Vorschlägen zustimmen oder sie ablehnen: *Wollen wir zusammen Fahrrad fahren? – Ja, gern. / Nein.*			
Ich kann mich und andere wegen Krankheit entschuldigen: *Ich kann heute nicht kommen. Ich bin krank.*			
Schreiben			
Ich kann persönliche Angaben in ein Formular eintragen: Name, Wohnort, Adresse, Geburtsdatum ...			
Ich kann eine Kontaktanzeige schreiben: *Hallo! Ich heiße ... Ich suche Brieffreunde ...*			
Ich kann eine einfache Postkarte aus dem Urlaub schreiben: *Hallo ..., wir sind in Griechenland. Das Wetter ist sehr gut...*			
Ich kann einen Entschuldigungsbrief schreiben: *Liebe Frau .... Ich kann am Montag nicht zum Unterricht kommen. Ich bin krank. Viele Grüße, ...*			

Zwischenschritt: Wiederholung zu Lektion 1 und Lektion 2
Quiz

Was ist richtig? Kreuzen Sie an.
Beispiel: Wie geht's?
☒ Danke, es geht.
☐ Guten Morgen.
☐ Das ist mein Bruder.

a) Wie alt .... Sie?
☐ bist
☐ haben
☐ sind

b) Wo wohnst .... ?
☐ er
☐ wir
☐ du

c) Woher kommt ihr? Wir kommen .... Kroatien.
☐ in
☐ aus
☐ von

d) Das ist Diana. Und wer bist .... ? – Fabian.
☐ du
☐ Sie
☐ ihr

e) Ich .... Sara.
☐ ist
☐ heiße
☐ Name

f) .... , tut mir leid.
☐ Postleitzahl
☐ Danke
☐ Entschuldigung

g) Was sprechen Sie?
☐ Englisch
☐ England
☐ Italien

h) Meine Eltern haben zwei Kinder: Das bin ich und das ist mein ....
☐ Sohn
☐ Bruder
☐ Schwester

i) Ich habe keine Kinder. – .... Kinder sind zwölf und siebzehn Jahre alt.
☐ Mein
☐ Keine
☐ Meine

j) Sind Sie ledig? – Nein, ich bin .... , das ist mein Mann.
☐ verheiratet
☐ geschieden
☐ verwitwet

k) Er .... zwanzig Jahre alt und .... ein Kind.
☐ sind ... haben
☐ ist ... hat
☐ haben ... ist

Zwischenschritt: Wiederholung zu Lektion 1 und Lektion 2
Wiederholungsübungen

1 **Schreiben Sie.**
Beispiel: eins + eins = zwei

1. siebzehn + eins = ?
2. fünfzehn + vier = ?
3. dreizehn − drei = ?
4. zwölf − zwei + sechs = ?
5. neun + vier = ?
6. fünf x zwei =

2 **Schreiben Sie ein Gespräch.**

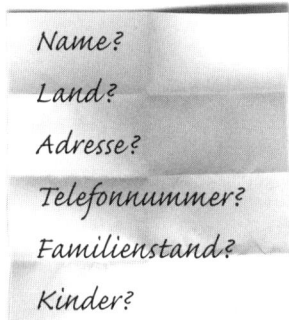

- Hallo. Ich heiße .... Und wie heißen Sie?
- Ich heiße ...
- ...

3 Zeichnen Sie und schreiben Sie: Wer ist wer in meiner Familie?

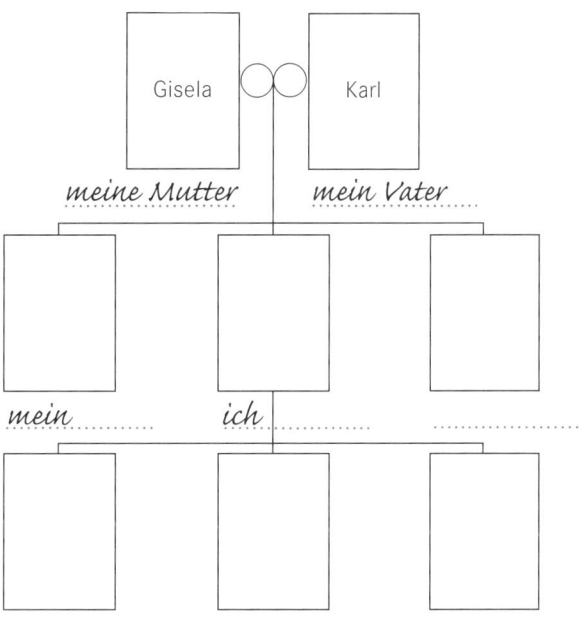

Meine Eltern heißen ... Sie sind ... Sie haben ... Kinder: ...
Meine Mutter ist ... alt. Sie lebt in ... Meine Schwester/Mein Bruder heißt ...

Zwischenschritt: Wiederholung zu Lektion 3 und Lektion 4
Spiel

A

1. Buchstabieren Sie Ihren Namen.

2. Antworten Sie bitte:
   - Hast du die Telefonnummer 35 46 40?
   - ....

3. Sagen Sie: Wie ist Ihre Telefonnummer?

4. der .... / die .... / das .... :
   Bitte sagen Sie drei Beispiele.

5. - Wie geht es Ihnen?
   - ....

6. Hülya kommt aus der Türkei.
   Welche Sprache spricht sie?

7. Wie viel ist das?
   € 1,99 + € 7,65 - € 2,81 - ?

8. Das ist .... Kartoffel.
   Das ist doch .... Kartoffel,
   das ist .... Apfel!

9. ■ Die Küche gefällt mir.
   ● Ja, ... ist sehr groß.

10. Woher .... du?
    a) komme
    b) kommst
    c) kommt

11. *heißen, sprechen, haben*
    Ich..., du..., er/sie..., wir..., ihr..., sie/Sie...

B

1. Zählen Sie von 1 – 10.

2. Wie heißt die Frage:
   - .... ?
   - Aus dem Irak.

3. 1111 – 2222 – 3333 – ... – ... – ...

4. Vater – Mutter / Bruder – Schwester/
   Sohn – .... ?

5. ein Haus, ... Apfel, ... Zimmer,
   .... Banane

6. Welche Sprachen sprechen Sie?

7. Sie suchen eine Waschmaschine. Was fragen Sie?
   - .... ?
   - 298 Euro.

8. Was ist im Klassenzimmer?
   Suchen Sie drei Möbel.

9. der Tisch – die ....
   das Waschbecken – die ....
   die Badewanne – die ....

10. Das .... meine Eltern.
    a) ist
    b) sind

11. groß – klein; teuer – .... ; schön – .... ;
    neu – .... ; hell – ....

Zwischenschritt: Wiederholung zu Lektion 3 und Lektion 4
Spiel

A

12. .... – die Stühle
    .... – die Toiletten
    .... – die Sofas

13. Milch – ein Liter
    Käse –
    Joghurt –
    Kaffee –

14. Ich nehme:
    zwei ... (Ei); fünf ... (Apfel)
    und vier ... (Tomate)

15. *ein* Apfel, *der* Apfel, *die* Äpfel:
    Ei, Tomate, Brötchen, Fisch

16. *haben, möchten, brauchen*
    Ich..., du..., er/sie..., wir..., ihr..., sie/Sie...

17. ■ Wie .... Ihnen das Sofa?
    ● Gut.

18. Das – zu – ist – Schlafzimmer – groß.

19. Name: .... name, ... name;
    Nummer: .... nummer
    Zahl: .... zahl

20. Nennen Sie fünf deutsche Städte.

B

12. Das ist die Küche. .... ist neu.
    Das ist das Bad. .... ist hell.
    Das ist der Flur. .... ist breit.

13. Im Supermarkt kaufe ich:
    Wein, ..., ..., ..., ..., ...

14. Im Obst- und Gemüseladen:
    ■ Was möchten Sie?
    ● Ich ....

15. *ein* Zimmer, *das* Zimmer, *die* Zimmer:
    Fernseher, Bett, Dusche, Kühlschrank

16. *sein, suchen, mieten*
    Ich..., du..., er/sie..., wir..., ihr..., sie/Sie...

17. ■ Wie schmeckt Ihnen der Kuchen?
    ● .... schmeckt sehr gut.

18. Welche Farben kennen Sie?

19. Ihre – Wie – Adresse – ist?

20. „550 Euro Warmmiete". Wie ist die Frage:
    a) Was ist das?
    b) Wie viel kosten die Zimmer?
    c) Was kostet die Wohnung?

Zwischenschritt: Wiederholung zu Lektion 5 und Lektion 6
Verbspirale

Hinweise:

Spieldauer: ca. 30 – 45 Minuten

1. Sie brauchen pro Kleingruppe von 3 – 4 TN je ein „Spielbrett", einen Zahlenwürfel, einen Pronomenwürfel (siehe S. 108), für jeden TN eine eigene Spielfigur und evtl. Süßigkeiten für die jeweiligen Gruppensieger. Die TN würfeln einmal reihum. Wer die höchste Zahl wirft, beginnt.
2. **Spielverlauf**: Die Augenzahl bestimmt, wie viele Felder der TN auf dem Spielbrett vorrücken darf, das gewürfelte Pronomen entscheidet über die Konjugation des Verbs. a) **Ungeübte TN** konzentrieren sich auf die Konjugation der Verben, b) **geübtere TN** bilden kurze Sätze mit der jeweiligen Verbform. Während des Spiels korrigieren sich die TN in der Gruppe gegenseitig. Ist die Verbform bzw. der Satz korrekt, darf der Spieler ein Feld vorrücken, hat er einen Fehler gemacht, muss er ein Feld zurück. Weiß der nächste Spieler im Uhrzeigersinn die richtige Lösung, darf dieser ein Feld vorrücken. Wurde die Spielfigur gesetzt, ist der nächste Spieler an der Reihe. Gewonnen hat, wer als erster das Ziel erreicht. Die anderen Spieler würfeln weiter, bis alle die gesamte Strecke zurückgelegt haben oder die Spielzeit um ist. Der Gewinner jeder Gruppe erhält ggf. einen kleinen Preis. Gehen Sie herum und helfen Sie bei Unsicherheiten.

TIPP Sind die Spielregeln einmal klar, können Sie das Spiel in angemessenen Abständen mit neuen Verben oder auch einer neuen Konjugation (z.B. Perfekt in Lektion 7) wiederholen.

Zwischenschritt: Wiederholung zu Lektion 5 und Lektion 6
Verbspirale

Start	sprechen	wohnen	sein	hören	haben	buchstabieren
aufräumen	aufstehen	Frühstück machen	frühstücken	arbeiten	anrufen	singen
zeichnen	Picknick machen	in die Disko gehen	Karten spielen	schlafen	fahren	lesen
gefallen	Fahrrad fahren	haben	arbeiten	tanzen	einkaufen	schreiben
ankreuzen	Sprachen lernen	aufstehen	sprechen	schwimmen	kochen	heißen
kennen	zum Deutschkurs gehen	heißen	Ziel	Auto fahren	fernsehen	aufstehen
brauchen	in die Schule gehen	schlafen		Freunde treffen	Fußball spielen	haben
verstehen	Hausaufgaben machen	fernsehen	Briefe schreiben	grillen	Pizza essen	kommen
leben	spazieren gehen	Musik hören	ins Bett gehen	einkaufen	ins Kino gehen	ansehen
zeigen	suchen	sagen	markieren	kosten	ergänzen	fragen

Zwischenschritt: Wiederholung zu Lektion 5 und Lektion 6
Pronomenwürfel

Hinweis: Kopieren Sie die Vorlage mehrfach auf Karton oder festes Papier und schneiden Sie sie entlang der Außenränder aus. Knicken Sie die Vorlage dann so, dass die sechs Felder einen Würfel bilden und kleben Sie den Würfel an den Papierlaschen zusammen.

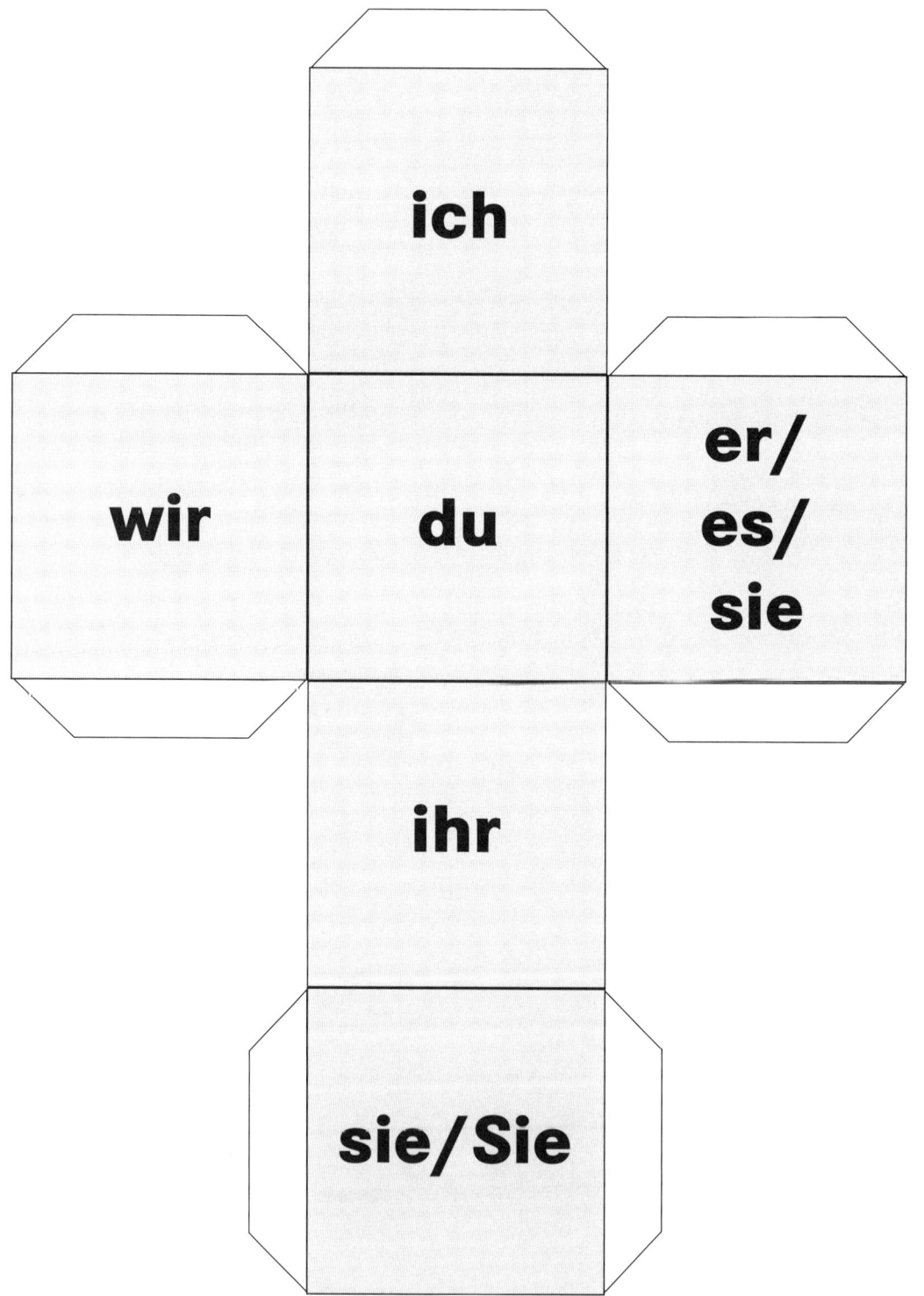

KOPIERVORLAGEN 108

Wiederholungsspiel zu *Schritte 1*
Würfelspiel

Hinweis: Sie brauchen für jeden Spieler eine Spielfigur sowie pro Gruppe einen Würfel und ein Spielbrett.

1. Kopieren Sie die Kopiervorlage für jede Kleingruppe von 3–4 TN auf ein DIN A3 Papier oder auf farbigen Karton.

2. Die TN finden sich so zu Kleingruppen zusammen, dass geübtere und ungeübte TN in den Gruppen vertreten sind und sich gegenseitig helfen können; ggf. greifen Sie bei der Gruppenbildung ein.

3. Die TN setzen ihre Figur auf den Startpunkt. Der erste Spieler würfelt und rückt mit seiner Figur entsprechend der gewürfelten Zahl vor. Befindet er sich auf einem Feld mit einer Frage, versucht er diese möglichst in ganzen Sätzen zu beantworten. Sind seine Mitspieler mit der Antwort einverstanden bzw. ist sie grammatikalisch richtig, darf er noch ein Feld vorrücken; ist seine Antwort nicht zufriedenstellend bzw. grammatikalisch falsch, muss er ein Feld zurückgehen. Die Symbole auf den Feldern, die dann berührt werden, dürfen ignoriert werden.

4. Ereignisfelder: Pausenfelder signalisieren, dass der TN die nächste Runde einmal aussetzen muss. Dies gilt nicht, wenn er erst nach einer korrekt bzw. falsch beantworteten Frage auf ein Pausenfeld kommt. Würfelt ein Spieler und setzt seine Spielfigur auf ein Feld, von dem eine Leiter nach oben führt, darf er in die nächste Reihe vorrücken und muss dort die entsprechende Frage beantworten. Weiter wie oben beschrieben. Bei Feldern, von denen eine Leiter hinabführt, gilt umgekehrt, dass der TN sofort in die vorangegangene Reihe absteigt und dann die Frage des entsprechenden Feldes beantworten muss.

5. Es dürfen auch mehrere Spielfiguren auf demselben Feld stehen, rauswerfen gilt nicht!

6. Wer zuerst das Ziel erreicht, hat gewonnen!
   Variante: Die TN können auch paarweise zusammenspielen und sich bei den Fragen beraten. Dann spielen pro Spielbrett zwei Paare gegeneinander. Diese Variante bietet sich aber nur dann an, wenn gewährleistet ist, dass sich alle TN gleichberechtigt am Spiel beteiligen.

Wiederholungsspiel zu *Schritte 1*
Würfelspiel

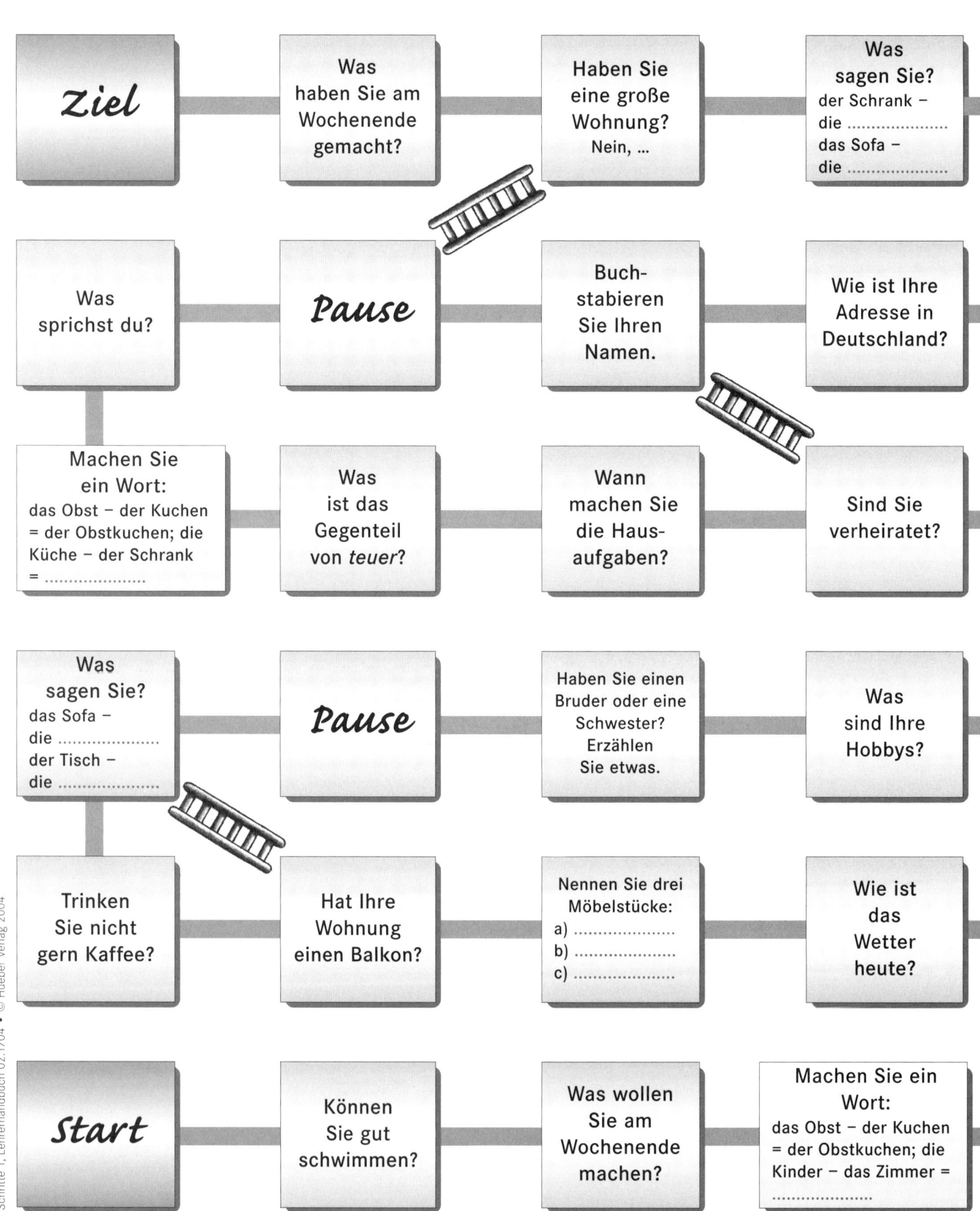

Wiederholungsspiel zu *Schritte 1*
Würfelspiel

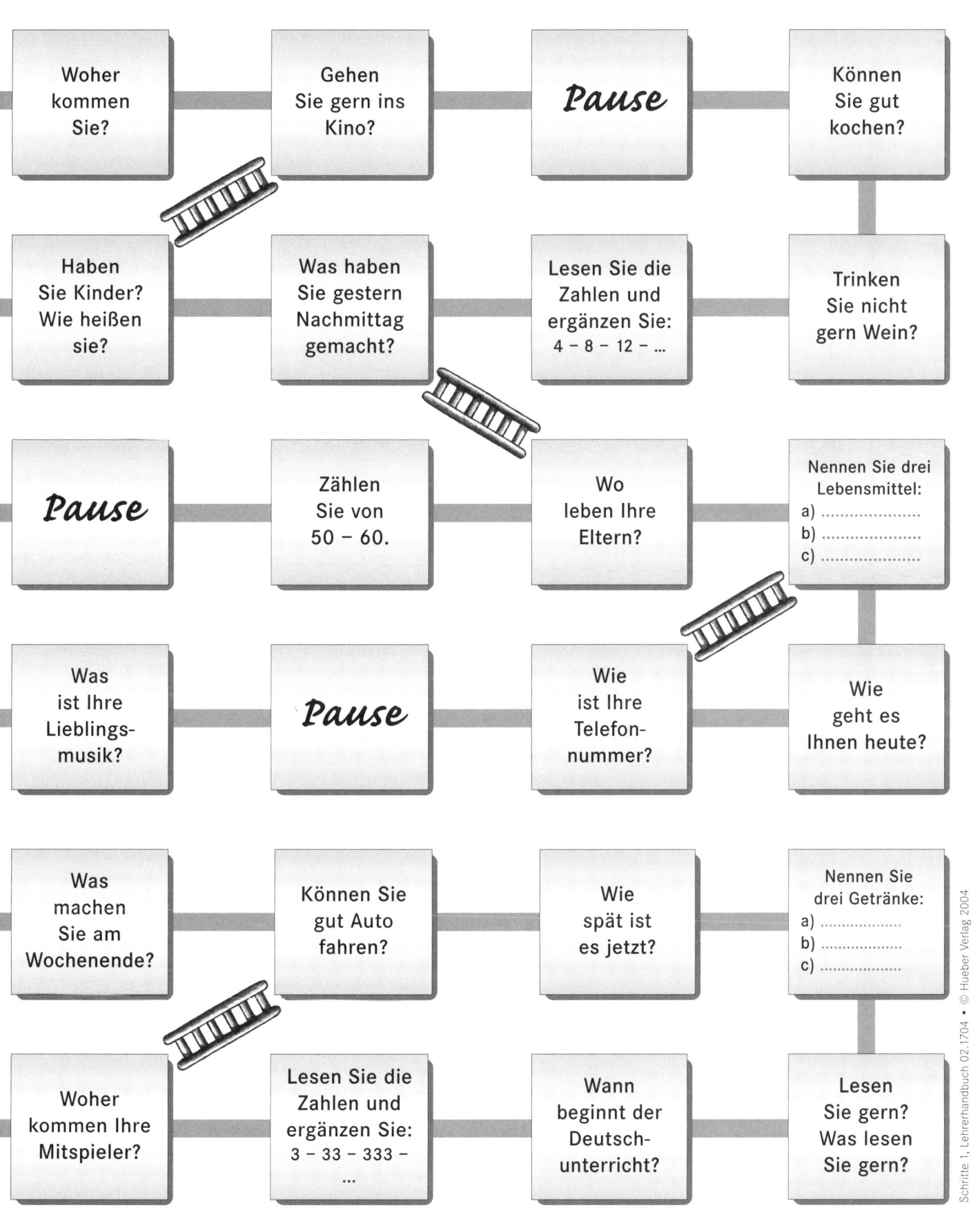

111 KOPIERVORLAGEN

Test zu Lektion 1

Name: ....

1 Ordnen Sie zu.

Guten Morgen   ~~Guten Tag~~   Hallo   Tschüs   Auf Wiedersehen   Guten Abend   Gute Nacht

   a) *Guten Tag.*

   b) ....

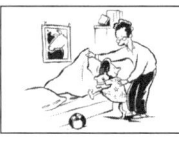   c) ....

   d) ....

   e) ....

Punkte ..... / 6

2 Schreiben Sie Sätze.

Beispiel: ist – Wer – ? – das   *Wer ist das?*

a) bin – Ich – Lara – .

b) du – Wer – ? – bist

c) Frank – heiße – Ich – .

d) komme – Berlin – aus – Ich – .

e) du – ? – Woher – kommst

f) Ich – aus – komme – dem – Irak – .

g) du – Was – sprichst – ?

h) Ich – Persisch – . – spreche.

Punkte ..... / 8

Test zu Lektion 1

3 Schreiben Sie die Fragen.

| Wer bist du? | Was sprichst du? | ~~Woher kommst du?~~ | Wie heißen Sie? | Woher kommen Sie? |
| Wer ist das? | | | | |

Beispiel: Woher kommst du? .... Ich komme aus der Schweiz.

a) W .... Das ist Sara.

b) W .... Ich heiße Martin Müller.

c) W .... Ich bin Klaus.

d) W .... Ich komme aus Russland.

e) W .... Ich spreche Russisch.

Punkte ..... / 5

4 Ordnen Sie das Gespräch.
A: Firma Teletec, Annette Huber, guten Tag.
A: Entschuldigung, wie ist Ihr Name?
M: Ich buchstabiere: M-a-r-t-e-l-e-i-r-a.
M: Oh, danke. Auf Wiederhören.
M: Guten Tag. Mein Name ist Marteleira. Ist Herr Bachmann da?
A: Ah ja, Frau Marteleira. Tut mir leid, Herr Bachmann ist nicht da.
M: Marteleira.
A: Entschuldigung, buchstabieren Sie das bitte.
A: Auf Wiederhören.

Beispiel: A: Firma Teletec, Annette Huber, guten Tag.
           M: Guten Tag. ...

Punkte ..... / 5

5 Was ist eine Adresse? Schreiben Sie.

Punkte ..... / 6

Insgesamt: .... / 30

Bewertungsschlüssel	
30 – 27 Punkte	sehr gut
26 – 23 Punkte	gut
22 – 19 Punkte	befriedigend
18 – 15 Punkte	ausreichend
14 – 0 Punkte	nicht bestanden

Test zu Lektion 2

Name: ....

1 Ergänzen Sie.

Beispiel: Hallo Paul, *wo* wohnst du?

a) .... geht es Ihnen?
d) Wie viele Kinder .... Kathrin?

b) Woher .... Paolo?
e) .... ist Ihre Telefonnummer?

c) Wer .... das?
f) Wie alt .... Ihre Kinder?

Punkte ..... / 6

2 Schreiben Sie: *sie, er*

Beispiel: Das ist Vanessa. *sie* kommt aus Frankreich.

a) Das ist Julius. .... wohnt in München.

b) Das sind Kevin und Uta. .... leben in der Schweiz.

c) Das sind meine Eltern. .... kommen aus Spanien.

d) Das ist Petra. .... wohnt in Süddeutschland.

e) Das sind meine Kinder. .... wohnen in München.

f) Das ist mein Mann. .... kommt aus Tunesien.

Punkte ..... / 6

3 Ergänzen Sie: *mein / meine*

Beispiel: Das ist *mein* Sohn Michael.

a) Das ist .... Tochter Anna.

b) .... Bruder heißt Markus.

c) Ich habe zwei Kinder. .... Kinder sind acht und zehn Jahre alt.

d) .... Eltern heißen Andreas und Isabel.

e) Das ist Barbara, sie ist .... Schwester.

f) .... Mann wohnt in Berlin.

Punkte ..... / 6

Test zu Lektion 2

4 **Machen Sie Sätze.**

| Türkisch. | drei Kinder. | wohnt | ~~Ich~~ | in | Du | Berlin. | sprichst | ~~in~~ | Sie | kommt | Ihr | Er |
| haben | ~~lebe~~ | Wir | seid | aus | Frankreich. | ~~Deutschland~~. | geschieden. | | | | | |

Beispiel: Ich lebe in Deutschland.

a) *Er wohnt …*

b) *Wir haben*

c) *Du sprichst*

d) *Sie kommt*

e) *Ihr seid*

Punkte …… / 5

5 **Ergänzen Sie.**

Beispiel: Das ist Sara. Sie *ist* acht Jahre alt.

a) Das ist Sara. Sie ist acht Jahre alt. Sie ………… in München. Sie ………… zwei Hasen.

Bruno und Tina ………… die Eltern von Sara. Sie haben einen Obst- und Gemüseladen.

Sie ………… in Deutschland.

Brunos Mutter ………… aus Italien.

b) Niko fragt die Hasen: „Und wer ………… ihr? Wie ………… ihr?"

c) Das ist Niko. Er ………… aus der Ukraine. Er ………… in München. Er ………… keine Kinder.

d) Wir ………… Bruno und Tina. Wir ………… aus Deutschland und ………… in München.

Wir ………… eine Tochter.

Punkte …… / 7

Insgesamt: ………… / 30

Bewertungsschlüssel

30 – 27 Punkte	sehr gut
26 – 23 Punkte	gut
22 – 19 Punkte	befriedigend
18 – 15 Punkte	ausreichend
14 – 0 Punkte	nicht bestanden

Test zu Lektion 3

Name: ....

1 **Welches Wort passt nicht?**

Beispiel: Fleisch, Wurst, ~~Reis~~, Fisch

a) Banane, Fleisch, Apfel, Orange

b) Joghurt, Milch, Sahne, Salz

c) Kaffee, Tee, Wasser, Ei

d) Brot, Kuchen, Brötchen, Tomate

e) Käse, Fisch, Schokolade, Wein

f) Pfund, Liter, Dose, Gramm

Punkte ..... / 6

2 **Was passt? Kreuzen Sie an.**

Beispiel: Was sagt man: Das ist ...

☒ eine Tomate ❑ ein Tomate

❑ Tomate ❑ Tomaten

a) Ich kaufe ...

❑ eine Orange ❑ ein Orange

❑ zwei Orange ❑ kein Orange

b) Was ist das? Das ist ...

❑ Fleisch, keine Fisch ❑ Fleisch, kein Fisch

❑ kein Fleisch, Fische ❑ Fleisch, Fische

c) Ich möchte ...

❑ Flaschen Saft ❑ ein Flasche Saft

❑ zwei Flasche Saft ❑ eine Flasche Saft

d) Das ist doch ...

❑ keine Eier! ❑ keine Ei!

❑ kein Ei! ❑ Eier!

Punkte ..... / 4

TEST ZU LEKTION 3 116

Test zu Lektion 3

3 Was passt zusammen? Kreuzen Sie an.

eine Dose	eine Packung	1 Kilo	eine Flasche	ein Becher	
			X		Mineralwasser
					Milch
					Tomaten
					Joghurt
					Kartoffeln
					Salz
					Äpfel
					Sahne

Punkte ..... / 8

4 Einkaufen in Brunos Obst- und Gemüseladen. Schreiben Sie.

Beispiel: Sie suchen etwas. Was sagt Bruno?

　　　Kann ich Ihnen helfen?

a) Sie suchen Salz. Sie fragen Bruno:

　　　..

b) Sie möchten den Preis für ein Kilo Tomaten wissen. Wie fragen Sie?

　　　..

c) Bruno fragt Sie: „Möchten Sie sonst noch etwas?" Sie möchten noch Bananen:

　　　..

d) Bruno hat keine Bananen mehr. Was sagt er?

　　　..

e) Sie möchten nichts mehr. Was sagen Sie?

　　　..

f) Bruno sagt Ihnen den Preis: 3,98 €

　　　..

Punkte ..... / 12

Insgesamt: .... / 30

Bewertungsschlüssel

30 – 27 Punkte	sehr gut
26 – 23 Punkte	gut
22 – 19 Punkte	befriedigend
18 – 15 Punkte	ausreichend
14 – 0 Punkte	nicht bestanden

Test zu Lektion 4

Name: ....

1 **Ergänzen Sie.**

der Balkon   ~~die Wohnung~~   die Toilette   das Wohnzimmer   das Bad   die Küche   das Schlafzimmer

Beispiel: Hier sind Zimmer: *die Wohnung*

a) Dort ist mein Bett: *das* ....

b) Dort sind ein Waschbecken, eine Dusche und eine Badewanne: ....

c) Dort ist kein Schrank, kein Bett, keine Maschine, aber vielleicht ein Stuhl und ein Tisch: ....

d) Hier sind der Kühlschrank und der Herd: ....

e) Nicht das Bad, aber im Bad: ....

f) Hier sind der Fernseher, ein Sofa und ein Tisch: ....

Punkte ..... / 6

2 **Wie heißt das Gegenteil?**

Beispiel: Das Haus ist neu.   Das Haus ist *alt.*

a) Das Haus ist billig.   Das Haus ist ....

b) Die Wohnung ist groß.   Die Wohnung ist ....

c) Das Kinderzimmer ist schön.   Das Kinderzimmer ist ....

d) Der Balkon ist hell.   Der Balkon ist ....

e) Der Flur ist breit.   Der Flur ist ....

Punkte ..... / 5

3 **Wie heißen diese Möbel? Schreiben Sie.**

Beispiel:

Das *ist ein Fernseher.*   *Er ist klein.*

a) Das .... schön.

b) Das .... groß.

Test zu Lektion 4

c) Das .... hässlich.

d) Das .... klein.

e) Das .... neu.

f) Das .... schmal.

g) Das .... alt.

Punkte ..... / 14

4 Schreiben Sie die Fragen.

Beispiel: Ist der Schrank aus der Anzeige noch da? Ja, der ist noch da.

a) .... ? Ungefähr zwei Meter hoch und ein Meter breit.

b) .... ? Ja, er kostet 60 Euro, genau.

c) .... ? In der Müllerstraße 113.

d) .... ? Ja, das ist beim Sendlinger Tor, sehr zentral.

e) .... ? Ja, ich bin da.

Punkte ..... / 5

Insgesamt: .... / 30

Bewertungsschlüssel

30 – 27 Punkte	sehr gut
26 – 23 Punkte	gut
22 – 19 Punkte	befriedigend
18 – 15 Punkte	ausreichend
14 – 0 Punkte	nicht bestanden

Test zu Lektion 5

Name: ....

1 **Wie spät ist es? Schreiben Sie.**

Beispiel: Es ist <u>zehn nach neun</u>.

 a) Es ist ....

 b) Es ist ....

 c) Es ist ....

 d) Es ist ....

 e) Es ist ....

 f) Es ist ....

Punkte ...... /6

2 **Was machen die Personen? Schreiben Sie.**

einkaufen   ~~aufstehen~~   aufräumen   fernsehen   spazieren gehen   Niko anrufen

Beispiel: Robert <u>steht</u> um 7:20 Uhr <u>auf</u>.

 a) Sara ....

 b) Bruno ....

 c) Tina ....

 d) Robert und Sofia ....

 e) Tina ....

Punkte ...... /5

Test zu Lektion 5

3 Ergänzen Sie *um, von ... bis, am* und *in der*.

Beispiel: __Von__ Montag __bis__ Freitag geht Sara zur Schule.

a) .... Wochenende schläft Sara lange.

b) .... Sonntag frühstückt sie erst .... halb elf.

c) Dann spielt sie .... elf .... eins mit Schnuffi und Poppel.

d) .... halb drei kommt Niko zu Besuch.

e) .... Nachmittag gehen alle zusammen ins Kino.

f) Niko isst .... Abend bei Familie Schneider.

g) Er geht .... halb zehn nach Hause.

h) .... Nacht sieht Niko lange fern.

Punkte ..... / 9

4 Bilden Sie Sätze.

Beispiel: Wochenende – Robert – ~~am~~ – lange – schlafen.

Am *Wochenende schläft Robert lange.*

a) frühstücken – um – ~~Robert~~ – 8:30 Uhr – jeden Morgen

Robert ....

b) Robert – ~~um~~ – essen – Pizza – 12:30 Uhr

Um ....

c) ins Kino – am – gehen – Wochenende – ~~Robert und Sofia~~

Robert und Sofia ....

d) Nacht – spazieren – gehen – Robert und Sofia – ~~in der~~

In der ....

e) ~~jeden Tag~~ – Englisch – lernen – Robert

Jeden Tag ....

Punkte ..... / 10

Insgesamt: .... / 30

Bewertungsschlüssel

30 – 27 Punkte	sehr gut
26 – 23 Punkte	gut
22 – 19 Punkte	befriedigend
18 – 15 Punkte	ausreichend
14 – 0 Punkte	nicht bestanden

Test zu Lektion 6

Name: ....

1 Antworten Sie.

Beispiel:

Regnet es?   *Nein, es regnet nicht. Es schneit.*

a) Ist es bewölkt?   ....

b) Regnet es?   ....

c) Ist es kalt?   ....

d) Scheint die Sonne?   ....

e) Ist es warm?   ....

Punkte ..... / 5

2 Ergänzen Sie.

Das   den   Der   die   der   Den   den   Das   Der   das

Beispiel: ■ Verzeihung, wo finde ich *den* Käse?

● *Der* ist gleich hier.

a) ■ Entschuldigen Sie, wo finde ich .... Wein?

● .... ist gleich hier.

■ Und Mineralwasser?

● .... ist gleich dort.

■ Und der Apfelsaft? Wo ist .... ?

● .... finden Sie dort.

Test zu Lektion 6

b) ■ Entschuldigung, wo finde ich ……………… Zucker?

● ……………… ist gleich hier.

■ Und wo ist ……………… Salz?

● ……………… Salz haben wir dort drüben!

■ Ach ja, haben Sie auch Bananen?

● Ja, ……………… sind gleich hier.

Punkte …. / 10

3 Was passt? Tragen Sie die richtige Kombination in die Tabelle ein.

A) Trinken Sie keinen Tee?
B) Möchten Sie ein Glas Wein?
C) Essen Sie gern Kuchen?
D) Trinken Sie keinen Wein?
E) Essen Sie keinen Kuchen?
F) Möchten Sie eine Tasse Kaffee?
G) Essen Sie kein Fleisch?
H) Essen Sie gern Fleisch?

a) Doch, ich esse Fleisch.
b) Doch, ich esse gern Kuchen.
c) Nein, ich trinke keinen Tee.
d) Ja, ich esse gern Fleisch.
e) Doch, ich trinke gern Wein.
f) Ja, ich möchte einen Wein.
g) Nein, ich möchte keinen Kaffee.
h) Ja, ich esse gern Kuchen.

A	B	C	D	E	F	G	H
c							

Punkte …./ 7

4 Was machen die Leute in ihrer Freizeit? Ergänzen Sie.

~~schreiben~~   lesen   fahren   machen   schlafen   spazieren gehen   grillen   tanzen   treffen

Peter *schreibt* einen Brief.

a) Stefan ……………… ein Buch.

b) Tim ……………… mit Freunden ein Picknick.

c) Martin ……………… Fahrrad.

d) Herr Schubert ……………… Würstchen.

e) Stefan ……………… am Sonntag bis 12 Uhr.

f) Martin ……………… am Wochenende Freunde.

g) Sabine und Stefan ……………… gern Tango.

h) Herr Schubert ……………… im Park ……………… .

Punkte …. / 8

Insgesamt: ………… / 30

Bewertungsschlüssel

30 – 27 Punkte	sehr gut
26 – 23 Punkte	gut
22 – 19 Punkte	befriedigend
18 – 15 Punkte	ausreichend
14 – 0 Punkte	nicht bestanden

Test zu Lektion 7

Name: ....

1   **Ergänzen Sie** *können* **und** *wollen*!

Beispiel: Sabine ist krank. Sie *kann* heute nicht zur Schule gehen.

a) Thomas hat gestern viel gearbeitet. Er .... heute lange schlafen.

b) Frau Bachmann hört gern Musik. Sie .... am Wochenende ins Konzert gehen.

c) Wir haben gestern nicht geübt. Wir .... heute kein Diktat schreiben.

d) Die Lehrerin ist krank. Sie .... heute keinen Unterricht machen.

e) Du hast Fieber. Du .... heute nicht zur Arbeit gehen.

f) Hast du heute Abend Zeit? .... wir zusammen ins Kino gehen?

g) Du lernst schon lange Spanisch. .... du schon spanische Bücher lesen?

h) Ich gehe jetzt einkaufen. Was .... du heute Abend essen?

i) Susanne und Werner haben kein Geld. Sie .... kein Auto kaufen.

j) Marion und Svetlana sind gute Freundinnen. Sie .... zusammen eine Wohnung suchen.

Punkte ..... / 10

2   **Ergänzen Sie** *sein* **oder** *haben*.

Beispiel: Heute Morgen *habe* ich viel Kaffee *getrunken* (trinken).

Gestern .... ich viel .... (machen). Zuerst ....

ich in die Schule .... (gehen).

Dort .... wir viel .... (schreiben) und viel

.... (lesen).

Am Nachmittag .... ich zu Karin .... (fahren). Um 16 Uhr

.... auch Niko .... (kommen) und wir ....

im Park .... (spazieren gehen). Dort .... wir Freunde

.... (treffen).

Am Abend .... wir alle zusammen .... (essen), Musik

.... (hören) und auch ein bisschen .... (tanzen).

Das .... viel Spaß .... (machen). Heute morgen

.... ich dann lange .... (schlafen).

Punkte ..... / 13

TEST ZU LEKTION 7   124

Test zu Lektion 7

3 Richtig oder falsch? Lesen Sie den Text und kreuzen Sie dann an.

> Liebe Eltern der Klasse 4a,
>
> am Dienstag, den 27.6., möchte ich mit der Klasse eine Exkursion machen. Ich möchte mit den Kindern an den Staffelsee fahren.
> Das Besondere: Wir wollen nicht mit dem Bus fahren, sondern mit dem Zug. Am See gibt es ein kleines Schwimmbad. Dort können die Kinder schwimmen und Fußball spielen. Am Nachmittag wollen wir auch ein Picknick machen und grillen. Die Kinder brauchen Schwimmsachen, ein Handtuch und Fleisch zum Grillen. Getränke kaufen wir dort.
> Hoffentlich regnet es nicht!
>
> Mit freundlichen Grüßen,
> *Stefanie Bauer*
> Klassenlehrerin 4a

		richtig	falsch
a)	Die Lehrerin heißt Frau Braun.	☐	☒
b)	Die Lehrerin will mit den Kindern am Freitag eine Exkursion machen.	☐	☐
c)	Sie wohnt am Staffelsee.	☐	☐
d)	Die Klasse fährt mit dem Zug.	☐	☐
e)	Am See ist ein Schwimmbad.	☐	☐
f)	Die Kinder können dort Fußball spielen.	☐	☐
g)	Frau Bauer möchte mit den Kindern Picknick machen.	☐	☐
h)	Die Kinder bringen die Getränke mit.	☐	☐

Punkte ..... / 7

Insgesamt: .... / 30

Bewertungsschlüssel

30 – 27 Punkte	sehr gut
26 – 23 Punkte	gut
22 – 19 Punkte	befriedigend
18 – 15 Punkte	ausreichend
14 – 0 Punkte	nicht bestanden

Hörtexte Kursbuch

Lektion 1 Guten Tag. Mein Name ist ...
Folge 1: „Nikolaj Miron"
Nikolaj: Hm ...
Nikolaj: Hm ... Hans Müller ... Rosenheimer Straße 118 ... Hm ...
Nikolaj: Guten Tag!
Sara: Hallo!
Nikolaj: Äh, Hans Müller?
Sara: Papa! Papa!
Nikolaj: Ah!
Sara: Das ist Schnuffi. Und das ist Poppel. Ich bin Sara. Und wie heißen Sie?
Nikolaj: Ich heiße Nikolaj.
Bruno: Guten Tag!
Sara: Das ist Nikolaj.
Nikolaj: Mein Name ist Nikolaj Miron. Ich komme aus der Ukraine.
Bruno: Ja? Bitte?
Nikolaj: Hans Müller? Rosenheimer Straße 118?
Bruno: Ach so! Nein, ich bin nicht Herr Müller. Ich heiße Schneider, Bruno Schneider.
Bruno: Dort ist die Rosenheimer Straße 118!
Nikolaj: Ah! Danke! Vielen Dank!
Sara: Tschüs, Nikolaj!
Nikolaj: Auf Wiedersehen, Sara!

Schritt A   A1
Nikolaj: Guten Tag.
Sara: Hallo.
Nikolaj: Auf Wiedersehen.
Sara: Tschüs.

Schritt A   A2
vgl. Kursbuch Seite 10

Schritt B   B2
vgl. Kursbuch Seite 11

Schritt C   C1
vgl. Kursbuch Seite 12

Schritt D   D1
vgl. Kursbuch Seite 13

Schritt D   D4
vgl. Kursbuch Seite 13

Lektion 2 Meine Familie
Folge 2: „Pipsi und Schnofferl"
Nikolaj: Äh, guten Tag!
Tina: Hallo!
Nikolaj: Entschuldigung ...
Tina: Ja, bitte?
Nikolaj: Wo ist denn Sara? Und wo ist Bruno?
Tina: Wie bitte? Wer sind Sie denn?
Nikolaj: Oh, Entschuldigung! Mein Name ist ...
Tina: Moment mal! Bruno! Bruno!
Bruno: Hey! Das ist doch Herr, äh ...
Nikolaj: Miron. Nikolaj Miron.
Bruno: Ja, richtig! Na, wie geht's, Herr Miron?
Nikolaj: Danke, sehr gut!
Tina: Ach so! Ihr kennt euch!?
Bruno: Ja. Das ist meine Frau.
Nikolaj: Guten Tag.
Tina: Hallo.
Bruno: Und das ist Herr Miron. Er kommt aus Russland. Er wohnt hier in der Rosenheimer Straße.
Nikolaj: Nein, nein, ich komme nicht aus Russland. Ich komme aus der Ukraine. Meine Mutter und mein Bruder leben in Kiew. Aber jetzt wohne ich hier in München.
Tina: Ah, da kommt Sara! Hallo!
Sara: Hallo!
Bruno: Na, mein Kind? Wie geht's?
Sara: Gut! Hallo, Nikolaj!
Nikolaj: Hallo, Sara! Guck mal, Sara: hier ist Futter.
Sara: Futter?
Nikolaj: Ja. Für Pipsi und Schnofferl.
Sara: Pipsi? Schnofferl? Oh Mann, Nikolaj!
Nikolaj: Was ist denn?
Sara: Sie heißen Schnuffi und Poppel, verstehst du?
Nikolaj: Oh, Entschuldigung! Hier bitte! Guten Appetit, Schnuffi und Poppel. Richtig?
Sara: Ja, das ist richtig.

Schritt A   A1
1 Tina: Wie geht's?
   Nikolaj: Super.

2 Bruno: Wie geht's?
   Nikolaj: Danke, sehr gut.

3 Sara: Wie geht's?
   Nikolaj: Gut, danke.

4 Mann: Wie geht's?
   Nikolaj: Na ja, es geht.

5 Frau: Wie geht's?
   Nikolaj: Ach, nicht so gut.

Schritt A   A2
vgl. Kursbuch Seite 18

Schritt B   B1
A Bruno: Das ist Tina, meine Frau. Und das da ist meine Tochter Sara.

B Sara: Das sind meine Eltern. Mein Vater heißt Bruno, meine Mutter heißt Tina.

C Nikolaj: Das hier ist mein Bruder.
   Bruno: Und das ...? Wer ist das?

Hörtexte Kursbuch

Schritt B   **B2**
A Rebecca: Ach, hallo Simon. Wie geht's?
   Simon: Hallo, Rebecca.
   Rebecca: Simon, das ist meine Familie: Das ist mein Mann Holger ...
   Simon: Hallo!
   Holger: Hallo!
   Rebecca: ... und das sind meine Kinder: mein Sohn Manuel und meine Tochter Lea.
   Manuel: Hi!
   Lea: Hallo!
   Simon: Freut mich.

B Lukas: Hallo, Tino!
   Tino: Hallo, Lukas! Wer ist das denn?
   Lukas: Ach, das ist meine kleine Schwester und das da ist mein Bruder. Ich muss heute auf sie aufpassen.

Schritt C   **C1**
A Nikolaj: Ich komme aus der Ukraine. Ich wohne in München, in der Rosenheimer Straße. Meine Mutter und mein Bruder leben in Kiew.

B Sara: Ich bin Sara. Ich habe zwei Hasen, sie heißen Schnuffi und Poppel.

C Bruno: Ich lebe in München. Meine Mutter kommt aus Italien. Meine Eltern wohnen nicht in München, sie leben in Nürnberg.

Schritt C   **C3**
vgl. Kursbuch Seite 20

Schritt D   **D1**
vgl. Kursbuch Seite 21

Schritt D   **D2**
a Die gewünschte Rufnummer lautet: 13 16 20. Die Vorwahl lautet ...

b Die gewünschte Rufnummer lautet: 19 16 10. Die Vorwahl lautet ...

c Die gewünschte Rufnummer lautet: 19 15 12. Die Vorwahl lautet ...

Schritt D   **D3**
vgl. Kursbuch Seite 21

Schritt E   **E3/E4**
a Hallo! Mein Name ist Winkler, Hanne Winkler. Ich lebe seit zwei Jahren im Norden von Deutschland, in Hamburg. Ich bin verheiratet. Mein Mann heißt Sven. Kinder haben wir noch keine.

b Guten Tag! Ich heiße Ashraf Shabaro. Ich komme aus Syrien und lebe seit 20 Jahren hier in Berlin. Meine Mutter lebt in Syrien, mein Vater ist schon lange tot. Meine Frau heißt Hilde, sie ist Deutsche. Wir haben drei Kinder. Sie sind siebzehn, dreizehn und zehn Jahre alt. Alle drei sprechen Arabisch und Deutsch.

c Servus! Ich wohne in Wien. Das ist super, hier ist immer etwas los. Ach ja, ich heiße Thomas Gierl. Ich bin noch ledig, leider!

d Grüezi! Ich heiße Margrit Ehrler und wohne in der Schweiz, in Zürich. Mein Mann Karl und ich leben schon lange hier. Wir haben einen Sohn. Er ist zwölf Jahre alt und heißt Jakob, und wir haben auch eine Tochter. Sie heißt Lisa und ist noch ein Baby.

Lektion 3   Einkauf
Folge 3: „Kennen Sie *fan-fit*?"
Nikolaj: Hm ... das ist doch keine Sahne, oder? Nein, das ist ein Joghurt. Wo ist denn hier die Sahne?
Nikolaj: Fleisch, saure Sahne, Brot, Wasser, hm ... ich habe alles, nur kein Salz.
Verkäuferin: Hallo! Kennen Sie schon *fan-fit*?
Nikolaj: Nein. Was ist das?
Verkäuferin: *fan-fit* ist ein neues Getränk für Sportler.
Nikolaj: Ich möchte eigentlich ...
Verkäuferin: Hier, probieren Sie doch einfach mal! Das ist *fan-fit*-Apfel. Und das ist *fan-fit*-Banane ...
Nikolaj: Ich brauche ...
Verkäuferin: Eine Flasche *fan-fit* kostet 2 Euro, vier Flaschen kosten nur 7 Euro 10 und zwölf Flaschen nur 23 Euro 50!
Nikolaj: Äh, haben Sie auch Salz? Ich brauche nämlich Salz.
Verkäuferin: Äh, was? Salz? Ich, äh ...
Nikolaj: Ach ja! Da ist es ja! Vielen Dank! Und auf Wiedersehen!
Verkäuferin: Hallo! Kennen <u>Sie</u> schon *fan-fit*? Hier, probieren Sie doch einfach mal! Das ist *fan-fit*-Apfel.

Schritt A   **A2**
vgl. Kursbuch Seite 26

Schritt B   **B1**
A Nikolaj: Das ist doch keine Sahne, oder? Nein, das ist ein Joghurt.

B Nikolaj: Ist das eine Tomate?
   Sara: Nein, das ist keine Tomate. Das ist ein Apfel.

Schritt B   **B2**
vgl. Kursbuch Seite 27

Schritt C   **C1**
Eine Flasche *fan-fit* kostet 2 Euro. Vier Flaschen kosten nur 7 Euro 10.

Hörtexte Kursbuch

Kennen Sie die neue Apfelsorte aus Südafrika? Ein Apfel kostet 10 Cent, 12 Äpfel kosten nur einen Euro. Probieren Sie und nehmen Sie gleich ein paar leckere Äpfel mit nach Hause.

Möchten Sie die Neuheit probieren? Brötchen aus Kartoffelmehl. Sechs Stück für 1 Euro 10. Sie essen lieber Brot? Dann nehmen Sie Brot aus Kartoffelmehl für nur 2 Euro 20.

Schritt D   D1
vgl. Kursbuch Seite 29

Schritt D   D2

a In unserer Backwarenabteilung findet heute eine besondere Aktion statt: Sie erhalten 5 Brötchen für nur 85 Cent. Ein Kilo feinstes Roggenbrot kostet 1 Euro 65. Schauen Sie doch einmal vorbei!

b Verehrte Kunden! Unser Angebot heute: ein Kilo Äpfel kostet 1,99, ein Kilo Bananen 99 Cent und ein Kilo Tomaten 2,99. Kommen Sie in unsere Obst- und Gemüseabteilung.

c Bitte beachten Sie unsere Sonderangebote: Putenfleisch 5 Euro 40 das Kilo, Mineralwasser 42 Cent pro Flasche und Eier 2 Cent das Stück.

d Obst ist teuer? Nicht bei uns! Viele Obstsorten gibt es heute zum Sonderpreis von 21 Cent pro 100 Gramm. Auch an unserer Käsetheke finden Sie besonders günstige Preise. 100g Emmentaler nur 89 Cent. Also, schnell zugreifen!

Schritt E   E1
Verkäuferin: Guten Tag. Bitte schön?
Kundin: Ein Kilo Kartoffeln bitte.
Verkäuferin: Ja, gern. Sonst noch etwas?
Kundin: Ja, ich brauche ein Pfund Äpfel.
Verkäuferin: Tut mir leid. Wir haben keine Äpfel mehr.
Kundin: Haben Sie Bananen?
Verkäuferin: Ja. Möchten Sie Bananen?
Kundin: Ja, bitte. Was kostet ein Kilo?
Verkäuferin: 1 Euro 69.
Kundin: Gut. Dann ein Kilo.
Verkäuferin: Sonst noch etwas?
Kundin: Nein, danke. Das ist alles.
Verkäuferin: Das macht dann 2 Euro 38.

Lektion 4   Meine Wohnung
Folge 4: „Sara hat Hunger."
Nikolaj: Hallo! Guten Abend!
Bruno, Tina: Hallo!
Sara: Mmm, hier riecht's aber gut! Ich hab solchen Hunger!
Nikolaj: Das ist prima, Sara! Der Borschtsch ist schon fertig.
Sara: Der was?
Bruno: Hier, bitte! Wein aus Italien.
Nikolaj: Oh, vielen Dank, Herr Schneider!

Nikolaj: Na? Wie gefällt Ihnen die Wohnung?
Tina: Ganz gut. Und was meinst du, Bruno?
Bruno: Das Zimmer ist aber nicht groß.
Nikolaj: Stimmt, es ist sehr klein. Aber ich habe nicht viele Möbel.
Sara: Papa! Papa, ich hab Hunger. Und ich habe Durst.
Bruno: Ja, gleich, Sara!
Tina: Entschuldigung, Herr Miron. Wo ist denn das Bad?
Nikolaj: Das Bad ist dort. Aber Vorsicht! Es ist auch sehr klein.
Sara: Papa!
Bruno: Ja! Gleich!
Bruno: Was kostet denn die Wohnung?
Nikolaj: Sie ist nicht billig: 650 Euro im Monat.
Bruno: Boah, das ist aber teuer!
Nikolaj: Na ja.
  Also, Prost, Frau Schneider! Prost, Herr Schneider!
Bruno, Tina: Prost.
Tina: Ach was, ist es nicht besser, wir sagen „Du"?
Nikolaj: Ja, gerne!
Bruno: Gute Idee!
Tina: Also, ich heiße Tina.
Bruno: Und ich Bruno.
Nikolaj: Ich bin Nikolaj. Prost!
Tina: Sagt mal, wo ist eigentlich Sara?
Bruno, Tina: Sara! Hhhh!
Sara: Hmm, ich weiß immer noch nicht, was Borschtsch ist. Aber es schmeckt total gut!

Schritt A   A1
vgl. Kursbuch Seite 34

Schritt A   A2
vgl. Kursbuch Seite 34

Schritt B   B1
Niko: Na? Wie gefällt Ihnen die Wohnung?
Tina: Ganz gut. Und was meinst du, Bruno?
Bruno: Das Zimmer ist nicht groß.
Niko: Stimmt. Es ist sehr klein.

Schritt B   B3
vgl. Kursbuch Seite 35

Schritt D   D1
Bruno: Was kostet denn die Wohnung?
Niko: Sie ist nicht billig: 650 Euro im Monat.
Bruno: Das ist aber teuer.

Schritt D   D2
vgl. Kursbuch Seite 37

Schritt D   D3
a 100   b 2055
c 340   d 6973
e 88 000   f 600 000

Hörtexte Kursbuch

Schritt E   E2/E3
Herr Welker: Welker.
Frau Baumann: Guten Abend. Hier ist Monika Baumann. Ist der Computertisch aus der Anzeige noch da?
Herr Welker: Ja.
Frau Baumann: Wie groß ist er denn?
Herr Welker: Ungefähr 2 Meter lang und 60 Zentimeter breit.
Frau Baumann: Prima. Und er kostet 60 Euro, richtig?
Herr Welker: Ja, genau.
Frau Baumann: Wo wohnen Sie denn?
Herr Welker: In der Paul-Heyse-Straße 41.
Frau Baumann: Ist das in der Stadt?
Herr Welker: Ja, am Hauptbahnhof.
Frau Baumann: Aha, gut. Sind Sie heute zu Hause?
Herr Welker: Ja, ich bin da.
Frau Baumann: Gut, dann komme ich gleich. In Ordnung?
Herr Welker: Ja, gern. Danke für den Anruf.

Lektion 5   Mein Tag

Folge 5: „Nur ein Spiel!"
Sara: Bitte Mama! Nur ein Spiel!
Tina: Nein, Sara, heute nicht mehr. Es ist schon neun Uhr.
Sara: Ach, bitte.
Tina: Nein, Sara, ich bin so müde!
         Schau mal, jeden Morgen mache ich das Frühstück, dann bringe ich dich zur Schule, ich kaufe im Supermarkt ein, ich koche, ich putze, ich räume die Wohnung auf, helfe im Laden, …
Sara: Och! Spielst du mit mir, Papa?
Bruno: Nein.
Sara: Och! Warum denn nicht?
Bruno: Ich bin auch zu müde, mein Schatz!
         Schau, ich stehe von Montag bis Freitag jeden Tag um 5 Uhr auf und fahre zur Großmarkthalle. Von 7 Uhr morgens bis 7 Uhr abends arbeite ich im Laden. Und dann mache ich auch noch die Kasse.
         Wir spielen am Sonntag, okay?
Sara: Na und? Ich bin auch müde. Ich gehe jeden Vormittag in die Schule, jeden Nachmittag mache ich Hausaufgaben und zwei Mal in der Woche gehe ich auch noch zum Tanzkurs.
         Aber ich bin nicht so wie Mama und Papa! Ich spiele mit euch!

Schritt A   A1
vgl. Kursbuch Seite 42

Schritt A   A2/A3
1 Oh Gott, schon zwanzig nach sieben!

2 ● Mensch, wo bleibst du denn? Immer kommst du zu spät. Es ist schon zehn vor vier. Um halb vier wolltest du da sein!
   ■ Ja, ich weiß. Tut mir leid.

3 ● Oh, ist es schon zwölf?
   ■ Nein, erst fünf vor zwölf. Schnell, hol den Champagner. Es ist gleich so weit!

4 ● Mann, ist das langweilig!
   ■ Es ist schon fünf vor halb eins. Nur noch fünf Minuten.

Schritt B   B2
(Sie hören Geräusche zu: aufstehen, Frühstück machen, arbeiten, einkaufen, kochen, aufräumen und fernsehen)

Schritt C   C1
A Bruno: Ich stehe von Montag bis Freitag um 5 Uhr auf.

B Tina: Ich stehe am Samstag um 10 Uhr auf.

C Sara: Ich stehe am Sonntag erst um halb zwölf auf.

Schritt C   C2
vgl. Kursbuch Seite 44

Schritt C   C3
■ Sprachschule Lingua, guten Tag.
● Guten Tag. Mein Name ist Shalabi. Ich möchte einen Deutschkurs machen.
■ Ja, gern. Wann haben Sie denn Zeit? Der Intensivkurs zum Beispiel ist jeden Tag von 9 bis 12 Uhr.
● Nein, das geht nicht. Da arbeite ich. Haben Sie auch einen Kurs am Abend?
■ Ja, am Montag- und Mittwochabend von 6 bis halb 8.
● Oh ja, das passt gut. Kann ich zum Test vorbeikommen?

Schritt D   D1
Robert: Ja, hallo?
Mutter: Robert? Bist du's? Hier ist Mama. Sag, Robert, wann kommst du morgen?
Robert: Ach Mama, ich komme nicht. Ich habe keine Zeit. Morgen arbeite ich den ganzen Tag. Am Abend kaufe ich noch ein und habe Englischkurs. Ich schaffe es wirklich nicht, morgen vorbeizukommen …

Schritt E   E2
1 Hallo, liebe Fitnessfreunde! Unser Studio ist von Montag bis Freitag von 9 Uhr 30 bis 23 Uhr geöffnet, am Samstag von 9 bis 16 Uhr und am Sonntag von 9 bis 12 Uhr 30. In dieser Zeit können Sie uns auch telefonisch erreichen. Also, bis dann!

2 …Bad Reichenhall. Sie rufen außerhalb unserer Öffnungszeiten an. Sie erreichen uns von Montag bis Mittwoch von 8 bis 16 Uhr, am Donnerstag von 7 Uhr 30 bis 18 Uhr und am Freitag von 8 bis 13 Uhr 30. Vielen Dank für Ihren Anruf. Guten Tag. Das ist das Arbeitsamt Bad Reichenhall …

Hörtexte Kursbuch

3 Guten Tag. Sie haben die Nummer der Praxis Dr. Annette Krönke gewählt. Unsere Sprechzeiten sind von Montag bis Donnerstag, 8 Uhr 30 bis 16 Uhr 30 und am Freitag von 9 bis 12 Uhr. In dringenden Fällen wenden Sie sich bitte an Herrn Dr. Weber, Telefon 069/448810.

4 Liebe Kundinnen, unsere Salon ist vom 01. August bis zum 08. August wegen Betriebsurlaub geschlossen. Sie erreichen uns wieder ab dem 09. August zu den gewohnten Geschäftszeiten, von Dienstag bis Freitag, 9 bis 18 Uhr 30 und Samstag, 8 bis 13 Uhr. Vielen Dank, dass Sie uns die Treue halten und auf Wiederhören.

Schritt E   E3
Guten Tag. Hier ist die Touristeninformation der Stadt Hamburg. Unser Büro ist zur Zeit leider nicht besetzt. Sie erreichen uns von Montag bis Freitag von 9 Uhr bis 12 Uhr 30 und von 14 Uhr bis 16 Uhr 30. Am Samstag sind wir von 8 bis 12 Uhr für Sie da. Wir freuen uns auf Ihren Besuch.

Lektion 6   Freizeit
Folge 6: „Grill-Cola"

Tina: Wie ist denn das Wetter?
Bruno: Äh, nicht so schön. Es regnet.
Tina: Also kein Picknick heute! Sehr gut!
Bruno: Doch! Natürlich machen wir das Picknick!
Tina: Nein, Bruno! Bei Regen geh ich nicht raus!
Bruno: Ätsch! Es regnet gar nicht! Hier, guck mal: Die Sonne scheint. Ein tolles Wetter ist heute! Ein richtiges Super-Picknick-Wetter!
Tina: Witzbold!
Bruno: Hast du den Fisch, Tina?
Tina: Ja.
Bruno: Und wo ist der Salat? Hast du den Salat?
Tina: Ja! Den hab ich auch.
Bruno: Aber das Brot? Du hast das Brot nicht dabei!
Tina: Doch! Da ist es. Und du? Hast du die Getränke?
Bruno: Ich? Natürlich! Ich habe alles.
Sara: Hast du auch Cola dabei, Papa?
Bruno: Nein. Es gibt Wasser und Apfelsaft.
Sara: Och! Ich will Cola haben!
Tina: Du bekommst aber keine Cola, Sara!
Sara: Och, Mann!
Bruno: Ruhe jetzt!
Bruno: Äh, und noch was, Niko: Bring bitte Kohle mit! Ja, ja, ich weiß: Heute ist Sonntag. Die Geschäfte sind zu. Aber die Tankstellen sind geöffnet. Ja? ... Super! ... Danke, Niko!
Niko: Hallo!
Bruno,
Tina, Sara: Hallo, Niko! Da kommst du ja endlich!
Bruno: Hast du ...?
Niko: Na klar! Hier, bitte!
Sara: Ui toll! Cola!
Bruno: Nein, nein! Doch nicht COLA! KOHLE! Verstehst du? Kohle für den Grill!
Niko: So. Eine Viertelstunde noch, dann grillen wir.
Tina: Siehst du, Bruno? Es geht auch ohne Kohle.
Sara: Aber nicht ohne Cola!

Schritt A   A2
Tina: Wie ist denn das Wetter?
Bruno: Nicht so schön. Es regnet.
Tina: Also kein Picknick heute! Sehr gut!
Bruno: Es regnet gar nicht! Hier, guck mal: Die Sonne scheint.

Schritt B   B1
vgl. Kursbuch Seite 51

Schritt B   B2
a ◆ Hast du alles eingekauft? Und wo ist der Käse? Wir brauchen doch Käse!
  ● Oje, ich habe ja den Käse vergessen.

b ◆ So so, und der Tee, hm?
  ● Oje, ich habe ja auch den Tee vergessen.

c ◆ Aha, und das Fleisch?
  ● Oje, ich habe das Fleisch vergessen.

d ◆ So! Und die Kartoffeln?
  ● Tut mir leid. Aber ich habe auch die Kartoffeln vergessen.

e ◆ Ja, und wo ist der Wein?
  ● Oh nein, ich habe leider auch den Wein vergessen.

f ◆ Gut. Aber das Salz?
  ● Also, das Salz habe ich auch vergessen. Zu dumm. Aber schau, hier ist die Schokolade. Die Schokolade habe ich nicht vergessen!

Schritt C   C1
vgl. Kursbuch Seite 52

Schritt C   C2
■ Ist der Grill dabei?
◆ Ja.
● Nein.

■ Spielen Sie nicht Fußball?
◆ Doch.
● Nein.

Und jetzt Sie. Hören Sie die Fragen und antworten Sie mit „Ja" oder „Doch" und „Nein".

■ Ist der Grill dabei?
◆ Ja.
● Nein.

■ Spielen Sie nicht Fußball?
◆ Doch.
● Nein.

Hörtexte Kursbuch

- ■ Arbeiten Sie am Samstag?
- ◆ Ja.
- ● Nein.

- ■ Sprechen Sie Deutsch?
- ◆ Ja.
- ● Nein.

- ■ Fahren Sie nicht gern Auto?
- ◆ Doch.
- ● Nein.

- ■ Essen Sie keine Schokolade?
- ◆ Doch.
- ● Nein.

- ■ Gehen Sie heute Abend ins Kino?
- ◆ Ja.
- ● Nein.

- ■ Haben Sie keine Kinder?
- ◆ Doch.
- ● Nein.

Schritt C   C3
- ◆ Aah, ist das Wetter heute schön! So richtiges Picknick-Wetter! Möchten Sie einen Tee?
- ● Ja, ich trinke gern einen Tee. Vielen Dank.
- ◆ Ah, Sie möchten keinen Tee?
- ● Doch! Ich trinke gern einen Tee.

Schritt C   C4
- ◆ Aah, ist das Wetter heute schön! So richtiges Picknick-Wetter! Möchten Sie einen Tee?
- ● Ja, ich trinke gern einen Tee. Vielen Dank.
- ◆ Ah, Sie möchten keinen Tee?
- ● Doch! Ich trinke gern einen Tee.
- ◆ Also, keinen Tee! Hmm, vielleicht Apfelsaft? Möchten Sie einen Apfelsaft?
- ● Ja gern. Ich trinke gern einen Apfelsaft.
- ◆ Ach, Sie möchten also keinen Apfelsaft?
- ● Doch! Ich trinke gern einen Apfelsaft.
- ◆ Und wie ist es mit Cola? Möchten Sie eine Cola?
- ● Gut. Von mir aus. Ich trinke gern eine Cola.
- ◆ Ach, Sie möchten auch keine Cola?
- ● Doch! Ich sagte: Ich trinke gern eine Cola.
- ◆ Na, macht nichts. Ich habe auch Wasser da. Möchten Sie ein Wasser?
- ● Na gut. Ja, ich trinke gern ein Wasser, wenn Sie welches haben.
- ◆ Ach, Sie möchten auch kein Wasser?
- ● Doch!!! Ich trinke gern ein Wasser!!!
- ◆ Ja, was möchten Sie denn? Ich weiß wirklich nicht, was ich Ihnen noch anbieten soll ...

Schritt E   E1

a   Schönen guten Morgen nach Weiden! Bewölkt bei 10 Grad, Hof meldet ebenfalls bewölkt, 11 Grad, und Passau Regen, 9 Grad.

b   Auf der B381 ereignete sich am Morgen ein schwerer Unfall. Drei Personen wurden verletzt. Das Wetter: Der Regen lässt allmählich nach und die Temperaturen steigen auf 18 Grad. Morgen scheint dann überall die Sonne und am Donnerstag wird es so richtig warm mit Temperaturen um 24 Grad. Das waren die Nachrichten.

c   Das Wetter heute in Sachsen: viel Regen, viele Wolken und Wind. Temperaturen 8 bis 12 Grad. A 9 Nürnberg – Berlin, Zwischen Eisenberg und Naumburg drei Kilometer Stau nach einem Unfall ...

Lektion 7   Kinder und Schule
Folge 7: „Fieber? So so!"

Bruno: Sara! Sara! Das Frühstück ist fertig. Na, wie hast du geschlafen?
Sara: Ganz schlecht, Papa! Mir geht's gar nicht gut. Ich kann heute nicht in die Schule gehen.
Bruno: Was hast du denn, mein Schatz?
Sara: Ich glaube, ich habe Fieber. Und mein Bauch tut weh!
Bruno: Oje! Du Arme! Hast du gestern was Schlechtes gegessen?
Sara: Hm, vielleicht. Kannst du in der Schule anrufen, Papa?
Bruno: Klar! Mach ich gleich! Wie heißt deine Lehrerin?
Sara: Sie heißt Frau Müller.
Bruno: Ach, richtig.
Tina: Was machst du da? Kann ich dir helfen?
Bruno: Ich will Saras Lehrerin anrufen. Hast du den Zettel mit der Telefonnummer gesehen?
Tina: Warum willst du Frau Müller anrufen?
Bruno: Sara ist krank. Sie kann heute nicht in die Schule gehen.
Tina: Aha!
Bruno: Was heißt: Aha?
Tina: Aha heißt: Ich habe verstanden.
Bruno: Ach, klär du das. Ich gehe jetzt in den Laden.
Tina: Du hast kein Fieber. Du kannst in die Schule gehen.
Sara: Ich will aber nicht in die Schule gehen.
Tina: Du hast 36,3.
Sara: Trotzdem!
Tina: Ihr schreibt heute ein Diktat, stimmt's? Ich hab dir das gestern fünf Mal gesagt. Trotzdem hast du gestern nichts gelernt. Pass auf! Du ziehst dich jetzt ganz schnell an und dann lernen wir beim Frühstück noch ein bisschen, ja? Wollen wir es so machen?
Sara: Hm-hm.
Tina: Dann komm jetzt! Wir schaffen das schon.
Tina: Also dann tschüs, Sara. Mach's gut.
Sara: Tschüs, Mama.
Sara: Hallo!

Hörtexte Kursbuch

Tina,
Bruno: Hallo, Schatz!
Bruno: Na, geht's dir wieder gut?
Sara: Ja, du Papa, ich bin doch in die Schule gegangen.
Bruno: Das weiß ich schon.
Tina: Und? Habt ihr das Diktat geschrieben?
Sara: Stellt euch vor: Wir schreiben das Diktat erst morgen. Frau Müller ist krank. Sie ist heute zu Hause geblieben.

Schritt A   A1

a   Sara: Mir geht's gar nicht gut. Ich kann heute nicht in die Schule gehen.

b   Bruno: Sara hat Fieber. Sie kann heute nicht in die Schule gehen.

c   Tina: Du hast kein Fieber. Du kannst in die Schule gehen.

Schritt A   A2
vgl. Kursbuch Seite 58

Schritt B   B1
vgl. Kursbuch Seite 59

Schritt C   C1

A   Bruno: Na, wie hast du geschlafen?

B   Bruno: Hast du den Zettel mit der Telefonnummer gesehen?

C   Tina: Du hast kein Fieber. Du hast gestern nichts gelernt.

D   Tina: Habt ihr das Diktat geschrieben?

Schritt C   C4
vgl. Kursbuch Seite 60

Schritt D   D1
Bruno: Hallo, Sara!
Sara: Oh, hallo Papa!
Bruno: Erzähl mal: Was hast du heute Schönes gemacht?
Sara: Na ja, am Morgen bin ich in die Schule gegangen, wie immer. Danach bin ich mit Mama in den Supermarkt gefahren und wir haben gaaanz viel eingekauft. Am Nachmittag bin ich mit Niko spazieren gegangen und dann ist Katja gekommen und wir haben gespielt.
Bruno: Na, das hört sich ja gut an. Das war bestimmt ein schöner Tag.

Schritt D   D3
vgl. Kursbuch Seite 61

Schritt E   E3
Sekretärin: Johann-Gutenberg-Schule, Sekretariat, Behrens.
Frau Kerner: Guten Morgen, Frau Behrens. Mein Name ist Kerner. Ich bin die Mutter von Sebastian.
Sekretärin: Ah, guten Morgen, Frau Kerner.
Frau Kerner: Mein Sohn geht in die Klasse 3c. Er kann heute nicht in die Schule kommen. Er ist krank. Deshalb kann er auch leider nicht zum Spadener See mitfahren.
Sekretärin: Oh, das tut mir leid. Ich sage es seiner Lehrerin. Und gute Besserung!
Frau Kerner: Vielen Dank. Auf Wiederhören.
Sekretärin: Wiederhören.

Hörtexte Arbeitsbuch

Lektion 1   Guten Tag. Mein Name ist …
Schritt A   Übung 1
Tschüs!
Guten Abend!
Auf Wiedersehen!
Danke!
Morgen!
Guten Tag!
Nacht!

Schritt A   Übung 2
vgl. Kursbuch Seite 66

Schritt B   Übung 5
vgl. Kursbuch Seite 67

Schritt B   Übung 6
vgl. Kursbuch Seite 67

Schritt C   Übung 11

A   Guten Tag, ich heiße Karim Rochdi. Ich komme aus Teheran. Das ist im Iran. Jetzt bin ich in Deutschland, in Köln. Ich spreche Persisch, Arabisch und Deutsch.

B   Ja, hallo, ich bin Heidi aus Berlin, aus Deutschland. Ich komme eigentlich aus Frankfurt. Aber jetzt bin ich schon vier Jahre in Berlin. Ich spreche Deutsch – natürlich – Englisch und ein bisschen Russisch.

C   Mein Name ist Jan Novak. Ich bin aus Polen und jetzt schon 10 Jahre in Deutschland. Ich spreche Polnisch, Russisch und gut Deutsch.

Schritt D   Übung 17
vgl. Kursbuch Seite 71

Lektion 2   Meine Familie
Schritt A   Übung 1
vgl. Kursbuch Seite 74

Schritt B   Übung 11
vgl. Kursbuch Seite 76

Schritt E   Übung 29
● Guten Tag, meine Damen und Herren. Ich freue mich, dass Sie alle hier sind, in Berlin. Ich begrüße ganz herzlich Herrn und Frau Maritschek aus Österreich.
▼ Servus, ich bin die Gabi Maritschek aus Wien. Und das ist mein Mann.
Mann: Grüß Gott.
● Und hier unsere beiden Kollegen aus der Schweiz – herzlich Willkommen.
◆ Salü, ich bin die Evi, und ich komme aus Bern.
▲ Gruezi miteinand, ich heiße Markus Wiesner. Ich komme aus Basel.
● Aus Süddeutschland kommen Frau Meindl und Frau Pfleiderer.
▶ Grüß Gott. Ich bin Annette Pfleiderer aus Stuttgart.
Ja, und ich bin Uschi Meindl aus München, grüß Gott.
● Und das ist unser Kollege aus dem Norden.
✖ Moin, Moin, ich bin Ulf aus Lübeck.
● So, nun will ich Ihnen erst mal unser Seminarprogramm vorstellen …

Lektion 3   Einkauf
Schritt A   Übung 1
vgl. Kursbuch Seite 84

Schritt B   Übung 10
vgl. Kursbuch Seite 87

Schritt D   Übung 18
vgl. Kursbuch Seite 90

Schritt D   Übung 19
A   vier – neun – sechs – fünf

B   neununddreißig – dreiundsechzig – dreizehn

C   fünf – zweiunddreißig – dreiundzwanzig

D   null – sieben – sechs – drei – drei – acht – siebzehn – neunundzwanzig

Schritt D   Übung 20
21, 45, 84, 63, 72, 67, 83, 36, 48, 75, 70, 54, 38, 20, 30, 42, 33, 48.

Schritt D   Übung 22
In unserer Sendung „Essen und Trinken" geht es heute um ein kleines Ding, das uns vom Frühstück bis zum Abendessen begleitet: das Brötchen. Ein Brötchen heißt aber nicht einfach nur Brötchen, in manchen Regionen Deutschlands nennt man es Semmel, Wecken, Rundstück oder Schrippe.

▼ Ein Rundstück mit Hering, bitte.
● Entschuldigung, was kaufen Sie da?
▼ Ein Rundstück mit …
● Kein Brötchen?
▼ Nee, wir sind hier in Hamburg, und da heißt das Rundstück.

Hören wir doch weiter nach Süddeutschland, nach Stuttgart.

◆ Ich kauf mir zum Vesper immer zwei Wecken und manchmal auch noch eine Brezel.

Und etwas weiter in München, da heißt das Brötchen Semmel.

■ Ja, meine Brotzeit, das sind zwei-drei Semmeln mit Leberkäs.

Hörtexte Arbeitsbuch

Und jetzt gehen wir wieder nach Norden in die Hauptstadt, nach Berlin. Dort esse ich jetzt dann 2 Schrippen, eine mit Wurst und eine mit Käse.
Das war unsere Rundreise durch Deutschland zum Thema Brötchen. Wir hören uns wieder ...

Lektion 4 Meine Wohnung
Schritt C   Übung 10
vgl. Kursbuch Seite 96

Schritt E   Übung 18
vgl. Kursbuch Seite 100

Schritt E   Übung 19
vgl. Kursbuch Seite 100

Lektion 5 Mein Tag
Schritt D   Übung 21
vgl. Kursbuch Seite 107

Schritt D   Übung 22
vgl. Kursbuch Seite 107

Schritt D   Übung 23
vgl. Kursbuch Seite 107

Schritt E   Übung 25
1   Frau Rhode: Rhode.
    Timo: Tag, Frau Rhode, hier ist Timo. Ist Jasmin da?
    Frau Rhode: Hallo, Timo. Nein, tut mir leid.
    Timo: Wann kommt sie denn?
    Frau Rhode: Am Montag hat sie nachmittags Schule und dann Tanzkurs. Da kommt sie sehr spät nach Hause. Was gibt's denn?
    Timo: Ich habe am Donnerstag Geburtstag und am Freitag mache ich eine Party. Kommt Jasmin?
    Frau Rhode: Sicher sehr gerne. Wann denn?
    Timo: So um acht.
    Frau Rhode: Ich sage es Jasmin. Sie ruft dich noch an. Also tschüs, Timo.
    Timo: Tschüs, Frau Rhode.

2   Andrea: Hallo, Christina, wie geht's?
    Tina: Danke, es geht.
    Andrea: Kommst du mit einkaufen? Ich fahre in den Supermarkt.
    Tina: Nein, tut mir leid, ich koche gerade das Mittagessen. Jasmin kommt um ein Uhr aus der Schule. Aber um drei Uhr habe ich Zeit, bis sechs Uhr, da gehe ich dann zu Stefan in den Laden.
    Andrea: Also gut, bis drei.

3   Frau Männlin: Männlin.
    Stefan: Stefan Rhode. Sie verkaufen einen Schrank. Ich möchte den gerne kaufen. Ist der noch da?
    Frau Männlin: Ja, kommen Sie doch vorbei. Wir wohnen in der Mühlenstraße zehn.
    Stefan: Entschuldigung, Müllerstraße?
    Frau Männlin: Nein, Mühlenstraße. Ich buchstabiere: M Ü H L E N Straße.
    Stefan: Danke, alles klar.

Schritt E   Übung 26
a   vgl. Kursbuch Seite 109

Schritt E   Übung 26
d   1   Möchten Sie Tee? – Ja, gern.
    2   Wie ist Ihre Adresse? – Ludwigstraße zehn.
    3   Tina macht jeden Tag das Frühstück und kocht das Mittagessen.
    4   Fünf Kilo Kartoffeln kosten vier Euro sechzig.
    5   500 Gramm Käse, bitte.
    6   Meine Familie ist sehr groß. Ich habe sieben Kinder.

Lektion 6 Freizeit
Schritt B   Übung 11
a   vgl. Kursbuch 113

Schritt B   Übung 11
b   ■ Hast du das Brot?
    ● Nein, das Brot habe ich nicht, aber die Brötchen.

    ■ Hast du den Saft?
    ● Nein, den Saft habe ich nicht, aber den Wein.

    ■ Hast du das Obst?
    ● Nein, das Obst habe ich nicht, aber den Kuchen.

    ■ Hast du den Tee?
    ● Nein, den Tee habe ich nicht, aber den Kaffee.

    ■ Hast du die Milch?
    ● Nein, die Milch habe ich nicht, aber den Zucker.

    ■ Hast du die Wurst?
    ● Nein, die Wurst habe ich nicht, aber den Käse.

Schritt D   Übung 21
vgl. Kursbuch Seite 117

Hörtexte Arbeitsbuch

Lektion 7 Kinder und Schule

Schritt A   Übung 6
vgl. Kursbuch Seite 121

Schritt A   Übung 7
a Gehen wir spazieren?
b Wie spät ist es?
c Das stimmt nicht.
d Buchstabieren Sie bitte das Wort.
e Das schmeckt gut.
f Er ist ein Sportler.
g Ich brauche eine Waschmaschine und einen Kühlschrank.

Lösungen zu den Übungen im Arbeitsbuch

Lektion 1

A

1 Guten Abend! Auf Wiedersehen! Danke! Morgen! Guten Tag! Nacht!

3
- 06.00 Guten Morgen
- 09.00 Guten Morgen
- 13.00 Guten Tag
- 15.30 Guten Tag
- 19.00 Guten Abend
- 23.45 Guten Abend
} Hallo

- 06.00
- 09.00
- 13.00 Auf Wiedersehen
- 15.30 Tschüs
- 19.00
- 23.45 Gute Nacht

4 *Musterlösung:* **a** Hallo! **b** Guten Morgen! – Guten Morgen. **c** Jetzt aber gute Nacht. – Nacht, Papa. **d** Guten Abend, (Michaela). – Guten Abend, (Alexander). **e** Tschüs, (Felix). – Auf Wiedersehen.

B

6 • Ich bin Marietta. ↘
   ■ Entschuldigung, ↘ wie heißen Sie? ↗
   • Marietta Adler. ↘

7 **a** ◆ Und wie heißen Sie? ■ Ich heiße Petra Kaiser.
   b • Entschuldigung, wie heißen Sie?
   c ■ Herr Wiese, das ist meine Kollegin Frau Weiß. ▼ Guten Abend, Frau Weiß.

8 **b** Wie heißen Sie? **c** Ich heiße Lukas. **d** Das ist Frau Hummel. **e** Wie heißen Sie? **f** Wer ist das?

9 **a** ... wie ...? – ... ist ... . **b** ... ist ...? – Das ist Felix.
   c ... heiße ... . – ... heißen ...? – ... heiße ... . **d** ... Herr ... – ... wer ...? – Frau Kunz.

10 **a** ... wer ist das? **b** Entschuldigung, wie heißen Sie? – Ich heiße/Mein Name ist ... **c** Wer ... – Das ist ... – (Das ist) Frau Karadeniz. **d** Ich weiß (es) nicht.

C

11 *Karim*: Teheran, Iran, Köln, Persisch, Arabisch, Deutsch.
    Heidi: Berlin, Deutschland, Deutsch, Englisch, Russisch.
    Jan: Polen, Deutschland, Polnisch, Russisch, Deutsch.

12 **a** Wie heißen Sie? Woher kommen Sie? Was sprechen Sie?
    b Ich heiße ... – Ich bin ... . Woher kommst du? – Ich komme ... . Was sprichst du? **c** Und wer bist du?

13 komme – kommst – kommen; spreche – sprichst – sprechen; heiße – heißt – heißen; bin – bist – sind

14 **b** heißt **c** kommen **d** komme **e** kommst **f** bin **g** sprechen **h** spreche **i** sprichst

15 **b** ... komme ... **c** ... sprechen ... **d** ... sprichst ... **e** ... kommen ... **f** ... heißen ... **g** ... kommst ... **h** ... heißt ... **i** ... sprechen ...

16 **a** *Sie* **b** Mann ➔ Frau: *Sie*; Mann ➔ Kind: *du*; Kind ➔ Mann: *Sie* **c** *Sie*; *Sie*

D

18 **a** Tut mir leid. **b** Tut mir leid. **c** Entschuldigung. **d** Tut mir leid. **e** bitte./Danke. **f** Entschuldigung.

19 • Mein Name ist Anita. Und wie heißt du? ■ Ich heiße Andreas • Woher kommst du? ■ Aus Österreich.
    • Guten Tag. Wie ist Ihr Name, bitte? ■ Mein Name ist Lukas Bürgelin. • Woher kommen Sie? ■ Ich komme aus der Schweiz

20 Ich heiße Sara und ich spreche Deutsch. Das ist Schnuffi und das ist Poppel. Und das ist Nikolaj aus der Ukraine. Ich bin Bruno, ich komme aus Deutschland. Ich spreche Englisch und Italienisch.

21 Wie heißt du? Entschuldigung, wie ist Ihr Name? Ich heiße Michaela. Ist Herr Schneider da? Ich buchstabiere: Zilinski. Ich komme aus Deutschland. Tut mir leid, Herr Schneider ist nicht da. Woher kommst du?
    Musterlösung: • Guten Tag. Mein Name ist Zilinski.
    ■ Entschuldigung, wie ist Ihr Name? • Ich buchstabiere: Zilinski.
    • Ist Herr Schneider da? ■ Tut mir leid, Herr Schneider ist nicht da.
    • Wie heißt du? ■ Ich heiße Michaela. • Woher kommst du? ■ Ich komme aus Deutschland.

22 *Musterlösung:* Ich heiße Kimiko Michiba. Ich komme aus Kyoto. Das ist in Japan. Jetzt bin ich in Deutschland, in Dresden. Ich spreche Japanisch, Deutsch und ein bisschen Englisch.

E

24 *Familienname*: Krowalski; *Straße*: Karl-Friedrich-Straße; *Hausnummer*: 5; *Postleitzahl*: 79423; *Wohnort*: Heitersheim

25 Herrn
    Max Obermeier
    Wilhelmstr. 5
    13595 Berlin

Lektion 2

A

1 Wie geht es Ihnen? Danke, gut. Und Ihnen?
   Wie geht es Dir? Gut, danke. Und dir?
   Hallo, Tina. Wie geht's? Ach, es geht! Und dir?

2 Danke, sehr gut. – Gut, danke. – Na ja, es geht. – Ach, nicht so gut.

LÖSUNGEN 136

Lösungen zu den Übungen im Arbeitsbuch

3 **a** Und Ihnen? – Auch gut, danke. **b** Wie geht es dir? – Und dir? – Es geht.

4 *Musterlösung:* **a** ... geht es dir? – Super, danke. Und wie geht es dir? – Auch gut. **b** ... Herr Schneider. Wie geht es Ihnen? – Naja, es geht. Und Ihnen? – Danke, sehr gut.

B

5

6 **b** ... Frau – ... Frau ... **c** ... Herr – ... Mann ... – ... Frau ...

7 **b** ... Kinder. **c** ... Sohn ... Tochter ... **d** ... Schwester **e** ... Bruder **f** ... Eltern ... Mutter ... Vater

8 *rot*: Tochter, Schwester, Mutter; *grün*: Bruder, Vater; *gelb*: Eltern

9 Das *ist* ...
Das *sind* ...
b Das sind meine Kinder. **c** Das sind meine Eltern. **d** Das sind Frau Altmann und Herr König. **e** Das ist meine Tochter.

10 **a** ... ist mein ... **b** ... mein ... meine ... **c** ... sind meine ... mein ... heißt ... meine ... heißt ... **d** ... bin ... sind meine ...

C

12 Brunos Mutter ➔ sie
Sara ➔ sie
zwei Hasen ➔ sie
Niko ➔ er
Mutter und Bruder ➔ sie

13 ich ... ich ... er ... er ... sie ... sie ... sie ... sie ...

14 Das ist Semra. *Sie* kommt aus der Türkei. Und das ist Markus. *Er* kommt aus Österreich. Semra und Markus leben in Deutschland. *Sie* wohnen jetzt in Berlin. Semras Eltern leben auch in Deutschland. *Sie* wohnen in Frankfurt.

16 komm**e**, komm**st**, komm**t**, komm**t**, komm**en**; wohn**e**, wohn**en**; leb**e**, leb**en**; heiß**e**, heiß**t**, heiß**en**, heiß**t**, heiß**en**;
bin, bist, ist, seid

17 ... komme ... lebe ... sind ... heißen ... sind ... wohnen ... bist ... kommst ... wohnst ...; ... heißt ... kommt ... wohnt ...; ... heißen ... kommen ... wohnen ...

18 heißt, heißt, heißt, heißen; wohnst, wohnt, wohnen, wohnt, wohnen; lebe, lebst, lebt, leben, lebt, leben; bin, bist, ist, sind, seid, sind

19 *Musterlösung:* Das bin ich. Ich komme aus Polen und lebe jetzt in Deutschland, in Ulm. Steffi wohnt auch in Ulm, sie kommt aus Hamburg. Das sind Lisa und Enrique. Lisa kommt aus Deutschland und Enrique kommt aus Spanien. Sie wohnen jetzt in Leipzig. Und das ist Zainab, er kommt aus Tunesien. Jetzt wohnt er in Stuttgart.

D

20 6, 11, 5, 14, 17, 8, 19, 3, 20

21 zwei, drei, vier, fünf, sechs, sieben, acht, neun, zehn, elf, zwölf, dreizehn, vierzehn, fünfzehn, sechzehn, siebzehn, achtzehn, neunzehn, zwanzig

22 *Woher?* aus; *Wo?* in

23 **b** Woher kommen sie? Aus der Türkei. **c** Wo sind Sie geboren? In Ankara. **d** Wo wohnen Sie? In München. In der Hansastraße 10. **e** Wie heißen Ihre Kinder? Erdal und Bilge. **f** Was sprechen Sie? Türkisch und Deutsch.

24 **b** Woher ... **c** Wo ... **d** Wie ... **e** Wo ... **f** Wer ... **g** Wie ... **h** Wie ...

25 Wie ist Ihr Familienname? Wie ist Ihr Vorname? Wo sind Sie geboren? Wo wohnen Sie? Wie ist Ihre Telefonnummer? Haben Sie Kinder? Wie alt sind Ihre Kinder?

26 ... sind ... – ... haben ... – ... habe ... ist ... hat ... ist ... hat ...

27 ... kommst ... bist ... lebst ... wohnst ... Bist ... Hast ...

28 *Musterlösung:* Manuela ist meine Freundin. Sie kommt aus Portugal, sie ist in Porto geboren. Jetzt wohnt sie in Deutschland, in Hamburg. Manuela ist geschieden und sie hat ein Kind.

29 *Musterlösung:* Hamburg, Hannover, Heidelberg; München, Magdeburg; Rhein; Bodensee
Österreich: Servus! Grüß Gott! *Schweiz*: Salü! Grüezi! *Süddeutschland*: Grüß Gott! *Norddeutschland*: Moin, Moin!

Lektion 3

A

1 **a** Kennst du Katharina Mai? ↗ Nein, wer ist das? ↘
b Kennst du Bremen? ↗ Nein, wo liegt das? ↘ **c** Was ist das? ↘ Das ist Käse. ↘ **d** Und was ist das? ↘ Das ist Mineralwasser. ↘ **e** Hast du Tee? ↗ Nein, Milch. ↘

2 **b** Was ist das? **c** Haben wir noch Obst? **d** Ist das Sahne? **e** Wer kennt *fan-fit*? **f** Hast du Milch, bitte?

3 **b** Was brauchen wir? Brot und Milch. **c** Hast du Obst? Nein, tut mir leid. **d** fan-fit was ist das? Das ist Saft. **e** Wie heißt du? Eva. **f** Kennen Sie Frau Kurowski? Nein, wer ist das? **g** Heißt du Nikolaj? Nein, Markus. **h** Herrmann. Ist das Ihr Vorname? Nein, mein Familienname. **i** Wer ist das? Mein Vater.

4

Wie	ist	Ihr Name?
Mein Bruder	heißt	Max.
Ich	heiße	Adem.
Wie viele Kinder	haben	Sie?
Wir	haben	drei Kinder.

Lösungen zu den Übungen im Arbeitsbuch

Heißt	du Julia?
Wohnst	du in Leipzig?
Ist	Adem Ihr Vorname?
Kommen	Sie aus der Türkei?
Sind	Sie Herr Brummer?

5 **a** Woher kommst du? **b** Kommen Sie aus Italien? **c** Wohnen Sie in Deutschland? **d** Ist das Reis? **e** Hast du Tee? **f** Kennst du Rotbusch-Tee? **g** Kennen Sie meine Schwester? **h** Wo wohnen Sie?

6 **a** Wie heißen Sie? Ist das Ihr Vorname? **b** Wer ist das? **c** Kennen Sie Micki? **d** Heißen Sie Kunzmann? **e** Haben Sie Kinder? **f** Wie geht es Ihnen? **g** Kommen Sie aus Österreich? **h** Wohnen Sie in Frankfurt?

7 **a** eine Frau, ein Kind **b** eine Telefonnummer, ein Buchstabe **c** ein Ei, eine Banane, ein Brötchen, ein Kuchen **d** eine Orange, eine Tomate, ein Apfel, eine Kartoffel **e** eine Stadt, ein Land, eine Zahl, ein Foto **f** eine Frage, eine Antwort

8

ein	eine
Kind	Frau
Buchstabe	Telefonnummer
Ei	Banane
Brötchen	Orange
Kuchen	Tomate
Apfel	Kartoffel
Land	Stadt
Foto	Zahl
	Frage
	Antwort

9 **a** ... eine ... ein ... eine ... ein ... – meine ... mein Apfel ... meine Tomate ... mein Ei **b** ... meine ... meine ...

10 S**a**hne • M**a**nn • Ban**a**ne • St**a**dt • Tom**a**te • **A**pfel • N**a**me • d**a**nke • Fr**a**ge • F**o**to • Kart**o**ffel • Br**o**t • **O**bst • J**o**ghurt

11 **a** ... ein ... – ... kein ... eine ... **b** ... ein ... – ... kein ... eine ... **c** ... eine – ... keine ... ein ...

12 *ein/kein*: Ei, Kuchen, Kind, Mann, Name, Buchstabe, Land, Foto
eine/keine: Tomate, Banane, Frau, Frage, Antwort, Zahl, Telefonnummer, Stadt

13 **a** ... ein ... – ... kein ... ein ... – ... eine ... – ... keine ... ein **b** kein, ein **c** keine – keine

C

14

Ist das ...?	Sind das ...?
eine Banane	Bananen
eine Kartoffel	Kartoffeln
ein Brötchen	Brötchen
ein Kuchen	Kuchen
ein Ei	Eier
eine Flasche	Flaschen
eine Tomate	Tomaten
ein Buchstabe	Buchstaben
ein Mann	Männer
eine Frau	Frauen
ein Foto	Fotos
eine Zahl	Zahlen
eine Frage	Fragen
ein Name	Namen
eine Stadt	Städte
ein Kind	Kinder
ein Land	Länder

15 ... keine ... keine ..., ... keine ... keine ..., ... keine ..., ... kein ... eine ..., keine ..., keine ..., ... keine ...

16 **a** ... Äpfel ... Tomaten – ... Brötchen ... **b** ... Joghurts ... **c** ... Städte ... **d** ... Kinder ... **e** ... Fotos ... **f** ... Buchstaben ...

17

¨	¨er
Apfel – Äpfel	Mann - Männer
Vater – Väter	Land - Länder
Mutter – Mütter	
¨e	–
Stadt - Städte	Brötchen - Brötchen
	Kuchen - Kuchen
-er	-en
Kind – Kinder	Frau - Frauen
Ei - Eier	Zahl - Zahlen
-n	-s
Name – Namen	Joghurt - Joghurts
Adresse - Adressen	Foto - Fotos
Schwester - Schwestern	
Banane - Bananen	
Kartoffel - Kartoffeln	
Tomate - Tomaten	
Flasche - Flaschen	
Buchstabe - Buchstaben	
Frage - Fragen	

D

18 30, 33, 45, 50, 58, 60, 64, 70, 75, 80, 83, 90, 99

19 49 65; 39 63 13; 5 32 23; 07633 – 81729

20 21, 45, 84, 63, 72, 67, 83, 36, 48, 75, 70, 54, 38, 20, 30, 42, 33, 48

21 Wasser, Butter, Fisch, Fleisch, Käse, Wein, Milch, Kaffee, Brot, Salz, Obst

22 Semmel, Rundstück, Wecken, Schrippe
Wecken: Süddeutschland / Stuttgart
Schrippe: Berlin
Rundstück: Hamburg

Lösungen zu den Übungen im Arbeitsbuch

Lektion 4

A

1.
ein/der	ein/das	eine/die
Flur	Bad	Wohnung
Balkon	Zimmer	Küche
	Wohnzimmer	Toilette
	Schlafzimmer	
	Kinderzimmer	

2. ... ein ... – ... ein ... ein ... eine ... ein ... ein; ... das ...; Das ... – ... das ... –... das ...; ... die ... – Die ...; ... das ...

3. Ist Lara schon da? – Ja, *hier* bin ich und *dort* kommt Mama. – Und *dort* ist der Garten. – Super! Ist Miriam auch da? – Ja, *dort* ist sie und *dort* ist auch Manuel.

4. **a** ... eine Hauptstadt ... die Hauptstadt **b** ... eine Stadt ... Die Stadt ... **c** ... ein Foto ... Das Foto ... **d** ... ein Hase ... der Hase ... **e** ... ein Supermarkt – Der Supermarkt ... – ... eine Bäckerei ... – die Bäckerei ...

5. **a** /, die, das, das ... das, eine, Das **b** ein, das **c** der **d** /, der **e** eine **f** die, ein, das **g** ein, ein, Der, der

B

6. **a** ... sie ... **b** Sie ... **c** Es ... **d** Es ..., Er ... **e** Es ...

8. **a** Das Zimmer ist nicht klein. **b** Die Wohnung ist nicht billig und sie ist nicht groß. **c** Die Musik ist nicht schön. **d** Das Getränk *fan-fit* schmeckt nicht gut. **e** Das ist nicht die Rosenheimer Straße. **f** Das ist nicht meine Schwester.

9. Ich bin nicht Fernando Alvarez und ich komme nicht aus Mexiko. Ich bin nicht 35. Meine Frau heißt nicht Maria Alvarez. Ich wohne nicht in Nürnberg. Ich spreche nicht Englisch. Ich spreche schon gut Deutsch!

C

10. das Wóhnzimmer – das Schláfzimmer – das Kínderzimmer – die Küche – der Schrank – der Küchenschrank – der Kühlschrank • wáschen – die Maschíne – die Wáschmaschine • der Wein – die Flásche – die Wéinflasche • das Land – die Kárte – die Lándkarte

11. **a** der Tisch, das Sofa **b** die Lampe, der Tisch, der Stuhl **c** der Herd, der Kühlschrank **d** das Bett, der Schrank **e** die Waschmaschine

12. das Regal, die Regale

13. die Tische; die Lampen; die Sofas; die Betten; die Häuser; die Wohnungen; die Zimmer; die Schränke

14. *Musterlösung:* Wie gefällt Ihnen die Wohnung? Nicht so gut, aber sie ist billig.
Wie gefallen Ihnen die Lampen? Gar nicht. Sie sind hässlich.
Wie gefallen Ihnen die Möbel? Ganz gut und sie sind nicht teuer.
Wie gefällt Ihnen das Haus? Sehr gut. Es ist schön.
Wie gefällt Ihnen der Tisch? Es geht. Er ist sehr groß.
Wie gefallen Ihnen die Stühle? Gut. Sie sind sehr schön.

15. Die ... die ... die ..., ... der ... – ... er ..., er – ... ein ... er ... – ... das ... – ... es ... – ... die ... – Die ..., ... eine ... die ..., Sie ...

E

18. Gute Id<u>ee</u> • die Adr<u>e</u>sse • z<u>e</u>hn M<u>e</u>ter • s<u>e</u>chzig Z<u>e</u>ntim<u>e</u>ter • die M<u>ie</u>te • der T<u>i</u>sch • das Z<u>i</u>mmer • die Mus<u>i</u>k • die Fam<u>i</u>lie

20. Sofa: 07658/1735; Regal: 0172-2169800 oder 07665/51614; Tisch: 0172-6177465; Bett: 07665/51614; Schrank: 07623/3184

Lektion 5

A

1. Zehn nach eins. Viertel nach eins. Zwanzig nach eins. Fünf vor halb zwei. Fünf nach halb zwei. Zehn nach halb zwei. Zwanzig vor zwei. Viertel vor zwei. Zehn vor zwei.

2. *10:20* = 3 / *19:35* = 4 / *15:30* = 1 / *02:40* = 15 / *07:55* = 13 / *11:58* = 6 / *16:20* = 7 / *03:05* = 10 / *14:15* = 5 / *17:10* = 9 / *15:25* = 12 / *09:45* = 2 / *08:50* = 11 / *01:02* = 14

3. **b** 9:45, 21:45 **c** 6:15, 18:15 **d** 7:20, 19:20 **e** 9:10, 21:10 **f** 7:40, 19:40 **g** 11:15, 23:15 **h** 12:05, 00:05 **i** 4:25, 16:25 **j** 12:20, 00:20 **k** 3:25, 15:25 **l** 9:40, 21:40

4. **a** ... schon ... – ... erst fünf vor zwölf. **b** ... schon ... – ... erst zehn vor neun.

B

5. **b** machen **c** arbeiten **d** einkaufen **e** kochen **f** aufräumen **g** anrufen **h** fernsehen

6. **a** Markus sieht jeden Abend um acht Uhr fern. **b** Ich räume jetzt auf. Ich räume jetzt mein Zimmer auf. **c** Ich rufe meine Eltern an. Ich rufe meine Eltern in Hamburg an.

8. Ich kaufe Brot und Butter ein. Ich mache auch Hausaufgaben. Ich rufe Papa an. Ich sehe nicht vor 18 Uhr fern. Ich gehe um 9 Uhr ins Bett.

9.
1	2	3	4	5	6	7	8
B	C	G	E	A	D	H	F

10. **a** Ich markiere Wörter. **b** Er ergänzt Wörter. **c** Wir füllen eine Tabelle aus. **d** Sie ordnen Fotos und Wörter zu.

11. *Musterlösung:*

gern	nicht gern
frühstücken	aufräumen
ein Buch lesen	Fußball spielen
Möbel kaufen	Bier trinken

Lösungen zu den Übungen im Arbeitsbuch

Ich frühstücke gern.
Ich lese gern ein Buch.
Ich kaufe gern Möbel.
Ich räume nicht gern auf.
Ich spiele nicht gern Fußball.
Ich trinke nicht gern Bier.

C

12 Dienstag, Mittwoch, Donnerstag, Freitag, Samstag, Sonntag

13 a ... am ... – Um ... – Am ... um ... **b** ... am ... – ... von neun bis zwölf Uhr ... – Um ...

14 ... ha**st** ... am ...? Um ... komm**en** ... . Komm**st** ...? ... am ... spiel**en** ... um ... . ha**be** ... . Am ... ma**che** ... von ... bis ... von ... bis ..., ...am ... komm**t** ...

15 a ■ Spielen wir am Donnerstag Fußball? ▼ Wann? ■ Von 17 bis 18 Uhr. ▼ Ja, gut. ■ Bis Donnerstag!
b ▼ Tag, Frau Klein. Haben Sie am Freitag Zeit? ■ Warum? ▼ Mein Mann hat Geburtstag. Wir machen eine Party. Kommen Sie auch? ■ Sehr gerne. Wann? ▼ Um 18 Uhr.

D

16 am Abend; am Mittag; in der Nacht; am Morgen; am Nachmittag; am Vormittag

17 ... macht sie das Frühstück. ... räumt sie die Wohnung auf. ... kauft sie im Supermarkt ein. ... kocht sie das Mittagessen. ... arbeitet sie im Laden. ... ist sie sehr müde.

18 Sie |macht| am Nachmittag Hausaufgaben. Sie |spielt| dann ein bisschen. Sie |geht| um vier zum Tanzkurs. Sie |geht| um neun ins Bett.

19 a Bruno steht um fünf Uhr auf. **b** Dann fährt er zum Großmarkt. **c** Von 7 bis 19 Uhr arbeitet er im Laden. **d** Dann macht er die Kasse. **e** Zu Hause sieht er noch ein bisschen fern. **f** Am Abend ist er sehr müde.

21 die B**ü**cher • meine Br**ü**der • das Fr**ü**hstück • die K**ü**che • das Gem**ü**se • die M**ä**nner • die **Ä**pfel • der K**ä**se • das Getr**ä**nk • das Gespr**ä**ch • h**ä**sslich • meine S**ö**hne • drei T**ö**chter • die Br**ö**tchen • die W**ö**rter • sch**ö**n

23 meine Schwester, sechzig Personen, Sie sprechen gut Englisch, Das Bett ist gelb, Essen wir jetzt etwas? Kennst du meine Adresse?

E

24 ... zwanzig vor elf ..., ... Viertel nach acht, ... Viertel vor zehn ... zehn...; Um zweiundzwanzig Uhr vierzig ..., ... zwanzig Uhr fünfzehn ..., ... einundzwanzig Uhr fünfundvierzig ... zweiundzwanzig Uhr ...

25 *1*: c; *2*: b; *3*: b

26 a das Ki̱nd • das Ki̱no • bi̱llig • am Mi̱ttwoch • am Dienstag • das Zi̱mmer • sie sie̱ht fern und er i̱sst • die E̱ltern • ein Me̱ter zehn • das Be̱tt • der Te̱e • schme̱cken • e̱ssen • ke̱nnen • die Na̱cht • der Na̱me • die Ka̱sse • die Straße • der Ma̱nn • zwa̱nzig Gra̱mm • das Wo̱rt • das Bro̱t • am Do̱nnerstag • ich ko̱mme • der So̱hn • die Karto̱ffeln sind groß • der Ku̱rs • das Bu̱ch • die Nu̱mmer • der Stu̱hl • die Mu̱tter • der Fu̱ßball • der Flu̱ss

b
i̱ e̱ a̱ o̱ u̱: ... Tee, Name, Straße, Brot, Sohn, groß, Buch, Stuhl, Fußball

i̱ e̱ a̱ o̱ u̱: ... Mittwoch, Zimmer, isst, Eltern, Bett, schmecken, essen, kennen, Nacht, Kasse, Mann, zwanzig Gramm, Wort, Donnerstag, komme, Kartoffeln, Kurs, Nummer, Mutter, Fluss

c
i̱   i, i+e, i+eh
i̱   i, i+ll, i+tt, i+mm, i+ss
e̱   e, e+h, e+e
e̱   e, e+tt, e+ck, e+ss, e+nn
a̱   a, a+ß
a̱   a, a+ss, a+nn, a+mm
o̱   o, o+h, o+ß
o̱   o, o+nn, o+mm, o+ff
u̱   u, u+h, u+ß
u̱   u, u+mm, u+tt, u+ss

d
1 Möchten Sie Tee? – Ja, gern. 2 Wie ist Ihre Adresse? – Ludwigstraße zehn. 3 Tina macht jeden Tag das Frühstück und kocht das Mittagessen. 4 Fünf Kilo Kartoffeln kosten vier Euro sechzig. 5 500 Gramm Käse, bitte. 6 Meine Familie ist sehr groß. Ich habe sieben Kinder.

Lektion 6

A

1 *München*: D; *Köln*: A; *Dresden*: B

2 *Musterlösung*: Hallo Ivana, wir sind zwei Wochen in Griechenland. Das Wetter ist schön! Die Sonne scheint. Es sind 35 Grad. Alles ist sehr schön! Liebe Grüße, Dorothea.

3 b Im Süden. **c** Im Westen. **d** Im Osten. **e** In Köln und Düsseldorf. **f** In Hamburg. **g** In München **h** In Dresden.

4 im Sommer, im Winter; am Montag, am Vormittag, am Abend; um 3 Uhr, um kurz vor sieben; in Deutschland, in München, in der Nacht, in der Türkei

5 Nein, es ist nicht kalt, es ist warm. Nein, es regnet nicht. Und es ist auch nicht windig.

Lösungen zu den Übungen im Arbeitsbuch

6 **a** ... nicht ..., ... kein ... **b** ... kein ..., ... nicht ... **c** ... nicht ... – ... nicht ... **d** ... nicht ... **e** ... nicht ..., ... keine ...

7 *Bruno:* Heute fahre ich nicht zum Großmarkt. Heute arbeite ich nicht im Laden. – *Tina:* Heute räume ich die Wohnung nicht auf. Ich gehe nicht einkaufen. Heute koche ich kein Mittagessen. – *Sara:* Heute gehe ich nicht in die Schule. Ich mache keine Hausaufgaben. Heute gehe ich nicht zum Tanzkurs.

8 *Musterlösung:* Hallo Neven, tut mir leid, ich komme heute nicht. Ich habe keine Zeit. Ich komme am Samstag um 15 Uhr. Andrea

9 *Musterlösung:* Heute kaufe ich nicht ein. Ich koche kein Abendessen. Ich sehe nicht fern. Heute gehe ich nicht spazieren.

B

10 Wo ist der Käse, der Salat, der Mann, der Wein, der Kuchen?
Wer macht den Salat, den Kuchen?
Hast du den Salat, den Saft, den Wein, den Kuchen?
Wer kauft den Salat, den Saft, den Wein, den Kuchen?
Wie schmeckt der Käse, der Salat, der Wein, der Kuchen?
Wie heißt der Mann?
Kennst du den Mann?

11 **c** Was hat Nina im Einkaufswagen: den Wein, den Kuchen, den Kaffee, den Zucker, den Käse
Was hat sie nicht: das Brot, den Saft, das Obst, den Tee, die Milch, die Wurst

12 Robert kauft den Kaffee, die Milch, das Obst. Ich kaufe den Wein, den Apfelsaft. Das Mineralwasser ist schon da, meine Mutter macht den Nudelsalat. Kaufst du das Brot, die Wurst und den Käse?

13 **b** ... das Wort. **c** ... den Dialog ... **d** ... das Wort / die Übung ... **e** ... den Satz **f** ... das Wort **g** ... die Übung ... **h** ... den Text / den Satz ...

14 der Apfelsaft, der Orangensaft; der Obstsalat, der Tomatensalat, der Kartoffelsalat; der Obstkuchen, der Apfelkuchen, der Schokoladenkuchen

C

15 **a** Doch! **b** ... kein ... Doch!

16 Doch –, Nein – Ja –, Nein

17 ... einen ... eine ... – ... ein ... eine ...

18 ... einen ... ein ... einen (ein) ... – ... einen ... – keinen ... – ... keinen ... – ... keinen ...

19 ... einen ... – ... keinen ... – ... haben Sie auch einen ... – habe ich einen Fernseher. – ... keinen Fernseher? – Doch! Ich habe einen Fernseher. – ... auch einen ... – sicher habe ich einen Computer. – ... sie haben keinen Computer? – Doch! Ich habe einen Computer.

20 ... eine ...! ... ein ... ein ... eine ... ein ... . Die ... . einen ... ein ... einen ... ein .... Das ... den ... das ... . eine ... einen ... . einen ...

D

22 *fernsehen:* 7; *kochen:* 4; *Sport machen:* 10; *spazieren gehen:* 6; *tanzen:* 1; *ins Kino gehen:* 9; *Fahrrad fahren:* 2; *Briefe schreiben:* 5; *Freunde treffen:* 8; *spielen:* 11

23 **a** kocht, isst **b** sehe, gehe, ist **c** tanzen, tanzt **d** mache, gehe, fahre – macht – sieht, liest, trifft, spiele, gehen **e** habe, arbeite, ist, fährt

24 *Musterlösung:* Ich gehe gern ins Kino und ich lese sehr viel. Ich koche gerne (aber nicht so gut) und ich treffe sehr gerne meine Freunde. Ich mache nicht so viel Sport. Ich fahre ein bisschen Fahrrad.

26 *1:* falsch; *2:* richtig; *3:* richtig; *4:* falsch; *5:* richtig

Lektion 7

A

1 Kann ich den Text noch einmal hören? Können Sie bitte um drei Uhr anrufen? Könnt ihr bitte das Frühstück machen? Können wir Ihnen helfen? Kann Selma schon gut Deutsch?

2 Am Freitag **möchten** wir eine Grillparty **machen**. **Können** Sie auch **kommen**? Wir **möchten** auch Musik **machen**. Sergej **kann** sehr gut Gitarre **spielen**. **Können** Sie auch ein Instrument **spielen**?

3 **b** Kann ich bitte das Wörterbuch haben? **c** Guten Tag. Kann ich bitte Herrn Löffler sprechen? **d** Kann ich Ihnen helfen? **e** Kann ich bitte ein Brötchen haben? **f** Können Sie auch Englisch? **g** Kann ich bitte Zucker und Milch haben? **h** Kannst du das bitte noch einmal sagen?

4 **a** Ich kann nicht gut Englisch, aber mein Freund Udo kann sehr gut Englisch. **b** Ich kann auch nicht so gut Deutsch, aber Udo kann alles verstehen. **c** Ich kann gar nicht tanzen, aber Udo kann sehr gut tanzen. **d** Ich kann ein bisschen kochen, aber Udo kann super kochen.

5 **a** Können Sie bitte langsam sprechen? **b** Können wir am Samstag Fahrrad fahren? – Ich kann am Samstag nicht. Kannst du am Sonntag? **c** Am Freitag mache ich eine Party. Könnt ihr einen Salat mitbringen? – Können wir auch einen Kuchen machen? **d** Können Sie bitte das Wort erklären? **e** Manuel kann heute nicht in die Schule gehen.

Lösungen zu den Übungen im Arbeitsbuch

6 die **Sch**ule • das **Sp**iel • die **St**adt • die **Sch**weiz • die **St**raße • Wie **sch**reibt man das? • Meine **Sch**wester **sp**richt **Sp**anisch. • **Sp**ielen wir? • **Sp**rechen Sie bitte lang**s**am! • Ent**sch**uldigung. Ich ver**st**ehe das nicht.

7 a ... **sp**azieren? **b** ... **sp**ät ... **c** ... **st**immt ... **d** Buch**st**abieren ... **e** ... **s**chmeckt ... **f** ... **Sp**ortler. **g** ... Wa**sch**ma**sch**ine ... Kühl**sch**rank.

B

8 ich will, du willst, er/sie will, wir wollen, ihr wollt, sie/Sie wollen

9 a Willst ... **b** Wollen ... – ... will ... **c** ... will ... **d** ... wollen ... – ... wollt ...

10 a Ich will aber nichts essen. **b** Jetzt nicht. Ich möchte gern fernsehen. Nein! Ich will jetzt fernsehen! **c** Möchtest/Willst du nicht mitmachen? – Ich will im Sommer einen Französischkurs machen. **d** Möchtest du auch einen Kuchen? **e** Ich möchte so gern mit Sandra ins Kino gehen. – Wie viel möchtest/willst du denn? möchten: ich möchte, du möchtest, er/sie möchte, wir möchten, ihr möchtet, sie/Sie möchten

11 *Musterlösung*: Guten Tag. Was möchten Sie? – Ich möchte bitte einen Kaffee und einen Kuchen. Ich möchte bezahlen. Ich will bezahlen!!

C

12 lernen ... hast ... gelernt?
essen ... hat ... gegessen.
hören ... hat ... gehört.
lesen ... haben ... gelesen.
machen Habt ... gemacht?
schlafen ... haben ... geschlafen.
schreiben ... haben ... geschrieben.
spielen Haben ... gespielt?

13 fragen – gefragt, essen – gegessen, arbeiten – gearbeitet, hören – gehört, kaufen – gekauft, kochen – gekocht, kosten – gekostet, leben – gelebt, lernen – gelernt, lesen – gelesen, machen – gemacht, sagen – gesagt, schlafen – geschlafen, schreiben – geschrieben, spielen – gespielt, treffen – getroffen, wohnen – gewohnt, suchen – gesucht, finden – gefunden

15 b ... hast ... gekocht? **c** ... habe ... gelernt. **d** ... habe ... gelesen. **e** ... habe ... getroffen. **f** ... hat ... geschrieben. **g** ... habe ... geschlafen. **h** ... habe ... gegessen. **i** ... hat ... gesagt.

16 Dann habe ich Zeitung gelesen und ich habe ein bisschen Deutsch gelernt. Jens hat Musik gehört und das Mittagessen gekocht. Am Nachmittag haben wir Sport gemacht. Am Abend haben wir mit Freunden Karten gespielt.

17 *Musterlösung*: Ich habe viel gearbeitet und eine neue Wohnung gesucht. Ich habe auch eine schöne Wohnung gefunden und viele Möbel gekauft. Ich habe einen Kurs gemacht und (habe) Spanisch gelernt. Im Sommer will ich nach Spanien fahren!

D

18 gehen ... bin ... gegangen.
Bist ... gegangen?
fahren ... sind ... gefahren.
... sind ... gefahren.
kommen ... seid ... gekommen?
... sind ... gekommen.

20 ... ist ... sind ..., ... haben ... sind ..., ... haben ..., ... ist ... habe ... – ... bist ...

21 a Sara will heute nicht in die Schule gehen. **b** Sie will kein Diktat schreiben. **c** Sie hat gestern nichts gelernt. **d** Am Mittag ist sie mit Mama in den Supermarkt gefahren. **e** Dann ist Katja gekommen. **f** Sara ist mit Niko spazieren gegangen. **g** Am Abend hat Sara mit Schnuffi und Puppel gespielt. **h** Sie hat keine Hausaufgaben gemacht.

22 Er **hat** vier Jahre in Frankreich **gearbeitet**. Jetzt **möchte** er wieder in Deutschland **leben**. Er **hat** eine Wohnung in Köln **gefunden**. Stephan **spielt** sehr gut Fußball. Er **will** in einem Club **spielen**.

24 *Musterlösung*:
Fernanda Bueno
Kastanienstraße 7
85341 Ingolstadt   1.3.20..

Liebe Frau Lorenz,
Am Montag kann ich nicht zum Unterricht kommen. Ich habe einen Termin beim Arzt.
Viele Grüße
Fernanda Bueno

Lösungen zu den Tests

Test zu Lektion 1

1. **a** Guten Tag. – Hallo. **b** Guten Morgen. **c** Gute Nacht. **d** Guten Abend. **e** Auf Wiedersehen. – Tschüs.
2. **a** Ich bin Lara. **b** Wer bist du? **c** Ich heiße Frank. **d** Ich komme aus Berlin. **e** Woher kommst du? **f** Ich komme aus dem Irak. **g** Was sprichst du? **h** Ich spreche Persisch.
3. **a** Wer ist das? **b** Wie heißen Sie? **c** Wer bist du? **d** Woher kommen Sie? **e** Was sprichst du?
4. A: Firma Teletec, Annette Huber, guten Tag. M: Guten Tag. Mein Name ist Marteleira. Ist Herr Bachmann da? A: Entschuldigung, wie ist Ihr Name? M: Marteleira. A: Entschuldigung, buchstabieren Sie das bitte. M: Ich buchstabiere: M-a-r-t-e-l-e-i-r-a. A: Ah ja, Frau Marteleira, tut mir leid, Herr Bachmann ist nicht da. M: Oh, danke. Auf Wiederhören. A: Auf Wiederhören.
5. Adresse: Vorname, Familienname, Hausnummer, Postleitzahl, Stadt, Land

Test zu Lektion 2

1. **a** Wie … **b** … kommt … **c** … ist … **d** … hat … **e** Wie … **f** … sind …
2. **a** Er **b** Sie **c** Sie **d** Sie **e** Sie **f** Er
3. **a** … meine … **b** Mein … **c** … Meine … **d** Meine … **e** … meine … **f** Mein …
4. **a** Er wohnt in Berlin. **b** Wir haben drei Kinder. **c** Du sprichst Türkisch. **d** Sie kommt aus Frankreich. **e** Ihr seid geschieden.
5. **a** wohnt/lebt – hat – sind – leben/wohnen – kommt **b** seid – heißt **c** kommt – wohnt/lebt – hat **d** sind/heißen – kommen – wohnen/leben – haben

Test zu Lektion 3

1. **a** Fleisch **b** Salz **c** Ei **d** Tomate **e** Wein **f** Dose
2. **a** eine Orange **b** Fleisch, kein Fisch **c** eine Flasche Saft **d** kein Ei
3. eine Flasche Mineralwasser; eine Packung / eine Flasche Milch; 1 kg / 1 Dose Tomaten; ein Becher Joghurt; 1 kg Kartoffeln; eine Packung (1kg) Salz; ein Kilo Äpfel; ein Becher Sahne
4. **a** Haben Sie Salz? / Ich brauche Salz. **b** Wie viel / Was kostet ein Kilo Tomaten? **c** (Ja, bitte.) Ich hätte gern / brauche / möchte (noch) Bananen. **d** Ich habe leider keine Bananen mehr. **e** Das ist alles. **f** Das macht/kostet 3,98 Euro.

Test zu Lektion 4

1. **a** das Schlafzimmer **b** das Bad **c** der Balkon **d** die Küche **e** die Toilette **f** das Wohnzimmer
2. **a** teuer **b** klein **c** hässlich **d** dunkel **e** schmal
3. **a** … sind (zwei) Betten. Sie sind … **b** … ist ein Sofa. Es ist … **c** … ist eine Lampe. Sie ist … **d** … sind (zwei) Tische. Sie sind … **e** … ist eine Waschmaschine. Sie ist … **f** … ist ein Schrank. Er ist … **g** … ist ein Stuhl. Er ist …
4. **a** Wie groß ist der Schrank? **b** Was kostet er? / Er kostet 60 Euro, richtig? **c** Wo wohnen Sie? **d** Wo ist das? / Ist das in der Stadt? **e** Sind Sie heute zu Hause?

Test zu Lektion 5

1. **a** Viertel nach sechs **b** halb eins **c** zwanzig nach fünf **d** fünf nach halb zehn **e** Viertel vor elf **f** kurz nach zwei
2. **a** … ruft an **b** … sieht fern **c** … kauft ein **e** … gehen spazieren **f** … räumt auf
3. **a** Am … **b** Am … um … **c** … von … bis … **d** Um … **e** Am … **f** … am … **g** … um … **h** In der …
4. **a** … frühstückt jeden Morgen um 8.30 Uhr **b** … 12.30 Uhr isst Robert Pizza **c** … gehen am Wochenende ins Kino **d** … Nacht gehen Robert und Sofia spazieren **e** … lernt Robert Englisch

Test zu Lektion 6

1. **a** Nein, es ist nicht bewölkt. Die Sonne scheint. **b** Nein, es regnet nicht. Es ist windig. **c** Nein, es ist nicht kalt. Es ist warm. **d** Nein, die Sonne scheint nicht. Es regnet. **e** Nein, es ist nicht warm. Es ist kalt.
2. **a** den – Der – Das – der - Den
   b den – Der – das – Das – die
3. A – c; B – f; C – h; D – e; E – b; F – g; G – a; H – d
4. **a** … liest … **b** … macht … **c** … fährt … **d** … grillt … **e** … schläft … **f** … trifft … **g** … tanzen … **h** …geht … spazieren

Test zu Lektion 7

1. **a** … will … **b** … will … **c** … wollen … **d** … kann … **e** … kannst … **f** … wollen … **g** … kannst … **h** … willst … **i** … können … **j** … wollen
2. habe … gemacht; bin … gegangen; haben … geschrieben – gelesen; bin … gefahren; ist … gekommen; sind … spazieren gegangen; haben … getroffen; haben … gegessen – gehört; getanzt; hat … gemacht; habe … geschlafen
3. **a** falsch **b** falsch **c** falsch **d** richtig **e** richtig **f** richtig **g** richtig **h** falsch

Quellenverzeichnis

Seite 73 oben: rechts Nr. 3 und 4: MHV-Archiv (Dieter Reichler)
Seite 82: Kartoffeln, Saft: Werner Bönzli, Reichertshausen;
Pralinen: © Lindt & Sprüngli GmbH, Aachen;
alle anderen: Franz Specht, Weßling
Seite 99: Yassin Saidi, Fürstenfeldbruck

Alexander Keller, München, Seite: 73 (alle anderen), 79 (alle)